Gemüse à la Saison

Rezepte rund ums Jahr

Verbraucher-Zentrale

Inhalt

In medias res

Mit diesem Band finden Sie zu 44 heimischen Gemüsearten rund 300 Rezepte, die Appetit machen sollen, Abwechslung in Ihren Speiseplan zu bringen. Sie können auf mehreren Wegen zugreifen: Ausgehend von einem Gemüse, von B wie Blumenkohl bis Z wie Zwiebel finden Sie jeweils etwa „eine Handvoll" Rezepte; diese beginnen häufig mit einem Naturell-Rezept, in dem besagtes Gemüse quasi pur zubereitet wird, setzen sich in Zubereitungsvorschlägen als Beilage, Salat, Suppe oder als Backofengericht fort und reichen mitunter bis hin zu sogenannten „Specials", die etwas „gewagter" erscheinen oder eine leckere Konservierungsmöglichkeit anregen. Ein anderer Zugang kann über unser ausführliches Register ab Seite 268 erfolgen.

Im folgenden geben wir Ihnen noch einige grundsätzliche Hinweise zur Rezeptgestaltung:

Warum Nährwert- und Kalorienangaben fehlen:

Als wir vor einigen Jahren unsere Rezepte mit Nährwert- und Kalorienangaben versahen, wurde uns entgegengehalten, daß Essen + Trinken keinen Spaß mehr macht und zu anstrengend erscheint, wenn gesunde Ernährung nur in Verbindung mit Abmessen, Wiegen, Zählen und (Auf)Rechnen möglich erscheint. Und wenn wir unsere Rezepte „wertefrei" anbieten, wird eine derartige „wissenschaftliche" Beigabe vermißt. Was tun, wem gerecht werden? Wir haben uns wieder entschlossen, dem Lust- und nicht dem Frustprinzip zu folgen; wer regelmäßig Lust auf frisches Gemüse à la saison hat, etwas Wert auf Qualität legt und Spaß am Selbermachen hat, sammelt in der Regel automatisch Pluspunkte Richtung gesunder Ernährung, denn Gemüse zeichnet sich grundsätzlich durch eine bemerkenswert positive Nährstoffdichte aus: relativ viele Mineralstoffe und Vitamine bei sehr geringem Kalorien; darüberhinaus liefert Gemüse Ballaststoffe.

Portionsmengen:

Wenn nicht anders neben dem Rezeptnamen angegeben, sind die Rezepte für vier Personen bemessen. (Hier hat unsere CD-ROM den nicht auf ein Buch übertragbaren Vorteil, daß mit dieser sich die Zutaten für ein Rezept automatisch für beliebig viele Personen ausrechnen lassen.

Zutaten:

Wie Sie unschwer erkennen, haben wir die Frischgemüsezutaten an den Anfang gesetzt und farblich hervorgehoben. Für Zwiebeln gilt dies ab einer Stückzahl von drei bzw. einer Menge ab 200 g, darunter sehen wir Zwiebel als Gewürz, wie andere Frischkräuter auch, an. Danach folgen die weiteren Zutaten, in der Regel in der Reihenfolge, wie sie bei der Zubereitung benötigt werden; die (Standard)Gewürze sind häufig ans Ende gesetzt.

Neben der Auflistung der Zutaten können Sie einige Symbole vorfinden:

...kennzeichnet Rezepte, die **Fleisch** enthalten. Dabei waren wir sehr genau und haben auch wenige Gramm Speck, die bei manchen Zubereitungen eher Würzfunktion haben, mitgerechnet. Vegetarier und Vegetarierinnen können den Rauchgeschmack z. B. auch mit geräuchertem Tofu hinkriegen bzw. die entsprechenden Gerichte auch ohne die Fleischanteile ausprobieren.

...kennzeichnet Gerichte mit **Fisch** und **Meeresfrüchten**

und

...steht für **Kartoffelgerichte;** als Schwelle für die Kennzeichnung haben wir dabei die Menge von 500 g Kartoffeln und mehr gesetzt; Kartoffelmengen darunter sehen wir als unauffälliger an.

Auch wenn wir einheimisches Gemüse in den Blickwinkel gerückt haben, haben wir bei der Auswahl der Rezepte den Radius bewußt erweitert und einen internationalen Hauch zugelassen, ab und an zu finden unter „Region", denn die Menschen in anderen Ländern gehen durchaus anders mit uns vertrautem Gemüse um – Anregungen für Abwechslung und neue Geschmacksausrichtungen.

Wir haben uns bemüht, die Rezepte auf den Seiten so unterzubringen, daß ein Umblättern bei einem Rezept nicht notwendig ist. Falls dies im Einzelfall (aus Platzgründen) nicht zu vermeiden war, kann dieser Umstand damit ausgeglichen werden, daß die Zutaten vor der Zubereitung zurechtgelegt werden, um ein Hin- und Herblättern zu vermeiden.

Auf den folgenden Seiten finden Sie eine Fülle von Rezepten und interessanten Anregungen, was sich alles aus heimischem Gemüse zubereiten läßt.

Viel Spaß und guten Appetit.

Blumenkohl

Jan	Febr	Mrz	Apr	Mai	Juni	Juli	Aug	Sep	Okt	Nov	Dez

Grundrezept

Blumenkohl naturell

1 Kopf	Blumenkohl
150 ml	Wasser (oder Brühe)
	Jodsalz

So wird's gemacht:

Den Blumenkohl vorbereiten. Das Wasser salzen (oder die Brühe verwenden) und zum Kochen den Blumenkohl mit dem Strunk nach unten (oder in Röschen geteilt) hineingeben und gar kochen lassen (10 - 20 min).

Dazu passen: Weiße Soße, mit Käse überbacken, gebräunte Butter, knusprig gebräunte Semmelbrösel.

Beilage

Überbackener Blumenkohl

1 Kopf	Blumenkohl (750 g vorbereitet)
500 ml	Gemüsebrühe
2 EL	Pflanzenmargarine
2 EL	Mehl
250 ml	Milch
150 g	Käse, gerieben
100 g	Kochschinken (in Streifen)
2	Zwiebäcke (Vollkorn-)
1 EL	Butter
	Muskat
	Zitronensaft
	Jodsalz
	Pfeffer

So wird's gemacht:

Den Blumenkohl putzen, in Röschen teilen und in der kochenden Gemüsebrühe bißfest garen (ca. 10 min). Gemüse herausheben. Die Röschen in eine gefettete Auflaufform schichten. Die Margarine zerlassen, das Mehl hineinrühren. Unter ständigem Rühren solange erhitzen, bis die Mehlschwitze hellgelb ist. Die Milch hinzugießen und mit einem Schneebesen kräftig durchschlagen, damit keine Klümpchen entstehen. Die Blumenkohlbrühe zugießen und zum Kochen

Blumenkohl

bringen. Die Herdplatte abschalten und die Soße noch 5 min kochen lassen. Dann mit Pfeffer, geriebener Muskatnuß, Zitronensaft und evtl. Salz abschmecken. Käse und Schinken unter die Soße rühren und über den Blumenkohl geben. Die Zwiebäcke fein reiben und darüber streuen. Kleine Butterflöckchen daraufsetzen. Im Backofen überbacken. 200 - 225 °C, ca. 20 min.

Dazu passen: Pellkartoffeln, Reisrand, Spätzle

Blumenkohlsuppe

(Vor)Suppe

1 Kopf	Blumenkohl
750 ml	Gemüsebrühe
250 ml	Milch
1 TL	Butter
	Muskat
	Zitronensaft
	Pfeffer
1 EL	Petersilie, gehackt

So wird's gemacht:

Den Blumenkohl vorbereiten und in Röschen teilen. Die Brühe aufkochen, den Blumenkohl hineingeben und gar kochen. Die Suppe pürieren, mit Milch auffüllen, die Butter zugeben und nochmals aufkochen. Kräftig abschmecken. Mit Petersilie bestreut servieren.

Blumenkohl

Hauptgericht

Blumenkohlpastete

1 Kopf	Blumenkohl (groß)
500 ml	Gemüsebrühe
450 g	Tiefkühlblätterteig
2 EL	Kräuter (nach Wunsch)
3 EL	Butter, zerlassen
100 g	Butter
1 EL	Mehl
200 g	Räucherlachs
	Jodsalz
	Pfeffer
	Muskat

So wird's gemacht:

Den Blumenkohl putzen und in Röschen teilen. In Salzwasser ca. 5 min blanchieren. Gut abtropfen lassen. Den Blätterteig nach Anweisung auftauen lassen. Eine große Schüssel damit auslegen. In die Mitte hinein wird der Blumenkohl gegeben und gut gewürzt. Die zerlassene Butter über den Blumenkohl träufeln. Den Kohl mit einem mit Butter bestrichenen Stück Pergamentpapier abdecken, den Teigrand jedoch freilassen. Die Pastete bei 220 °C ca. 30 min backen.
Die restliche Butter mit dem Mehl gut verkneten, mit etwas Salz, Pfeffer und Muskatnuß würzen. Die Gemüsebrühe dazugießen. Die Soße im Wasserbad unter ständigem Rühren erhitzen und klar und sämig kochen. Diese Buttersoße über die fertig gebackene Pastete gießen und mit Räucherlachsscheiben belegen. Je nach Wunsch Kräuter drüberstreuen.

TIP: Anstelle von Lachs kleine Lammkoteletts verwenden.

TIP: Diese sehr alte Zubereitungsform ist sehr kalorienreich. Statt der Buttersoße eine einfache Käsesoße verwenden! Außerdem könnte man den Blumenkohl auch mit Blätterteigplatten abdecken.

Blumenkohl

Blumenkohl-Eierfrikassee mit Naturreis

Hauptgericht

1,2 kg	Blumenkohl
500 ml	Salzwasser
6	Eier
500 g	Naturreis
2 EL	Butter
2 EL	Mehl
4 EL	Kondensmilch
	Zitronensaft (od. Weißwein)
	Kapern
	Pfeffer
2 EL	Petersilie, gehackt

So wird's gemacht:

Blumenkohl waschen, putzen und in Salzwasser garen. Kohl herausheben und in größere Röschen teilen. Warm stellen. Eier hart kochen, pellen und grob hacken. Naturreis nach Packungsanweisung kochen. Aus Butter, Mehl und Blumenkohlbrühe eine helle Soße bereiten. Mit der Kondensmilch, dem Zitronensaft oder Wein, Pfeffer und Kapern würzen. Die gehackte Petersilie und Eierstückchen vorsichtig unter die Soße ziehen und über die Blumenkohlröschen geben. Dazu den Naturreis servieren.

Blumenkohl

Backofengericht

Blumenkohl-Schinken-Auflauf mit Quark

2 Köpfe	Blumenkohl (klein)
1 l	**Gemüsebrühe**
	Pflanzenmargarine
2 EL	**Semmelbrösel**
1 TL	**Kräuterjodsalz**
2 TL	**Kümmel, gemahlen**
200 g	**Kochschinken**
300 ml	**Milch**
300 g	**Magerquark**
2 TL	**Pflanzenöl**
200 g	**Käse (Tilsiter), gerieben**
4 El	**Maisgrieß**

So wird's gemacht: Den Blumenkohl vorbereiten, in Röschen teilen und in der Brühe 10 min kochen. Eine feuerfeste Form mit Margarine einfetten und mit Bröseln bestreuen. Den Blumenkohl in die Form schichten und mit dem Kräutersalz und gemahlenem Kümmel bestreuen. Den Schinken würfeln und darübergeben. Milch, Quark, Öl, geriebenen Käse und Grieß verrühren und über dem Schinken verteilen. Im Backofen bei 200 °C etwa 25 min backen.

Dazu paßt: Eisbergsalat

TIP: Die Brühe mit gehackter Petersilie verfeinern, eventuell etwas Eierstich zufügen und als Vorsuppe servieren.

Blumenkohl

Altdeutscher Blumenkohlsalat

Salat

1 Kopf	Blumenkohl
200 ml	Weinessig
4 EL	Mayonnaise
4 EL	Magerquark
2	Gewürzgurken
1 EL	Petersilie, gehackt
1 EL	Schnittlauch, gehackt
1 TL	Senf
	Pfeffer
	Zucker
1	Ei, hartgekocht

So wird's gemacht:

Den Blumenkohl putzen und nach Rezept „Blumenkohl naturell" garen. Abtropfen lassen und in kleine Röschen zerlegen. Den noch warmen Blumenkohl mit dem Essig übergießen. Aus Mayonnaise, Quark, gehackten Gewürzgurken, Senf und den Kräutern eine Remoulade rühren. Mit den Gewürzen abschmecken. Das Ei hacken und unter die Remoulade ziehen. Kurz vor dem Servieren den Essig vom Blumenkohl abgießen und stattdessen die Remouladensoße darübergeben und vorsichtig unterheben.

TIP: Das Garwasser vom Blumenkohl kann zur Bereitung einer Vorsuppe verwendet werden, es läßt sich aber auch gut zur Konsistenzverbesserung der Remoulade (cremiger) nutzen.

Bohnen, dicke

Jan	Febr	Mrz	Apr	Mai	Juni	Juli	Aug	Sep	Okt	Nov	Dez

Grundrezept — Dicke Bohnen naturell I

3 kg	dicke Bohnen (mit Schale)
3 EL	Pflanzenmargarine
1 Zweig	Bohnenkraut
125 ml	Wasser (oder Brühe)
	Jodsalz
1 EL	Petersilie, gehackt

So wird's gemacht: Die Bohnen auspalen und waschen. Die Margarine auslassen, die Bohnen und das Bohnenkraut zugeben, kurz dünsten lassen und dann mit dem Wasser/der Brühe aufgießen. Etwa 15 min garen lassen. Die Brühe abgießen (weiterverwenden), die Bohnen abschmecken und mit gehackter Petersilie bestreut servieren.

TIP: 3 kg dicke Bohnen mit Schale entsprechen etwa 750 g ausgepalten Bohnen.

TIP: Die Bohnenflüssigkeit kann auch gebunden und als Soße serviert werden, oder das Gemüse im ganzen andicken.

Grundrezept — Dicke Bohnen naturell II

3 kg	dicke Bohnen (mit Schale)
	Wasser
	Jodsalz
	Butter

So wird's gemacht: Die ganzen Bohnen gut waschen. In einen ausreichend großen Topf geben und knapp mit Wasser bedecken. Noch etwas Salz zugeben und alles aufkochen lassen. Leise köchelnd 15 - 20 min garen lassen. Die Bohnen auf ein Sieb abgießen und mit kaltem Wasser abschrecken. Die noch heißen Bohnen lassen sich jetzt ganz leicht aus der Schale drücken und nach Bedarf weiterverwenden. Sie können auch direkt bei Tisch aus der Schale gedrückt und sofort mit Butter und etwas Salz gegessen werden.

Bohnen, dicke

Dazu passen: Pellkartoffeln, gebackene Kartoffeln, Kräuterquark

Region: Baltikum

Dicke Bohnen in Sahnesoße

Beilage

3 kg	**dicke Bohnen (mit Schale)**
250 ml	**Wasser, gesalzen**
2 Zweige	**Bohnenkraut**
1	**Zwiebel**
1	**Knoblauchzehe**
1 EL	**Pflanzenmargarine**
200 g	**Sahne**
	Muskat
	Zucker
	Jodsalz

So wird's gemacht:

Die Bohnen auspalen, verlesen, waschen und abtropfen lassen. Inzwischen das Salzwasser zum Kochen bringen, das Bohnenkraut und die Bohnen zufügen und etwa 15 min dünsten lassen. Die Bohnen herausheben und abtropfen lassen. Das Kochwasser durch ein Sieb gießen und die Hälfte der ursprünglichen Menge aufbewahren. Zwiebel und Knoblauch abziehen und fein hacken. Margarine erhitzen und beides darin goldgelb andünsten. Mit dem aufbewahrten Kochwasser und der Sahne aufgießen, gut rühren und kräftig kochen lassen. Die Soße soll dadurch cremig einkochen. Wenn die Konsistenz stimmt, die Soße abschmecken und die Bohnen zufügen. Die Bohnen in der Soße kurz heiß werden lassen und servieren.

Dazu paßt: Rinderfilet oder Wild, dazu Kroketten oder Pommes Duchesse

Bohnen, dicke

Beilage

Rheinische Speckbohnen

3 kg	dicke Bohnen (mit Schale)
150 g	Speck, durchwachsen
1 Zweig	Bohnenkraut
125 ml	Wasser (oder Brühe)
	Jodsalz
	Pfeffer
1 EL	Petersilie, gehackt

So wird's gemacht:

Die Bohnen auspalen und waschen. Ein Drittel des Specks würfeln und auslassen, die Bohnen und das Bohnenkraut zugeben, kurz dünsten lassen und dann mit dem Wasser/der Brühe aufgießen. Etwa 20 min garen lassen. Die Brühe abgießen (weiterverwenden). Den restlichen Speck würfeln und kroß ausbraten. Mit den gut abgetropften Bohnen vermischen und alles abschmecken. Speckbohnen mit gehackter Petersilie bestreut servieren.

Dazu passen: Petersilienkartoffeln, Kartoffelpüree, Herzoginkartoffeln

TIP: 3 kg dicke Bohnen mit Schale entsprechen etwa 750 g ausgepalten Bohnen.

TIP: Die Bohnenflüssigkeit kann auch gebunden und als Soße serviert werden. Das Gemüse kann auch im ganzen angedickt werden.

Region: Rheinland

Bohnen, dicke

Schnüsch (Snysk)

Hauptgericht

2 kg	dicke Bohnen (mit Schale)
3	Möhren
250 g	Bohnen (Busch-)
250 g	Kohlrabi
800 g	Kartoffeln
500 ml	Milch
2 TL	Butter
1 Prise	Zucker
	Jodsalz
2 Bund	Petersilie, gehackt

So wird's gemacht:

Die Kartoffeln als Pellkartoffeln kochen, pellen und in Scheiben schneiden. Die dicken Bohnen kurz blanchieren, das Blanchierwasser verwerfen. Buschbohnen waschen, putzen und einmal brechen. Möhren und Kohlrabi ebenfalls putzen und in feine Stifte schneiden. Alle Gemüse einschließlich der dicken Bohnen in einen sehr gut schließenden Topf geben und mit sehr wenig Salzwasser garen (noch besser wäre es, das Gemüse in einem Einsatz zu dämpfen). Ist das Gemüse gar, die Milch aufgießen. Butter und Zucker zufügen und einmal aufkochen lassen. Die Pellkartoffeln unterheben und warm werden lassen. Petersilie waschen, trocknen und fein hacken. Den Schnüsch in eine große Terrine geben und mit einem Petersilienberg überhäuft servieren.

Dazu paßt: Katenschinken oder geräuchertes Bauchfleisch

TIP: Wie bei den meisten Eintöpfen schmeckt das Gericht am zweiten Tag noch viel besser. Übrigens dürfen auch noch andere vorhandene Gartengemüse mit hinein, z. B. Erbsen.

Region: Dieses ist ein typisches norddeutsches Gericht aus Angeln. Es gibt mehrere Zubereitungsarten, diese gehört zu dünnem Schnüsch.

Bohnen, dicke

Hauptgericht — Lammtopf mit dicken Bohnen

3 kg	dicke Bohnen (mit Schale)
2	Fleischtomaten (groß)
1 kg	Lammkoteletts
2 EL	Pflanzenöl
2	Knoblauchzehen
1 TL	Safran, gemahlen
1 TL	Ingwer, gemahlen
0,5 TL	Pfeffer, schwarz
500 ml	Wasser (fürs Fleisch)
250 ml	Wasser, gesalzen (für Bohnen)
	Zitronenschale, abgerieben
2 TL	Zitronensaft
	Jodsalz
10	Oliven, gefüllt

So wird's gemacht:

Die Lammkoteletts waschen und abtrocknen. Das Öl in einem großen flachen Topf leicht erhitzen. Die Koteletts hineingeben und leicht anbraten. Die Knoblauchzehen zerdrücken und zufügen. Ingwer, Safran und Pfeffer überstreuen und alles mit dem Wasser ablöschen. Zudecken und bei milder Hitze ca. 90 min garen lassen. Dabei soll das Fleisch die ganze Zeit mit Wasser bedeckt sein. Notfalls muß noch etwas zugefügt werden. Das gare Fleisch aus dem Sud nehmen. Die Brühe etwas erkalten lassen und das Fett abheben. Die dicken Bohnen vorbereiten und in das kochende Salzwasser geben. 10 min garen lassen, bis sie weich sind. Gut abtropfen lassen. Die „Fleisch"brühe zum Kochen bringen und ohne Deckel kochen lassen, bis der Sud etwas eingedickt ist. Dann das Fleisch, die Bohnen und die gewaschenen, gewürfelten Tomaten sowie etwas Zitronenschale zufügen. Den Eintopf ohne Deckel noch 15 min köcheln lassen. Mit Salz und Zitronensaft abschmecken. Die Oliven in Scheiben schneiden und unterrühren. Direkt servieren.

Dazu passen: Brot, Kartoffeln, Reis

Bohnen, dicke

TIP: Ursprünglich wird in dieses Gericht in Salz eingelegte Zitronenschale gegeben. Diese muß mindestens 4 Wochen marinieren. Einfache abgeriebene Zitronenschale tut es aber auch.

Region: Nordafrika

Rindfleischsalat mit zweierlei Bohnen — Salat

1,2 kg	**dicke Bohnen (mit Schale)**
3	**Zwiebeln**
2 Zweige	**Bohnenkraut**
300 g	**Kidneybohnen (Dose)**
350 ml	**Wasser, gesalzen**
6 EL	**Olivenöl**
8 EL	**Essig**
2 EL	**Gin**
	Jodsalz
	Pfeffer
300 g	**Rindfleisch, gekocht**

So wird's gemacht:

Die dicken Bohnen mit dem Wasser und der Hälfte des Bohnenkrauts zum Kochen bringen und in etwa 20 min gar dünsten. Abtropfen lassen. Die Kidneybohnen abgießen. Die Zwiebeln abziehen und in feine Ringe schneiden. Beide Bohnensorten mit den Zwiebeln und dem in Streifen geschnittenen Fleisch mischen. Aus den restlichen Zutaten und dem fein gehackten Bohnenkraut eine Salatsoße rühren und über die Bohnen gießen. Gut vermengen und ca. 30 min ziehen lassen.

TIP: Für das gekochte Rindfleisch lassen sich gut Reste verwenden.

Bohnen, Garten-

Jan	Febr	Mrz	Apr	Mai	Juni	Juli	Aug	Sep	Okt	Nov	Dez

Grundrezept

Grüne Bohnen naturell

1 kg	Bohnen (Brech-, Schnitt-)
1	Zwiebel
1 EL	Pflanzenmargarine
125 ml	Wasser
	Pfeffer
	Jodsalz
1 EL	Petersilie, gehackt

So wird's gemacht:

Bohnen abfädeln und waschen. Je nach Sorte die Bohnen schneiden (flache, breite Stangenbohnen) oder brechen (runde, fleischige Speckbohnen). Die Zwiebel schälen und fein würfeln. In der Zeit die Margarine erhitzen, die Zwiebel darin anschwitzen. Die Bohnen dazugeben und für 3 min mitdünsten lassen. Wasser zufügen, etwas würzen und in 25 - 45 min fertiggaren. Nochmals abschmecken und mit gehackter Petersilie bestreut servieren.

TIP: Als Gewürz eignet sich auch sehr gut Bohnenkraut. Zur Veränderung kann man auch 10 min vor Ende der Garzeit einige Tomatenwürfel mitdünsten.

Beilage

Überbackene Bohnen

700 g	Bohnen, grün
3	Tomaten
1 TL	Bohnenkraut
250 ml	Wasser, gesalzen
3	Eier
175 ml	Milch
50 g	Käse (Emmentaler)
1 TL	Butter
4 Sch.	Kasseler (dünn)
1 EL	Speisestärke
	Jodsalz, Pfeffer
	Knoblauchpulver

Bohnen, Garten-

So wird's gemacht:

Bohnen putzen und waschen. Zusammen mit dem Bohnenkraut in etwas kochendes Salzwasser geben und 5 min kochen. Das Kochwasser abgießen und aufbewahren. Die Tomaten schälen und zu kleinen Würfeln schneiden. Die Eier mit der Milch und den Gewürzen und dem geriebenen Käse verschlagen. Eine längliche, feuerfeste Form mit der Butter ausfetten. Die Bohnen gleichmäßig ausgerichtet hineingeben, dazwischen jeweils einige Tomatenstückchen. Die Eiermilch darübergießen. Bei 200 °C ca. 35 min backen. Die Auflaufform so in den Ofen schieben, daß noch eine zweite daneben paßt. Die Kasselerscheiben in die zweite Auflaufform (mit Deckel) legen, die Hälfte des Bohnenkochwassers dazugießen und zugedeckt für 20 - 25 min mit in den Backofen schieben. Das Fleisch herausnehmen und den Schmorfond in einen kleinen Topf gießen. Fond aufkochen. Speisestärke mit etwas Wasser anrühren und in die kochende Soße gießen. Soße abschmecken.

Dazu paßt: Kartoffelpüree mit gerösteten Zwiebelringen

TIP: Wer eine sehr herzhafte Soße mag, kann den Fond auch einfach mit einer pürierten rohen Zwiebel binden. Diese wird in die kochende Soße gegeben, noch 2 min weiterkochen lassen.

Stroganoff-Bohnen

Hauptgericht

700 g	**Bohnen (Brech-)**
500 g	**Schweineschnitzel**
125 g	**Schalotten**
2 EL	**Pflanzenöl**
2 EL	**Senf**
150 g	**Saure Sahne**
	Jodsalz, Pfeffer

So wird's gemacht:

Die Bohnen putzen, waschen, brechen und 3 min blanchieren, nicht abschrecken. Das Fleisch waschen, trocknen und

Bohnen, Garten-

in Streifen schneiden. Die Schalotten abziehen und halbieren. In einer großen Pfanne das Öl erhitzen und das Fleisch darin portionsweise kräftig anbraten. Das fertig gebratene Fleisch leicht pfeffern und salzen und warmstellen. Wenn alles Fleisch gebraten ist, die Schalottenhälften im restlichen Bratfett andünsten. Nach 1 min die sehr gut abgetropften Bohnen zugeben und 2 min mitdünsten lassen. Dann den Senf und die Sahne zufügen und alles zugedeckt 10 min garen lassen. Das Fleisch zufügen und weitere 5 min köcheln lassen. Alles mit Salz und Pfeffer pikant abschmecken.

Dazu paßt: Kartoffelpüree

TIP: Anstelle von Schalotten können auch Zwiebelviertel verwendet werden. Interessant schmeckt es auch, wenn eingelegte Silberzwiebeln genommen werden. Saure Sahne dann durch süße ersetzen!

Hauptgericht

Bohnen und Kartoffeln untereinander

800 g	**Bohnen**
650 g	**Kartoffeln (mehlig)**
300 ml	**Milch**
50 ml	**Sahne**
1 TL	**Jodsalz**
	Pfeffer
2 Msp.	**Muskat**
1 TL	**Petersilie, gehackt**

So wird's gemacht:

Die Bohnen waschen und vierteln und nach „Naturell"-Rezept bißfest garen. Die Bohnen dann abtropfen und etwas abkühlen lassen. Die Kartoffeln schälen und mit wenig Wasser als Salzkartoffeln kochen. Die garen Kartoffeln abgießen und mit Milch, Sahne und Gewürzen zu Kartoffelpüree stampfen. Kräftig abschmecken. Zum Schluß die Bohnen unterheben und alles mit Petersilie bestreut servieren.

Bohnen, Garten-

Dazu paßt: Räuchermettwurst, Kasseler, Rindergulasch. Ganz ohne Beilage reicht das einfache Gericht für 3 Personen zum Sattessen.

TIP: Am besten geeignet für dieses Gericht sind Strauchbohnen. Anstelle der Sahne kann man auch mehr Milch und etwas Butter verwenden.

Region: Nordrhein-Westfalen

Bohnen-Moussaka

Backofengericht

350 g	**Bohnen, grün**
4	**Tomaten**
500 g	**Kartoffeln**
2 EL	**Butter**
300 ml	**Gemüsebrühe**
	Bohnenkraut
2 EL	**Weizenvollkornmehl**
150 ml	**Rotwein**
1 TL	**Tomatenmark**
15	**Oliven, schwarz**
150 g	**Schafskäse**

So wird's gemacht:

Kartoffeln waschen, schälen und in Scheiben schneiden. Die Bohnen vorbereiten und brechen. Die Butter erhitzen und Bohnen und Kartoffeln darin etwa 5 min dünsten. Dann die Brühe aufgießen, das Bohnenkraut zufügen, ca. 10 min köcheln lassen. Mehl mit Rotwein und Tomatenmark verrühren und zum Gemüse geben. Noch 5 min köcheln lassen. Das Gemüse in eine Auflaufform geben. Die Oliven entsteinen und in Scheibchen schneiden. Die Tomaten waschen und ebenfalls scheibeln. Die Tomatenscheiben auf die Moussaka legen, mit den Olivenscheiben bestreuen. Bei 200 °C 30 min backen. Den Schafskäse würfeln und ebenfalls über den Auflauf geben. Noch weitere 15 min überbacken.

Bohnen, Garten-

TIP: Der Vorteil von Vollkornmehl hier ist, daß man es ohne Klumpen in eine heiße Flüssigkeit rühren kann. Man kann aber auch fertigen Soßenbinder (weiß) verwenden.

Region: Griechenland

Vorspeise

Holländische Bohnen-Schinken-Rollen

250 g	Bohnen, grün
1 TL	Bohnenkraut
150 ml	Wasser, gesalzen
8 Sch.	Kochschinken, dünn geschnitten
1 EL	Pflanzenmargarine
50 g	Käse, gerieben
1 EL	Petersilie

So wird's gemacht:

Bohnen putzen und waschen. Zusammen mit dem Bohnenkraut in kochendes Salzwasser geben und 10 min kochen lassen. Die Bohnen abgießen, etwas abtropfen lassen und in je eine Portion pro Person teilen. Jede Portion mit zwei Schinkenscheiben umwickeln. Eine feuerfeste, längliche Form ausfetten und die Schinkenrollen hineinsetzen. Den Käse darüberstreuen und die Margarine als kleine Flöckchen darüber verteilen. Etwa die Hälfte des Bohnenwasser zugießen. Im Backofen bei 200 °C ca. 10 min backen. Mit Petersilie bestreut servieren.

Dazu paßt: Als Vorspeise evtl. etwas Brot. Mit reichlich Röstbrot, Baguette oder Vollkornbrötchen als warme Zwischenmahlzeit oder Abendessen.

TIP: Mit Salzkartoffeln serviert sind die Röllchen ein leckeres Hauptgericht für zwei Personen. Die Röllchen lassen sich übrigens in der Mikrowelle zubereiten, Hauptsache der Käse schmilzt schön.

Region: Aus dem Land vieler Käse, den Niederlanden

Bohnen, Garten-

Bohnen-Spinat-Salat

Salat

250 g	Bohnen (jung)
30 Blätter	Spinat
1	Zwiebel (klein)
70 g	Joghurt
1 EL	Zitronensaft
1 EL	Minze (gehackt)
60 g	Walnüsse, geröstet
0,25	Paprikaschoten (rot)

So wird's gemacht:

Die Bohnen putzen und jeweils in drei Stücke schneiden. Den Spinat vorbereiten. Beide Gemüse getrennt jeweils 2 min blanchieren. Zwiebel abziehen und in feine Ringe schneiden. Spinat und Bohnen gut abtropfen lassen und in einer flachen Schüssel anrichten. Die Zwiebelringe darüberlegen. Aus Joghurt, Minze und Zitronensaft ein Dressing rühren und über den Salat geben. Mit den gehackten Walnüssen bestreuen. Rote Paprika waschen und längs in sehr fein Streifen schneiden und kurz in sehr kaltes Wasser legen, damit sich die Streifen locken. Den Salat mit diesen Locken garnieren.

Dazu paßt: Fladenbrot, Gyros-Pitta o.ä.

TIP: Anstelle von Walnußkernen geröstete Sonnenblumen- oder Pinienkerne nehmen.

TIP: Das Dressing mit etwas Chilipulver „pudern".

TIP: Roten Treibhaus- oder Importpaprika durch eingelegte Tomatenpaprika ersetzen.

Region: Libanon

Brennessel

Jan	Febr	Mrz	Apr	Mai	Juni	Juli	Aug	Sep	Okt	Nov	Dez

Grundrezept: Brennesselcreme

200 g	Brennesselblätter
4 EL	Schmand
4 EL	Joghurt
4 TL	Hefeflocken
	Pfeffer
	Muskat

So wird's gemacht:

Die Brennesseln putzen und waschen. Nicht abtropfen lassen, sondern direkt in einen gut schließenden Topf geben und dort ca. 5 min dünsten lassen. Schmand, Joghurt und Hefeflocken verrühren und zu den Brennesseln geben. Eventuell etwas pürieren. Mit den Gewürzen kräftig abschmecken.

Dazu passen: Omeletts, Pellkartoffeln, Pfannkuchen

TIP: Von den Brennesseln am besten die Spitzen oder junge Blättchen verwenden.

Hauptgericht: Brennesselkoteletts

500 g	Brennesselblätter
100 ml	Wasser, gesalzen
1	Zwiebel, gewürfelt
4 EL	Vollkorngrieß
1	Ei
2 TL	Senf
	Jodsalz, Pfeffer
	Majoran (evtl.)
	Fett (zum Braten)

So wird's gemacht:

Brennesselblätter waschen und in kochendem Salzwasser etwa 15 min dünsten. Das noch vorhandene Wasser abdämpfen lassen. Die Brennesseln mit dem Mixer zu einem Brei rühren. Mit den übrigen Zutaten zu einem Teig rühren, aus diesem Koteletts formen. Bratfett erhitzen und die Brennesselkoteletts beidseitig knusprig braten.

Dazu passen: Zwiebelrelish, Reis oder Kartoffeln, Zwiebelsoße, Senfsoße

Brennesselauflauf

Backofengericht

1,5 kg	Brennesselblätter
250 ml	Wasser, gesalzen
5	Roggenbrötchen
300 ml	Milch
2	Zwiebeln
	Liebstöckel
	Jodsalz
1	Ei
1 TL	Pflanzenmargarine
200 g	Schinkenspeck, gewürfelt

So wird's gemacht:

Brennesselblätter waschen. Salzwasser aufkochen, Brennesseln zugeben und 10 min dünsten lassen. Brötchen klein schneiden, in einen Topf geben und mit kochender Milch übergießen. Zwiebeln abziehen und sehr fein schneiden. Zusammen mit gehacktem Liebstöckel und etwas Salz zu den Brötchen geben. Den Topf zudecken und 10 bis 15 min dämpfen lassen. Vom Herd nehmen. Die abgegossenen, abgetropften Brennesseln hacken und zu den Brötchen geben. Ei verquirlen und unter die Masse rühren. Eine Auflaufform mit der Margarine sehr gut ausfetten. Einige Schinkenwürfel in die Form geben, etwas Gemüsemasse, dann wieder einige Schinkenwürfel einfüllen usw. Bei 200 °C ca. 30 min bei Mittelhitze backen.

Dazu paßt: Tomatensalat

TIP: Zusätzlich etwas Lauch hineingeben. Außer mit Liebstöckel kann man auch mit Dill, Bohnenkraut oder Basilikum würzen.

Brennessel

(Vor)Suppe

Brennesselsuppe

300 g	Brennesselblätter, jung
200 g	Kartoffeln
1 EL	Butter
1 TL	Mehl
1,1 l	Gemüsebrühe
2 TL	Dill, gehackt
1 TL	Petersilie, gehackt
3 EL	Saure Sahne
	Jodsalz
	Pfeffer
50 g	Schinken, roh

So wird's gemacht:

Brennesseln verlesen, waschen und mit kochendem Wasser überbrühen. Die Brennesseln mit kaltem Wasser abschrecken und grob hacken. Die Kartoffeln schälen und in sehr kleine Würfel schneiden oder grob raffeln. Die Butter erhitzen, das Mehl zufügen und kurz anrösten. Dann die Brennesseln zugeben, etwa 5 min dünsten lassen und mit der Gemüsebrühe auffüllen. Suppe zum Kochen bringen und die Kartoffelstücke zufügen. Köcheln lassen, bis die Kartoffeln gar sind (ca. 10 min). Die gehackten Kräuter unterrühren und die Suppe mit der sauren Sahne, Salz und Pfeffer abschmecken. Den Schinken würfeln und über die Suppe streuen.

Dazu passen: Hartgekochte, halbierte Eier

Region: Rußland

Brennessel

Nessel-Lauch-Suppe

(Vor)Suppe

200 g	Brennesselblätter
1 Stange	Porree (groß)
2	Kartoffeln
100 g	Butter
1 l	Gemüsebrühe
	Jodsalz
	Pfeffer
250 ml	Sahne
	Croutons (fertig gekauft)

So wird's gemacht:

Die Brennesseln waschen und trocken schütteln. Den Porree putzen, waschen und in feine Scheiben schneiden. Kartoffeln schälen und ebenfalls scheibeln. Die Hälfte der Butter schmelzen lassen und die Gemüse darin kurz schwenken. Kartoffeln zugeben und alles mit der Brühe aufgießen. Etwas Pfeffer zugeben und die Suppe aufkochen. Danach noch 25 - 30 min weiterköcheln lassen. Die fertige Suppe im Mixer cremig pürieren. Die restliche Butter in kleinen Stückchen darunterschlagen, die Sahne angießen und alles gut heiß werden lassen, aber nicht mehr kochen. Die Suppe abschmecken und mit Croutons bestreut servieren.

Dazu passen: Da diese Suppe mit viel Butter und Sahne hergestellt wird, sollten nur noch ein frischer Salat (mit Joghurtdressing) und etwas trockenes Brot dazu gegessen werden.

TIP: Anstelle von „echten" Brennesseln diese Suppe aus Taubnessel herstellen, sowie den Lauch durch Frühlingszwiebeln (inkl. Grün) ersetzen. Mit etwas Weißwein verfeinern.

Region: Elsaß

Brennessel

Vorspeise

Brennesselspinat

200 g	Brennesselblätter, jung
100 ml	Wasser
1	Zwiebel
2 EL	Pflanzenmargarine
100 ml	Milch
2 TL	Speisestärke
	Jodsalz
	Pfeffer
	Zucker
	Muskat

So wird's gemacht:

Die Brennesselblätter waschen. Das Wasser zum Kochen bringen, die Brennesselblätter zufügen und 10 min dünsten lassen. Auf ein Sieb geben und gut abtropfen lassen und anschließend hacken. Die Zwiebeln abziehen und fein würfeln. Margarine erhitzen, die Zwiebelwürfel darin goldgelb andünsten, Brennesseln zugeben und noch 5 min dünsten. Die Hälfte der Milch mit der Stärke verrühren und zufügen. Gemüse aufkochen lassen, die Sämigkeit durch die langsame Zugabe der restlichen Milch regulieren. Gemüse mit den Gewürzen abschmecken.

Dazu passen: Blätterteigstangen, Blätterteig-Käse-Gebäck

TIP: Wen der herbe Geschmack der Brennesseln nicht stört, kann die Milch auch durch Gemüsebrühe ersetzen. Anstelle von Stärkepuder kann auch Kartoffelpüreepulver verwendet werden.

Brennessel

Brennesselnudeln

Suppeneinlage

75 g	Brennesselblätter
125 g	Mehl
0,5 TL	Backpulver
2	Eier
250 ml	Milch
3 EL	Pflanzenöl
	Jodsalz

So wird's gemacht:

Brennesselblätter waschen, trocknen und grob hacken. Aus Mehl, Backpulver, Salz, Eiern und Milch einen Pfannkuchenteig rühren. Die gehackten Brennesselblätter unterrühren. Öl erhitzen und dünne Pfannkuchen backen. Die einzelnen Pfannkuchen direkt rollen und in dünne Nudeln schneiden. Diese werden sofort in die kochende Suppe oder Brühe gegeben.

TIP: Ideal für dieses Gericht sind größere, junge Blätter. Wer es mag, kann die Blätter auch mit einem Fleischklopfer etwas mürbe klopfen und dann durch den Teig ziehen. Direkt bei 180 °C fritieren.

Brokkoli

Jan	Febr	Mrz	Apr	Mai	Juni	Juli	Aug	Sep	Okt	Nov	Dez

Grundrezept – Brokkoli naturell

750 g	Brokkoli
500 ml	Wasser
	Jodsalz
	Muskat

So wird's gemacht: Brokkoli putzen, die Stengel am Strunk etwas schälen, waschen. Wasser mit etwas Salz und Muskat zum Kochen bringen. Den Brokkoli hineingeben, erneut zum Kochen bringen und in 15 - 20 min garen lassen.

Dazu paßt: Zerlassene Butter mit gehackten Eiern, Holländische Soße, Käsesoße

Beilage – Brokkoligemüse mit Pinienkernen

600 g	Brokkoli
4	Zwiebeln, mittelgroß
3	Knoblauchzehen
3 EL	Pflanzenöl
4 EL	Pinienkerne
150 ml	Gemüsebrühe
	Jodsalz
	Pfeffer
	Muskat, gerieben

So wird's gemacht: Brokkoli waschen und putzen. Stiele schälen und in Ringe schneiden. Röschen mundgerecht vorbereiten. Zwiebeln schälen und vierteln, besonders große Zwiebeln achteln. Knoblauch schälen. Die Pinienkerne in einer beschichteten Pfanne goldbraun rösten, wieder erkalten lassen. Öl in die Pfanne geben, erhitzen. Die Zwiebelviertel leicht anbraten, den Knoblauch fein gehackt oder zerdrückt dazugeben. Die Brokkolistielringe ebenfalls zugeben und mitbraten. Mit der Gemüsebrühe ablöschen und würzen. Ca. 3 min dünsten.

Den restlichen Brokkoli dazugeben, nochmals zugedeckt 5 - 6 min dünsten. Die Pinienkerne untermischen und kräftig abschmecken.

Dazu paßt: Ideal mit Naturreis, paßt sowohl zu Fisch als auch zu Geflügel oder Fleisch.

Brokkoli mit Käsesoße

Beilage

800 g	**Brokkoli**
350 ml	**Gemüsebrühe**
2 EL	**Butter**
2 EL	**Mehl**
5 Sch.	**Schmelzkäse (Chester)**
	Zitronensaft
1 Msp.	**Chilipulver**

So wird's gemacht:

Brokkoli vorbereiten. Die Gemüsebrühe zum Kochen bringen. Brokkoli hineinlegen. Wieder zum Kochen bringen und den Brokkoli in ca. 15 - 20 min garen lassen. Brokkoli herausheben, abtropfen lassen und warm stellen. Die Butter in einem Topf zerlassen. Das Mehl zufügen und eine Mehlschwitze herstellen. Wenn das Mehl hellgelb ist, mit dem Gemüsekochwasser ablöschen. Gut durchschlagen, damit keine Klümpchen entstehen. Die Soße ca. 5 min kochen lassen. Den Schmelzkäse zerbröckeln und in der Soße schmelzen lassen. Soße gut durchrühren, mit Zitronensaft und Chilipulver abschmecken und über den Brokkoli geben.

Dazu passen: Vollkornnudeln, Naturreis

Brokkoli

Hauptgericht — Gemüsecurry

300 g	Brokkoli
1	Blumenkohl, klein
300 g	Möhren
2 EL	Pflanzenöl
2	Zwiebeln
2	Bananen
2 EL	Curry
150 ml	Weißwein
250 g	Joghurt, fettarm
100 g	Schmand
	Jodsalz
	Cayennepfeffer
	Zucker

So wird's gemacht:

Brokkoli und Blumenkohl putzen, waschen und in kleine Röschen teilen. Möhren schälen, längs halbieren und in ca. 1 cm dicke Scheiben schneiden. Zwiebeln schälen und feinhacken. Öl erhitzen und Zwiebelwürfel darin glasig dünsten. Bananen mit einer Gabel pürieren und zu den Zwiebeln geben. Etwa 2 min dünsten. Mit Curry bestäuben, die Röschen und Möhrenstücke zugeben und mit dem Weißwein ablöschen. Zugedeckt und bei mäßiger Hitze Gemüse bißfest garen (ca. 15 min). Joghurt mit dem Schmand verrühren und zum Gemüse geben. Kräftig abschmecken und noch 2 - 3 min köcheln lassen.

Dazu paßt: Naturreis

Backofengericht — Gartenauflauf

600 g	Brokkoli (oder Gemüsereste)
2	Tomaten
3	Zwiebeln
1 kg	Kartoffeln
150 g	Milch
40 g	Räucherspeck

Brokkoli

1	**Ei**
1 EL	**Käse, gerieben**
2 EL	**Weizenvollkornmehl**
	Jodsalz, Pfeffer
	Muskat

So wird's gemacht:

Aus Kartoffeln, Milch und Gewürzen einen (festen) Kartoffelbrei herstellen. Zwiebeln abziehen und in feine Ringe schneiden. Im ausgelassenen Speck rösten. Eine Auflaufform fetten und abwechselnd mit Kartoffelbrei, Gemüse, Tomatenscheiben und Röstzwiebeln füllen. Für die abschließende Kartoffelbreischicht den Breirest mit Ei, Vollkornmehl und Käse mischen und mit einem Spritzbeutel in Rosetten auf den Auflauf spritzen. Bei 200 °C ca. 45 min backen.

Dazu paßt: Gemischter Salat

TIP: Ideal zur Resteverwertung. Gut geeignet sind Reste von Erbsen, Möhren, Blumenkohl, Brokkoli oder Kohlrabi. Der Phantasie sind keine Grenzen gesetzt

Feine Brokkolisuppe

(Vor)Suppe

700 g	**Brokkoli**
500 g	**Kalbsknochen**
1 l	**Wasser**
2 EL	**Butter**
2 EL	**Mehl**
	Jodsalz
	Pfeffer
	Zitronensaft
100 g	**Schlagsahne**
3	**Eier, hartgekocht**
2 EL	**Mandeln (Blättchen)**

So wird's gemacht:

Den Brokkoli vorbereiten, in kleine Röschen teilen. Am besten bereits am Tag vorher aus den Kalbsknochen und dem schwach gesalzenen Wasser in 90 - 120 min eine Brühe

Brokkoli

kochen, anschließend durchseihen. Die Brokkoliröschen in der Kalbsbrühe 10 min garen. Die Brühe abgießen. Die Hälfte des Gemüses beiseite stellen. Den restlichen Brokkoli pürieren. Aus Butter und Mehl eine Mehlschwitze bereiten, mit der Brühe ablöschen und aufkochen. Das Gemüsepüree zugeben und die Suppe mit Salz, Pfeffer und Zitronensaft sehr kräftig abschmecken. Die Sahne zufügen. Die hartgekochten Eier grob hacken und mit den verbliebenen Brokkoliröschen in der Suppe warm werden lassen, aber nicht mehr kochen. Die Mandelblättchen in einer beschichteten Pfanne bräunen lassen. Die Suppe mit den Mandelblättchen bestreut servieren.

TIP: Anstelle von Mandelblättchen können auch gehackte oder ganze Sonnenblumenkerne verwendet werden. Sesam würde eine besondere Geschmacksnote geben, in diesem Fall aber besser auf die Eier verzichten.

Vorspeise

Saurer Brokkoli

400 g	Brokkoli
1	Tomate
4	Radieschen
1	Gewürzgurke
1	Zwiebel, klein
3 EL	Sonnenblumenöl
3 EL	Estragonessig
1	Ei, hartgekocht
1 EL	Schnittlauch, gehackt
1 EL	Petersilie, gehackt
1 EL	Senf
	Jodsalz
	Pfeffer
	Zucker
4 Sch.	Toastbrot
2 TL	Butter

Brokkoli

So wird's gemacht:

Brokkoli putzen und in Röschen teilen. In etwas kochendes Salzwasser geben und ca. 15 - 20 min garen. Tomate überbrühen und die Haut abziehen. Gewürzgurke, Ei, Tomate und Radieschen fein würfeln. Zwiebel abziehen und reiben. Öl, Senf und Essig verrühren. Geriebene Zwiebel und gehackte Kräuter zugeben. Abschmecken. Gehacktes Gemüse unterheben. Brokkoli abtropfen lassen. Mit der sauren Soße übergießen und ca. 20 min ziehen lassen. Brot toasten und buttern. Zum sauren Brokkoli servieren.

Brokkolisalat

Salat

650 g	Brokkoli
100 g	Champignons
2 EL	Zitronensaft
2 EL	Haselnüsse, gehackt
200 g	Joghurt
	Jodsalz
1 TL	Senf
4 EL	Kräuter, gemischt u. gehackt

So wird's gemacht:

Brokkoli putzen und nach dem Rezept 'Brokkoli naturell' dünsten. Abtropfen lassen. Die Pilze putzen, waschen und scheibeln. Mit der Hälfte des Zitronensafts marinieren. Aus Joghurt, Kräutern, restlichem Zitronensaft und Senf eine Salatsoße rühren. Mit etwas Salz abschmecken. Die Nüsse in einer beschichteten Pfanne trocken rösten. Pilzscheiben und die Hälfte der Nüsse in die Soße geben. Die Brokkoliröschen vorsichtig unterheben. Mit den restlichen Nüssen bestreut servieren.

Chinakohl

Jan	Febr	Mrz	Apr	Mai	Juni	Juli	Aug	Sep	Okt	Nov	Dez

Grundrezept

Chinakohl naturell

2 Köpfe	**Chinakohl (à 400-500 g)**
300 ml	**Wasser**
0,5 TL	**Jodsalz**

So wird's gemacht:

Chinakohl putzen und waschen. Anschließend in Bänder von etwa 2 cm Breite schneiden. Wasser mit Salz aufkochen, den Chinakohl hineingeben und etwa 5 - 7 min dünsten lassen. Das Wasser abgießen (oder für eine helle Soße verwenden) und den Kohl abtropfen lassen.

Dazu paßt: Zu dieser Zubereitung des Chinakohls paßt am besten eine helle Soße, die mit Muskat, Zitronensaft und etwas Dill abgeschmeckt wird, oder aber eine Currysoße. Der Kohl kommt dazu in die Soße.

TIP: Chinakohl kann man auch ohne Wasser nur mit etwas ausgelassenem Speck und Zwiebel dünsten. Dann mit Salz, Pfeffer und Kümmel würzen.

Beilage

Chinakohl mit Speck

800 g	**Chinakohl**
2	**Zwiebeln**
50 g	**Speck**
100 ml	**Gemüsebrühe**
	Sojasoße

So wird's gemacht:

Die Blätter des Chinakohls abnehmen, gründlich waschen und trockenschleudern. In Streifen schneiden. Speck würfeln. Zwiebeln abziehen und in feine Würfel schneiden. Den Speck in einem Topf auslassen, die Zwiebelwürfel darin kurz andünsten und die Kohlstreifen zufügen. Kräftig durchschmoren lassen, mit der benötigten Menge Gemüsebrühe auffüllen und noch 5 - 10 min garen lassen. Den Kohl mit Sojasoße abschmecken.

Chinakohl

Dazu passen: Koteletts, Frikadellen, Reisrand, gedünsteter Fisch

TIP: Dieser Kohl kann zu jeder Zeit gekocht werden. Sein großer Vorteil: die Küche riecht garantiert nicht!

Chinakohl-Nudel-Suppe

(Vor)Suppe

150 g	Chinakohl
100 g	Blumenkohl
1 Stange	Porree (dünn)
1	Fleischtomate
100 g	**Nudeln (Spaghetti)**
1,5 l	**Gemüsebrühe**
1 EL	**Sojasoße**
1 TL	**Kreuzkümmel, gemahlen (Kumin)**
1 TL	**Koriander, gemahlen**

So wird's gemacht:

Alle Gemüse vorbereiten. Blumenkohl in Röschen zerpflükken, Frühlingszwiebeln in Ringe schneiden, Tomate klein würfeln, Chinakohl in mundgerechte Stücke schneiden. Die Nudeln separat nach Packungsanweisung garen. Die Brühe zum Kochen bringen und die Gemüse und Gewürze hineingeben. Suppe erneut aufkochen lassen und etwa 8 min köcheln lassen. Dann die gegarten Spaghetti zufügen. Alles noch einmal richtig heiß werden lassen und sofort servieren.

TIP: Die Suppe läßt sich auch durch kleingewürfeltes Hühnerfleisch, Mettklößchen oder Eierstich verfeinern. Eine mehr asiatische Variante ist das Zufügen kleiner Würfel geräucherten Tofus.

Region: Asien

Chinakohl

Hauptgericht | **Fisch auf Chinakohl**

500 g	Chinakohl
500 g	Möhren
1	Zwiebel
800 g	Kartoffeln
1 EL	Pflanzenmargarine
180 ml	Gemüsebrühe
400 g	Fischfilet
1 EL	Zitronensaft
1 EL	Schmand (Sauerrahm)
2 EL	Weißwein
1 Bund	Dill
100 g	Krabbenfleisch

So wird's gemacht:

Chinakohl und Möhren putzen, waschen und in Streifen schneiden. Kartoffeln schälen. Zwiebel abziehen und fein würfeln. Margarine erhitzen, Zwiebelwürfel darin goldgelb andünsten. Chinakohl und Möhren zufügen und 5 min weiterdünsten. Kartoffeln als Salzkartoffeln garen. Gemüse mit der Brühe aufgießen und alles 10 min köcheln lassen. Inzwischen den Fisch säubern und mit dem Zitronensaft säuern. Den Fisch in 4 Portionen teilen und diese auf das Gemüse legen. Deckel schließen und alles 10 min leise weiterköcheln lassen. Dann den garen Fisch herausnehmen und warm stellen. Sauerrahm mit dem Weißwein verrühren und unter das Gemüse rühren. Die Hälfte des Dills hacken, den Rest als kleine Sträußchen zur Garnitur zurückbehalten. Unter das Gemüse geben. Das abgeschmeckte Gemüse in eine flache Schüssel füllen, den Fisch darauf legen. Mit den Krabben bestreuen und mit Dillfähnchen garnieren. Dazu die Salzkartoffeln servieren.

TIP: Besonders geeignet sind Seelachsfilet, Seehecht oder Goldbarsch. Eventuell das Gemüse mit etwas Chinagewürz oder Curry abschmecken.

Region: Ostfriesland

Chinakohl

Überbackener Chinakohl

Backofengericht

2 Köpfe	Chinakohl
300 g	Schweinemett
4 Sch.	Käse (z.B. Gouda)
1 EL	Pflanzenmargarine
1	Zwiebel
500 g	Tomatenpüree
1 TL	Curry
1 TL	Sojasoße

So wird's gemacht:

Chinakohl vorbereiten. Die Stauden längs halbieren und leicht aushöhlen. Die Aushöhlreste fein hacken und mit dem Schweinemett verkneten. Auflaufform ausfetten und die Chinakohlhälften hineinlegen. Die Hälften mit dem Fleischteig füllen. Auf jede Hälfte eine Käsescheibe legen. Die Margarine erhitzen und die abgezogene, feingewürfelte Zwiebel darin anschwitzen. Mit dem Tomatenpüree verrühren. Mit Curry und Sojasoße würzen und in die Auflaufform, um den Kohl herum, gießen. Bei 175 °C etwa 20 min garen. Dann den Kohl mit der Soße begießen und in weiteren 10 min fertig backen.

Dazu passen: Naturreis oder Kartoffeln.

TIP: Statt mit einem Fleischteig kann der Chinakohl auch mit einem Getreideteig, z. B. aus Grünkernschrot mit gehackten Walnüssen, gefüllt werden.

Chinakohl

Vorspeise	Marinierter Chinakohl	für 6 Personen

250 g	Chinakohl
2 EL	**Jodsalz**
2	**Chilischoten, rot getrocknet**
1 EL	**Zucker**
2 EL	**Sesamöl, dunkel**

So wird's gemacht:

Den Kohl vorbereiten, längs vierteln und waschen. Den harten Strunk aus den Vierteln herausschneiden. Jedes Kohlviertel mit einem halben EL Salz einreiben. In eine Schüssel legen, abdecken und über Nacht marinieren lassen. Am nächsten Tag den Kohl kalt abwaschen und trockentupfen. Die Chilischoten zerstoßen und mit Zucker und Öl verrühren. Jedes Kohlviertel nochmals längs halbieren und mit dem Chiligemisch einreiben.

Dazu passen: Brot, Krabbenchips, Reis

TIP: Wer kein Sesamöl zuhause hat, kann das Rezept auch sehr gut mit Olivenöl herstellen. Es schmeckt dann zwar etwas weniger exotisch, ist aber trotzdem originell.

Region: Vietnam

Chinakohl

Scharfer Chinakohlsalat

Salat

1 Kopf	Chinakohl
20 g	Ingwerwurzeln
1	Knoblauchzehe
1 EL	Sojasoße
2 EL	Weinessig
0,5 TL	Senf, scharf
6 EL	Sesamöl
	Jodsalz, Pfeffer

So wird's gemacht:

Chinakohl putzen, waschen und in feine Streifen schneiden. Ingwer schälen und in feine Scheiben schneiden. Knoblauch zerdrücken. Alles mischen und mit der Sojasoße marinieren. Inzwischen aus den restlichen Zutaten eine Vinaigrette rühren (Öl zuletzt untermischen). Mit dem Chinakohl vermengen und etwa 15 min ziehen lassen.

Dazu paßt: Reis und knusprige (Peking-)Ente oder Schweinebraten.

TIP: Einige Radieschen in feine Scheiben schneiden und unterheben.

Region: Asien

Endivien

Jan	Febr	Mrz	Apr	Mai	Juni	Juli	Aug	Sep	Okt	Nov	Dez

Beilage

Endiviengemüse

2 Endivien (groß)
300 ml Gemüsebrühe
2 EL Butter
2 EL Mehl

So wird's gemacht: Von den Endivien die äußeren grünen Blätter entfernen. Die gelben Blätter von den Stielen abstreifen und waschen. Die Brühe aufkochen, die Endivienblätter hineingeben und ca. 30 min garen lassen. Die Brühe abgießen. Die Endivien abtropfen lassen und anschließend grob hacken. Die Butter erhitzen, das Mehl hineingeben und eine Mehlschwitze herstellen. Mit der Kochbrühe ablöschen. Dabei sollte eine sämige Soße entstehen. Die Endivien hineingeben und unter häufigerem Umrühren köcheln lassen, bis die Endivien richtig gar sind.

Dazu paßt: Durch die helle Gemüsesoße paßt dieses Gericht eigentlich zu allem, egal ob Kartoffeln, Nudeln oder Reis. Gut dazu sind z. B. Frikadellen.

Beilage

Endivienspinat

4 Endivien
150 ml Wasser
1 Zwiebel
1 EL Butter
2 EL Mehl
300 ml Milch
Jodsalz
Pfeffer
Muskat
Liebstöckel
Rosmarin

Endivien

So wird's gemacht:

Endivien putzen und vierteln. Das Wasser zum Kochen bringen, etwas Salz zufügen und die Endivien darin weich dünsten. Endivien gut abtropfen lassen, in einer Salatschleuder trocken schleudern. Die Zwiebel abziehen und fein würfeln. Die Butter erhitzen, die Zwiebelwürfel darin glasig andünsten und mit dem Mehl überstreuen. Alles goldgelb schwitzen lassen und mit der Milch ablöschen. Bei Bedarf etwas mehr Milch verwenden. Die trockenen Endivien fein hacken und in die Soße geben. Das Gemüse mit den Gewürzen und den gehackten Kräutern abschmecken.

Dazu passen: Kartoffeln, Spiegel- oder Kochei.

TIP: Im Dämpfeinsatz werden die Endivien besonders schonend gegart. Wer Kalorien nicht scheut, kann die Hälfte der Milch durch Sahne ersetzen, für echte „Rahm-Endivien".

Endivieneintopf

Hauptgericht

1	Endivie
2 Stangen	Porree
1	Zwiebel
1,5 kg	Kartoffeln
2 EL	Pflanzenmargarine
500 ml	Buttermilch
1	Gewürzgurke

So wird's gemacht:

Gemüse putzen. Kartoffeln als Pellkartoffeln kochen. Noch heiß abziehen und stampfen. Zwiebel und Porree in feine Ringe schneiden. Die Margarine erhitzen. Gemüseringe darin andünsten. Mit der Milch aufgießen, diese heiß werden lassen und alles unter die gestampften Kartoffeln rühren. Die saure Gurke sehr fein hacken, die Endivien fein schneiden. Beides zusammen unter den Eintopf rühren, ca. 1 min ziehen lassen und servieren.

Region: Eifel

Endivien

Backofengericht | **Endivienspätzle mit Schinken und Ei**

250 g	Endivien
400 g	Mehl
3	Eier (für Spätzleteig)
0,5 TL	Jodsalz
0,5 TL	Pfeffer
125 ml	Wasser
	Wasser, gesalzen, zum Garen
2 EL	Olivenöl
150 g	Schinkenspeck, geräuchert
4	Eier
5 EL	Sahne
75 g	Parmesan, gerieben
	Pfeffer, schwarz

So wird's gemacht:

Endivien waschen, gut abtropfen lassen und nicht zu fein pürieren. Mehl, Gewürze, Eier und Endivienpüree verrühren, dabei löffelweise das Wasser zugeben. Den Teig schlagen, bis er Blasen wirft. Etwa 10 min ruhen lassen. Reichlich Salzwasser aufkochen. Spätzlebrett und Spätzleschaber (oder Spatzenhobel) kurz hineintauchen. Den Teig portionsweise auf das Brett geben. Mit dem Messer schmale Streifen in das Wasser schaben. Jede Portion leise kochen lassen, bis die Spätzle an der Oberfläche schwimmen. Mit einem Schaumlöffel herausheben und in eine Schüssel mit etwas lauwarmem Wasser legen. Wenn alle Spätzle fertig sind, diese gut abtropfen lassen und mit dem Olivenöl mischen. Spätzle in eine flache Auflaufform geben. Schinkenspeck fein würfeln und langsam ausbraten. Eier, Sahne und Parmesan gut verquirlen und über die Spätzle geben. Den heißen Speck darübergießen, mit etwas Pfeffer bestreuen und im auf 220 °C vorgeheizten Backofen backen, bis die Eiermasse gestockt ist.

Dazu paßt: Blattsalat oder Endivien-Grapefruit-Salat

Endivien

Flämische Matjes-Endivien

Vorspeise

0,5	Endivien
200 g	Kartoffeln (Pell-)
2	Matjesfilets
1	Zwiebel, klein
2 EL	Essig
1 EL	Sonnenblumenöl
2 EL	Mineralwasser, mit Kohlensäure
1 Msp.	Senf
	Pfeffer
0,5 TL	Zucker
2 EL	Kräuter, gemischt u. gehackt
2 EL	Joghurt

So wird's gemacht:

Die Endivien putzen und in feine Streifen schneiden. Die Pellkartoffeln würfeln. Matjes in Streifen schneiden. Beides vorsichtig mit den Endivien mischen. Zwiebel abziehen und reiben. Mit dem Essig und dem Öl vermischen. Mit dem Wasser und dem Senf gut mixen, mit Pfeffer und Zucker abschmekken. Die Marinade mit dem Salat vermengen und mind. 30 min durchziehen lassen. Inzwischen die Kräuter evtl. fein hacken und mit dem Joghurt verrühren. Endivien auf kleinen Tellern anrichten und kurz vor dem Servieren mit einem Klecks Kräutersoße garnieren.

Dazu paßt: Baguette, Toastbrot

TIP: Als Kräuter eignen sich vor allem Petersilie, Dill und Schnittlauch. Anstelle von Joghurt kann man auch saure Sahne oder Schmand verwenden.

Region: Eine Spezialität aus dem flämischen Teil Belgiens.

Endivien

Salat – Endiviensalat

300 g	Endivien
300 g	Kartoffeln
1	Zwiebel
40 g	Speck, durchwachsen
3 TL	Sonnenblumenöl
3 EL	Essig
6 EL	Wasser
0,5 TL	Senf
1 TL	Jodsalz
0,5 TL	Pfeffer
0,5 TL	Zucker

So wird's gemacht:

Kartoffeln als Pellkartoffeln kochen. Endivien waschen, gut abtropfen lassen oder schleudern und in feine Streifen schneiden. Die Zwiebeln würfeln. den Speck auslassen, die Hälfte der Zwiebelwürfel im Speckfett bräunen. Die Zwiebeln herausnehmen und mit den Endivienstreifchen mischen. Den Speck knusprig braten. Öl, Essig, Wasser, Senf, restliche Zwiebelwürfel und Gewürze zu einer Salatsoße rühren. Die Soße zum Salat geben und etwas ziehen lassen. Von den noch warmen Kartoffeln die Schale abziehen und die Kartoffeln durch die Presse drücken oder grob stampfen. Zusammen mit dem Speck zum Salat geben und vorsichtig unterziehen. Direkt servieren.

Dazu paßt: ein Auflauf

Endivien

Südsee-Endivien

Salat

1	Endivie
50 g	Ananas (Dose)
	Knoblauchzehe (zum Ausreiben)
150 g	Joghurt
1 EL	Pflanzenöl
2 EL	Zitronensaft
2 TL	Honig
2 EL	Ananassaft
1 Prise	Pfeffer
1 Prise	Jodsalz
1 Msp.	Ingwer, gemahlen
1 TL	Rum
1 EL	Haselnüsse, gemahlen

So wird's gemacht:

Endivien vorbereiten und in feine Streifen schneiden. Ananas fein würfeln. Die Salatschüssel mit Knoblauch ausreiben. Die restlichen Zutaten miteinander verrühren. Die Ananasstücke und das Nußmehl unterheben. Die Marinade über den Endivien gießen und vorsichtig vermengen. Sofort servieren.

TIP: Dieser Salat ist nicht für Kinder und „trockene" Alkoholiker geeignet; sonst den Rum weglassen. Anstelle von Ananas kann man auch Dosen-Pfirsich oder Mandarin-Orangen verwenden.

Erbsen

Jan	Febr	Mrz	Apr	Mai	Juni	Juli	Aug	Sep	Okt	Nov	Dez

Naturell

Erbsen naturell

2,5 kg	Erbsen, jung (mit Hülse)
1 EL	Pflanzenmargarine
125 ml	Wasser
1 Prise	Zucker
	Jodsalz

So wird's gemacht:

Erbsen auspalen und waschen. Margarine zerlassen, die gut abgetropften Erbsen darin andünsten. Wasser und Gewürze zufügen und in 15 - 25 min gar dünsten.

TIP: Die Menge von 2,5 kg Erbsenschoten entspricht 1 kg ausgepalten Erbsen.

Beilage

Französische Erbsen

1,5 kg	Erbsen (Schoten)
50 g	Champignons
1	Kopfsalat (klein)
1	Gemüsezwiebel
50 g	Räucherspeck, durchwachsen
	Kerbel
150 g	Schlagsahne
200 ml	Wasser
1 EL	Speisestärke
2 EL	Wasser
	Jodsalz, Pfeffer

So wird's gemacht:

Erbsen auspalen und waschen. Wasser mit etwas Salz zum Kochen bringen. Die Erbsen hineingeben und etwa 10 min dünsten lassen. Zwiebel und Champignons putzen. Beides würfeln. Den Speck würfeln und auslassen. Die Zwiebel- und Pilzwürfel zugeben und glasig dünsten. Die Erbsen mit dem Kochwasser zufügen. Alles noch 7 min köcheln lassen. Kerbel waschen und hacken. Zusammen mit der Sahne zum Gemüse geben. Die Speisestärke mit Wasser anrühren und langsam (je nach gewünschter Sämigkeit) zum Gemüse geben. Den vorbereiteten Kopfsalat in Streifen schneiden und unter das fertige Gemüse heben. Ca. 3 min bei abgeschalteter Platte ziehen lassen. Eventuell nachwürzen.

Dazu passen: Reisrand, Nudeln

TIP: 1,5 kg eingekaufte Erbsenschoten entsprechen 600 g ausgepalten Erbsen bzw. Tiefkühl- oder Konservenware.

Region: Frankreich

Erbsen-Kartoffel-Püree

Beilage

1 kg	**Erbsen (Schoten)**
250 ml	**Gemüsebrühe**
1,1 kg	**Kartoffeln**
3 EL	**Butter**
150 ml	**Milch**
100 ml	**Sahne**
	Jodsalz, Pfeffer
	Muskat

So wird's gemacht:

Erbsen auspalen und waschen. Gemüsebrühe erhitzen und die Erbsen darin 5 min kochen. Kartoffeln schälen und kochen. Die noch heißen Kartoffeln stampfen und die Butter flöckchenweise unterrühren. Milch und Schlagsahne zusammen erhitzen und langsam unter die Kartoffelmasse rühren, bis die gewünschte Festigkeit erreicht ist. Die Erbsen mit der Gemüsebrühe pürieren und mit dem Kartoffelbrei vermengen. Mit Pfeffer, Muskat und Salz abschmecken.

Dazu paßt: Sauerkraut

TIP: Interessante Geschmacksvarianten ergeben sich mit untergezogenen Röstzwiebeln oder gehackter Zitronenmelisse. Das Püree gelingt übrigens am besten mit mehligen Kartoffeln.

Erbsen

Hauptgericht

Sommereintopf mit Schweinefleisch

1,5 kg	Erbsen (Schoten)
500 g	Tomaten
3	Zwiebeln
700 g	Kartoffeln
375 g	Schweinegulasch
2 EL	Pflanzenöl
250 ml	Wasser
1 TL	Edelsüßpaprika
1 EL	Ketchup
1 EL	Speisestärke
1 EL	Joghurt
	Jodsalz
	Pfeffer

So wird's gemacht:

Erbsen auspalen und waschen. Kartoffeln schälen und scheibeln. Die Tomaten abziehen und ebenfalls in Scheiben schneiden. Das Öl erhitzen und das Fleisch darin anbraten. Die abgezogenen, gewürfelten Zwiebeln dazugeben und anbräunen lassen. Mit dem Wasser ablöschen. Die Erbsen dazugeben, die Kartoffeln darauflegen und mit den Tomatenscheiben bedecken. Den Topf gut schließen, zum Kochen bringen und etwa 35 min garen. Den Eintopf vorsichtig umrühren, mit den Gewürzen und dem Ketchup abschmecken. Die Stärke mit etwas Wasser verrühren und den Eintopf damit etwas andicken. Den Joghurt unterrühren und nicht mehr kochen lassen.

TIP: Anstelle des Binden mit Mehl können auch vorn vornherein mehr Kartoffeln genommen werden, ein Teil wird zerdrückt zum Andicken verwendet.

TIP: 1,5 kg Erbsenschoten entsprechen 600 g ausgepalten Erbsen.

Erbsen

Frische Erbsensuppe

(Vor)Suppe

650 g	Erbsen (Schoten)
2 EL	Pflanzenmargarine
2 EL	Weizenvollkornmehl
1,25 l	Gemüsebrühe (mit Hefe)
1 EL	Petersilie, gehackt

So wird's gemacht:

Erbsen auspalen und waschen. Die Margarine erhitzen und die Erbsen darin 5 min andünsten. Das Mehl darüberstreuen und gut durchschwitzen. Mit der Brühe ablöschen, aufkochen und 15 - 20 min köcheln lassen, bis die Erbsen gar sind. Die gehackte Petersilie unterrühren und die Suppe abschmecken. Die vorgesehene Einlage zugeben und heiß werden lassen.

Dazu paßt: Als Einlage eignen sich besonders kleine Fleisch- oder Grießklößchen oder auch Schwemmklöße.

TIP: 250 g ausgepalte Erbsen entsprechen 650 g Erbsenschoten.

Erbsen

Salat

Erbsen-Rohkost

750 g	Erbsen, jung (Schoten)
1	Zwiebel, klein
2 EL	Pflanzenöl
2 EL	Zitronensaft
1 Prise	Jodsalz
2 EL	Sahne (oder Kondensmilch)
1 EL	Petersilie, gehackt
	Zucker

So wird's gemacht:

Die Erbsen gut waschen und abtropfen lassen. Inzwischen Zwiebel abziehen und sehr fein hacken. Öl, Zitronensaft und Salz sehr gut verschlagen, dann Zwiebelwürfel, Sahne und Kräuter zufügen. Die Erbsen mit der Soße mischen und etwa 15 min ziehen lassen. Eventuell noch mit etwas Zucker abschmecken.

Dazu paßt: Kurzgebratenes Geflügel (Putenbrust, Hähnchenschnitzel o.ä.) und neue Kartoffeln

TIP: 750 g Erbsenschoten entsprechen 300 g ausgepalten Erbsen.

Spezial

Gemüsehörnchen

1 kg	Erbsen (Schoten)
	Wasser, gesalzen
250 g	Magerquark
125 ml	Milch
100 ml	Pflanzenöl
500 g	Mehl
1 Pck.	Backpulver
1 TL	Jodsalz
6 TL	Sonnenblumenkerne, geröstet
2 EL	Milch

Erbsen

So wird's gemacht:

Erbsen palen und waschen. Erbsen in wenig Wasser bißfest garen. Quark, Milch, Öl und Salz verrühren. Mehl mit dem Backpulver vermischen und unter den Teig kneten. Schnell verarbeiten, da der Teig sonst klebt. Evtl. noch etwas Mehl darunter kneten. Den Teig zu je zwei runden Platten (ca. 30 cm Durchmesser) pro vier Personen ausrollen. Jede Platte in 6 Tortenstücke schneiden. Die Dreiecke mit dem Gemüse belegen. Jedes Stück mit einem halben Löffel geröstete Sonnenblumenkerne bestreuen. Das Gemüse gut andrücken. Die Hörnchen von der Breitseite her aufrollen und gut zusammendrücken. Die Enden der Rolle etwas nach innen drehen, um die Hörnchenform zu erreichen. Mit Milch bestreichen, evtl. mit weiteren Sonnenblumenkernen bestreuen. Die Hörnchen auf ein mit (Dauer-)Backpapier ausgelegtes Blech legen und bei 180 – 200 °C 20 – 25 min im Backofen backen. Vor dem Servieren etwas abkühlen lassen.

Dazu paßt: Die Hörnchen sind ein schöner Zwischenimbiß, aber auch gut für ein Büffet (jeweils passend mit anderen Gemüsen wie Mais, Möhren oder Resten gemischt) geeignet.

TIP: Anstelle der Milch kann man den Teig mit der entsprechenden Menge Gemüsewasser zubereiten. Das Mehl läßt sich problemlos zur Hälfte durch Vollkornmehl ersetzen, evtl. mit mehr Milch.

Feldsalat

Jan	Febr	Mrz	Apr	Mai	Juni	Juli	Aug	Sep	Okt	Nov	Dez

Beilage

Warmer Kartoffel-Feldsalat

300 g	Feldsalat
500 g	Kartoffeln
1	Zwiebel
3 EL	Essig
1 TL	Senf
3 EL	Pflanzenöl
1 EL	Sahne
	Pfeffer
	Jodsalz
4 Sch.	Toastbrot (Mehrkorn-)
2 EL	Butter

So wird's gemacht:

Feldsalat gut waschen und die Blätter auseinanderzupfen. Kartoffeln als Pellkartoffeln garen. Inzwischen Zwiebel abziehen und reiben. Aus geriebener Zwiebel, Senf, Essig, Jodsalz und Pfeffer ein Dressing rühren. Dann Sahne und Öl unterschlagen. Kräftig abschmecken. Toastbrot toasten, in Würfel schneiden und in der Butter goldbraun braten. Die heißen Pellkartoffeln schälen und würfeln. Heiß mit dem Feldsalat und dem Dressing mischen, nochmals abschmecken, mit gerösteten Brotwürfeln bestreuen und warm servieren.

Dazu passen: Geräucherte Forellenfilets, Frikadellen, Bockwurst

Hauptgericht

Rapunzelpfanne

1 kg	Feldsalat (Rapunzeln)
1 l	Wasser, gesalzen
2	Zwiebeln
2 EL	Pflanzenmargarine
	Jodsalz, Pfeffer
	Cayennepfeffer
250 g	Cabanossi
4	Eier

Feldsalat

So wird's gemacht:

Den Feldsalat putzen und sehr gut waschen. Salzwasser zum Kochen bringen und den Salat 2 min in sprudelndem Wasser blanchieren. Salat in ein Sieb gießen und abtropfen lassen. Die Zwiebeln abziehen und fein würfeln. Die Margarine in einer großen Pfanne erhitzen, die Zwiebeln darin glasig dünsten lassen. Dann die Rapunzeln zugeben, mit Salz, Pfeffer und Cayennepfeffer würzen und noch etwa 3 min dünsten lassen. Die Cabanossi in Scheiben schneiden und unterheben. Die Rapunzeln so in der Pfanne verteilen, daß soviele kleine Vertiefungen im Gemüse vorhanden sind, wie sie der Personenzahl entsprechen. In jede Vertiefung ein Ei aufschlagen. Den Deckel auf die Pfanne setzen und die Eier im Gemüsebett stocken lassen. Eventuell nachwürzen.

Dazu passen: Pellkartoffeln, Salzkartoffeln oder Bratkartoffeln

TIP: Am besten pro vier Personen eine Pfanne verwenden oder das Gericht in einer rechteckigen, flachen Auflaufform im Backofen zubereiten.

Currylamm mit Feldsalat

Hauptgericht

400 g	**Feldsalat (Rapunzeln)**
2	**Zwiebeln**
4 EL	**Pflanzenöl**
800 g	**Lammgulasch (Schulter)**
2 EL	**Mehl**
1 EL	**Curry**
500 ml	**Gemüsebrühe**
125 ml	**Sahne**
	Zitronensaft
	Jodsalz
	Pfeffer

Feldsalat

So wird's gemacht:

Die Hälfte des Öls erhitzen und das Fleisch darin kräftig anbraten. Mit Mehl und Curry bestäuben, kurz durchschwitzen (Achtung, Curry wird beim Braten leicht bitter!) und mit der Brühe auffüllen. Die Sahne zufügen und alles etwa 30 min köcheln lassen. Zwiebeln abziehen und fein würfeln. Feldsalat sehr gut waschen, trocknen und die Blätter abzupfen. Das restliche Öl erhitzen, die Zwiebeln darin andünsten, den Feldsalat zugeben. 7-10 min dünsten lassen. Die gedünsteten Rapunzeln zum Fleisch geben. Das Gulasch mit Salz, Pfeffer und Zitronensaft abschmecken.

Dazu passen: Naturreis, Kartoffeln

TIP: Das Gericht läßt sich auch mit Spinat, Blattmangold, Endivien oder Römersalat zubereiten.

Hauptgericht

Nudeln in Rapunzelsahne

500 g	**Feldsalat**
1	**Zwiebel (klein)**
1	**Knoblauchzehe**
400 g	**Bandnudeln**
1 EL	**Olivenöl**
1 EL	**Pinienkerne**
200 g	**Sahne**
	Jodsalz, Pfeffer
	Zitronensaft
2 EL	**Parmesan, gerieben**

So wird's gemacht:

Den Feldsalat putzen und waschen. Kleine Blätter ganz lassen, größere halbieren. Zwiebel und Knoblauch abziehen und fein hacken. Die Nudeln nach Packungsanweisung garen. Das Olivenöl erhitzen. Zwiebel und Knoblauch zufügen und glasig dünsten lassen. Den Feldsalat und die Pinienkerne zugeben. 2 min braten lassen. Dann die Sahne zugießen. Alles dicklich-cremig einkochen lassen. Die Soße mit Salz und Pfeffer und evtl. etwas Zitronensaft abschmecken. Die fertigen Nudeln gut abtropfen lassen und in den Sahne-Feldsalat geben. Den Parmesan zufügen und alles vorsichtig verrühren. Sofort ganz heiß servieren.

Dazu paßt: Rohkostsalat der Jahreszeit

TIP: Alternativen für den Feldsalat können Spinat und Mangold sein (Stiele vorher blanchieren), für die Pinienkerne Sonnenblumenkerne oder gehackte Haselnüsse (nicht mitkochen) nehmen.

Rapunzelsuppe mit Sherry

(Vor)Suppe

400 g	**Feldsalat**
2 EL	**Butter**
1 l	**Wasser**
1 EL	**Sherry, medium**
1	**Eigelb**
1 EL	**Sahne**
	Pfeffer, Muskat
1 TL	**Jodsalz**
4 EL	**Knoblauchcroutons**

So wird's gemacht:

Feldsalat vorbereiten und etwas klein zupfen. In der Butter 2 min andünsten. Das Wasser angießen. Sherry, Salz, Pfeffer und Muskat zufügen und 7 min köcheln lassen. Die Suppe pürieren. Das Eigelb mit der Sahne verrühren und die Suppe damit legieren. Abschmecken. Die Suppe auf die Suppentassen verteilen, obenauf jeweils einen EL Croutons geben. Mit einem Feldsalatblättchen garnieren.

TIP: Diese Suppe ist besonders edel und gut geeignet für ein Festmahl mit mehreren Gängen.

Feldsalat

Vorspeise

Feldsalat-Rohkost

200 g	Feldsalat
6	Orangen
2	Zitronen
2 EL	Sonnenblumenkerne
2 EL	Honig
5 EL	Sonnenblumenöl

So wird's gemacht:

Den Feldsalat vorbereiten. 2 Apfelsinen und die Zitronen auspressen. Restliche Apfelsinen schälen und in Spalten teilen, eventuell noch einmal durchschneiden. Feldsalat, Apfelsinen und Sonnenblumenkerne mischen. Aus dem Saft, dem Honig und dem Öl eine Salatsoße rühren und darübergeben.

Dazu paßt: (Röst-)Brot

TIP: Eine sehr nährstoffreiche Vorspeise, das richtige Entrée für ein Winteressen.

Salat

Altdeutscher Rapünzchensalat

250 g	Feldsalat (Rapunzeln)
2 EL	Essig
4 El	Pflanzenöl
	Jodsalz
	Zucker

Von den Rapunzelblättern die Stiele abschneiden. Blätter waschen und trocken schleudern. Mit Essig, Öl und Salz mischen, nach Belieben auch etwas Zucker zugeben.

Feldsalat

Rapunzelsalat in Sahnesoße

Salat

150 g	Feldsalat (Rapunzeln)
200 g	Schlagsahne
2 EL	Zitronensaft
1 TL	Zucker
10	Haselnüsse

So wird's gemacht:

Den Feldsalat putzen, waschen und trockenschleudern. Die Büschel zusammenlegen und die Blätter in Streifen schneiden. Die feinen Stiele etwas kleiner schneiden. Die Sahne mit dem Zitronensaft und Zucker mit einem Schneebesen leicht anschlagen, bis sie cremig-dicklich geworden ist. Über den Feldsalat gießen. Eventuell mit einigen gehackten, trocken angerösteten Haselnüssen bestreut servieren.

TIP: Hier kann der Zucker auch gut durch Süßstoff ersetzt werden.

Feldsalat mit Champignons

Salat

200 g	Feldsalat
1	Zwiebel
100 g	Champignons
2 EL	Balsamico-Essig
2 El	Pflanzenöl
	Pfeffer, Jodsalz

So wird's gemacht:

Feldsalat und Champignons vorbereiten. Pilze in dünne Scheiben schneiden. Zwiebel abziehen und fein reiben. Zwiebelmus mit Essig, etwas Salz und Pfeffer verrühren. Anschließend das Öl unterschlagen. Feldsalat mit Pilzen und Dressing mischen. Abschmecken und schnell servieren.

Dazu passen: Bauernfrühstück, Bratkartoffeln

Fenchel

Jan	Febr	Mrz	Apr	Mai	Juni	Juli	Aug	Sep	Okt	Nov	Dez

Naturell

Fenchel naturell

1 kg	Fenchelknollen
250 ml	Salzwasser
4 EL	Butter
	Jodsalz, Pfeffer

So wird's gemacht: Die Fenchelknollen putzen und in Scheiben schneiden. Das Fenchelgrün waschen, trocknen und fein hacken. Die Fenchelscheiben in kochendes Salzwasser geben und ca. 4 min blanchieren. Den Fenchel herausheben und gut abtropfen lassen. Die Butter erhitzen, bräunen und den Fenchel darin schwenken. Mit etwas Pfeffer und Salz würzen. Gemüse mit dem gehackten Fenchelgrün bestreuen.

TIP: Anstelle von Fenchelgrün kann man auch Dill zum Würzen nehmen. Anstelle von gebräunter Butter läßt sich auch ausgelassener Räucherspeck, evtl. mit etwas gehackter Tomate, verwenden.

Beilage

Gegrillter Fenchel

4	Fenchelknollen (klein)
500 ml	Gemüsebrühe
2	Mozzarella
	Pfeffer
	Kräuterjodsalz

So wird's gemacht: Die Fenchelknollen putzen und in Scheiben schneiden. Die Gemüsebrühe zum Kochen bringen und die Fenchelscheiben darin knapp 10 min dünsten. Den Fenchel herausheben und gut abtropfen lassen. Anschließend gut würzen. Mozzarella ebenfalls in Scheiben schneiden und jede Fenchelscheibe mit einer Mozzarella-Scheibe belegen. Etwa 10 min grillen.

TIP: Dieses Gemüse sollte bei keiner Grillparty fehlen.

Fenchel

Fenchelsuppe mit Knoblauchcroutons

(Vor)Suppe

600 g	Fenchelknollen
150 g	Champignons
4 EL	Olivenöl
3	Knoblauchzehen
1 l	Gemüsebrühe
1 TL	Thymian, getrocknet
2 EL	Sherry
	Jodsalz
	Pfeffer
4 Sch.	Vollkorntoast (od. Dreikorn)

So wird's gemacht:

Fenchel vorbereiten und längs in dünne Scheiben schneiden. Die Champignons putzen und scheibeln. Die Hälfte des Öls erhitzen und eine in sehr dünne Scheibchen geschnittene Knoblauchzehe darin anbraten. Den Fenchel ebenfalls andünsten. Die Pilzscheiben und den Thymian unterheben und alles mit der Gemüsebrühe aufgießen. Die Suppe aufkochen und 8 min leise köcheln lassen. Die Suppe mit Salz und Pfeffer abschmecken. Nach Geschmack mit etwas Sherry zusätzlich würzen. Das restliche Öl mit den restlichen ausgepreßten Knoblauchzehen verrühren, erhitzen. Die in Würfel geschnittenen Toastbrotscheiben darin anrösten.

TIP: Der Alkohol aus dem Sherry verdampft beim Kochen. Trotzdem sollte er wegen des Geschmacks nicht bei „trockenen" Alkoholikern verwendet werden. Er kann z. B. durch Apfelsaft ersetzt werden.

Fenchel

Hauptgericht

Fenchelpfanne mit Schweinefilet

600 g	Fenchelknollen
200 g	Spinat (Blatt-)
3	Zwiebeln
1	Zitrone, unbehandelt
400 g	Schweinefilet
3 EL	Pflanzenöl
2 EL	Sojasoße
1 EL	Zucker
250 ml	Orangensaft
1 Dose	Mandarinorangen
	Pfeffer
	Jodsalz

So wird's gemacht:

Fenchel putzen, das Kraut waschen und beiseite legen. Den Fenchel in feine Streifen schneiden und in kochendem Wasser mit Zitronenscheiben etwa 5 min garen. Danach abschrecken und gut abtropfen lassen. Den Spinat verlesen, waschen und in kochendem Salzwasser 2 min blanchieren. Ebenfalls abschrecken und abtropfen lassen. Die Zwiebeln abziehen und in Ringe schneiden. Das Fleisch kalt abwaschen, gut abtrocknen und zunächst in dünne Scheiben, diese anschließend in schmale Streifen schneiden. Ein Drittel des Öls erhitzen, das Fleisch darin anbraten. Mit der Hälfte der Sojasoße und Pfeffer würzen, beiseite stellen. Im restlichen Öl die Zwiebelringe und den Fenchel anbraten. Den Zucker darüberstreuen und unter Rühren schmelzen (karamelisieren) lassen. Mit dem Orangensaft ablöschen. Das Gemüse bißfest dünsten, Mandarinenorangen zugeben und mit der restlichen Sojasoße abschmecken. Das Fleisch und den Spinat unterheben und noch einmal erwärmen.

Dazu paßt: Kartoffelbrei mit untergezogenem, gehacktem Fenchelkraut

Fenchel

Gratinierter Fenchel

Backofengericht

8	**Fenchelknollen, klein**
125 ml	**Gemüsebrühe**
125 ml	**Weißwein, trocken**
1 EL	**Butter**
50 g	**Käse (Gouda)**
100 g	**Kochschinken**
50 g	**Parmesan, gerieben**
2 EL	**Semmelbrösel**
1 Bund	**Petersilie**
	Jodsalz, Pfeffer, Muskat

So wird's gemacht:

Fenchelknollen putzen. Die zarten Fenchelblätter aufheben. Die Knollen halbieren. Brühe mit Wein und Butter aufkochen. Den Fenchel mit den Schnittflächen hineingeben und etwa 15 min köcheln lassen. Den Fenchel aushöhlen, das Innere in feine Streifen oder Würfel schneiden. Gouda und Schinken ebenfalls in Streifen oder Würfel schneiden. Mit dem Fenchelinneren mischen, etwas pfeffern und die ausgehöhlten Knollen damit füllen. Die Fenchelknollen in eine vorbereitete flache Auflaufform geben. Die Kochflüssigkeit auf die Hälfte einkochen, mit Pfeffer, Muskat und Salz würzen und über den Fenchel gießen. Fenchelgrün hacken und darüberstreuen. Parmesan mit den Semmelbröseln mischen und ebenfalls darüber streuen. Die restliche Butter in Flöckchen darüber geben. Bei 220 °C ca. 15 min überbacken. Dabei soll sich eine goldgelbe Kruste bilden und die Butter ganz zerlaufen sein. Vor dem Servieren gehackte Petersilie darüberstreuen.

Dazu paßt: Gebratenes Fleisch oder gebratener Fisch

TIP: Anstelle von Parmesan und Semmelbröseln läßt sich Fenchel auch gut mit einer weißen Soße (mit etwas Worcestersoße abgeschmeckt) und geriebenem Käse oder einer Sauce Bèarnaise überbacken.

Fenchel

Vorspeise — Fencheltoast mit Lachsschinken

2	Fenchelknollen
125 ml	Gemüsebrühe
2 TL	Pflanzenmargarine
2 TL	Mehl
4 EL	Milch
100 g	Käse (Gouda), gerieben
4 Sch.	Vollkorntoast
8 Sch.	Lachsschinken
1 Bund	Dill
	Pfeffer
	Zitronensaft

So wird's gemacht:

Den Fenchel vorbereiten und halbieren. Das Grün ganz kleinschneiden. Die Brühe erhitzen, das Gemüse hineingeben und ca. 15 min garen. Die Knollen herausnehmen und abtropfen lassen. Die Brühe mit dem Schneebesen kräftig durchschlagen, um das Fenchelgrün möglichst zu pürieren. Eventuell den Pürierstab zur Hilfe nehmen. Die Margarine in einem Topf erhitzen, das Mehl zufügen und anschwitzen. Mit der Gemüsebrühe ablöschen und die Milch zugeben. Aufkochen lassen und abschmecken. Den geriebenen Käse dazugeben und in der Soße schmelzen lassen. Das Brot toasten. Auf jede Scheibe eine halbe Fenchelknolle legen und mit der Käsesoße überziehen. Im Backofen bei 180 °C etwa 10 min überbacken. Die Lachsschinkenscheiben zu Tüten drehen und in jede ein Dillsträußchen legen. Als Beilage zum Toast reichen.

TIP: Diese Vorspeise ist auch ein schönes kleines Abendessen für zwei Personen.

Fenchel

Fenchel-Grünkern-Salat

Salat

1	Fenchelknolle, groß
1	Staudensellerie
150 g	Grünkern
300 ml	Gemüsebrühe
2 EL	Rosinen
3 EL	Apfelsaft
2	Birnen
1 TL	Zitronensaft
150 g	Käse (Edamer, Gouda)
150 g	Joghurt
100 g	Schlagsahne
2 EL	Mangosoße
1 TL	Senf
	Jodsalz, Pfeffer

So wird's gemacht:

Den Grünkern für 10 min in die Brühe einweichen, danach 30 - 40 min garen. Abkühlen lassen. Die Rosinen in Apfelsaft einweichen und ca. 30 min stehen lassen. Währenddessen den Fenchel und den Sellerie vorbereiten. Sellerie scheibeln, den Fenchel stifteln oder grob raspeln. Die Birnen schälen, ebenfalls stifteln oder sehr grob raspeln. Mit etwas Zitronensaft beträufeln, damit sie nicht braun werden. Den Käse raspeln oder fein würfeln. Den Joghurt mit der Mangosoße und den Gewürzen verrühren. Schlagsahne steif schlagen und unter den Joghurt heben. Abschmecken. Den Sellerie, die Fenchel- und Birnenstifte, den Käse, die Rosinen und den Grünkern vorsichtig mischen, mit der Soße übergießen und alles vermengen. Vor dem Servieren ca. 10 min ziehen lassen.

Dazu paßt: Frisches Brot, Baguette o.ä.. Ideal für Parties!

TIP: Statt Mangosoße gehen auch Apfelmus, pürierte süß-sauer eingelegte Kürbisstücke oder Zwiebel-Relish (siehe Rezept, Seite 267).

Gartensalate

Jan | Febr | Mrz | Apr | Mai | Juni | Juli | Aug | Sep | Okt | Nov | Dez

Beilage

Römisches Salatgemüse

2 Köpfe	Römersalat (groß)
1	Zwiebel
2 EL	Pflanzenmargarine
1 TL	Speisestärke
4 EL	Wasser
2 EL	Milch
	Jodsalz
	Pfeffer
	Muskat

So wird's gemacht:

Blätter vom Römersalat ablösen, waschen und in Streifen schneiden. Margarine erhitzen, abgezogene fein gewürfelte Zwiebel darin glasig andünsten und die Salatstreifen zugeben. Etwas würzen und 3 - 5 min dünsten lassen. Nach Geschmack das Römische Salatgemüse mit etwas in Wasser angerührter Speisestärke binden und mit etwas Milch verfeinern.

Dazu passen: Gebackene Kartoffeln, Brathering, Bratkartoffeln, Nudeln

TIP: Dieses Gemüse ist geeignet für ein Superschnellessen, immerhin ist das Salatgemüse innerhalb von 5 min komplett fertig.

Hauptgericht

Blattgemüse mit Erbsen

1	Kopfsalat
1,5 kg	Erbsen (mit Schote)
1 Bund	Petersilie, glatt
100 g	Speck, durchwachsen
5	Frühlingszwiebeln
150 g	Schmand
	Jodsalz
	Pfeffer
	Zucker

Gartensalate

So wird's gemacht:

Den Kopfsalat und die Petersilie waschen und trockenschleudern. Die Erbsen auspalen. Die Frühlingszwiebeln putzen und mit dem Grün in feine Ringe schneiden. Den Speck fein würfeln und auslassen. Zunächst die Zwiebeln incl. Grün und die Erbsen hineingeben und etwa 3 min andünsten. Inzwischen den Salat in feine Streifen schneiden und die Petersilie hakken. Salat und die Hälfte der Petersilie zufügen und für eine Minute mitdünsten. Den Schmand zufügen, unterrühren und das Gemüse noch etwa 10 min dünsten lassen. Die Erbsen soll dabei gar, aber noch bißfest werden. Das Gemüse abschmecken und mit der restlichen Petersilie bestreut servieren.

Dazu passen: Neue Kartoffeln, Kurzgebratenes oder Frikadellen.

TIP: Anstelle von Kopfsalat Radicchio oder Lollo Rosso verwenden. Sieht hübsch aus, Radicchio gibt durch seinen herbbitteren Geschmack eine interessante Geschmackskomponente.

Blattsalatkuchen

Backofengericht

750 g	**Blattsalat**
450 g	**Tiefkühlblätterteig**
200 g	**Salami**
200 g	**Schmand (Sauerrahm)**
50 g	**Käse, gerieben**
2	**Eier**
50 ml	**Milch**
1 Prise	**Muskat**
1 EL	**Schnittlauch, gehackt**
	Jodsalz
	Pfeffer

Gartensalate

So wird's gemacht:

Den Blätterteig nach Packungsanweisung auftauen lassen. Salat putzen, waschen und in Streifen schneiden. Etwa 1 min blanchieren. Eine Springform mit Wasser ausspülen, leicht mit Mehl bestäuben und mit dem Blätterteig Boden und Rand auslegen. Salami würfeln oder in feine Streifen schneiden, mit dem Salat mischen und in die Form geben. Sauerrahm mit Milch, Eiern und Schnittlauch verrühren und mit den Gewürzen abschmecken. Über das Gemüse in die Form gießen. Bei 200 °C 30 - 40 min backen, bis die Eimasse festgeworden ist.

TIP: Besonders geeignet für Römischen Salat und Radicchio, also etwas herbere Sorten.

(Vor) Suppe

Salatsuppe

2	**Kopfsalate**
2 EL	**Butter**
1 EL	**Zitronensaft**
1,1 l	**Wasser**
1	**Eigelb**
	Jodsalz, Pfeffer, Muskat
4 Sch.	**Toastbrot**

So wird's gemacht:

Den Kopfsalat waschen, die äußeren Blätter entfernen und nur die Herzen verwenden. Diese klein schneiden und in der Butter 2 min andünsten. Das Wasser angießen, Zitronensaft, etwas Salz und Pfeffer zufügen und 20 min köcheln lassen. Das Eigelb verrühren und die Suppe damit legieren. Abschmecken. Die Toastscheiben rösten und in feine Würfel schneiden. Diese Würfel auf den Tellerboden geben und mit der Suppe begießen.

TIP: Anstelle von Zitronensaft im Wasser kann auch eine Handvoll Sauerampfer mitgedünstet werden oder aber der Saft durch herben Weißwein ersetzt werden.

Gartensalate

Gedämpfter Salat in Nußbutter

Vorspeise

1	Kopfsalat
50 g	Sauerampferblätter
1 Bund	Kerbel
500 ml	Wasser
	Jodsalz
70 g	Butter
2 EL	Haselnüsse, fein gemahlen
	Pfeffer, weiß
2	Eigelb
2 EL	Wasser (zum Legieren)
2	Eier, hartgekocht

So wird's gemacht:

Kopfsalat, Sauerampfer und Kerbel waschen und trocknen. Die Blätter des Kopfsalat einzeln abzupfen. Wasser mit etwas Salz zum Kochen bringen. Den Sauerampfer in einen Topf geben und mit dem Wasser überbrühen. Dann den kleingezupften Kerbel und die Salatblätter zugeben und alles in maximal 10 min weichdünsten lassen. Das Kochwasser abgießen. Butter, Nußmehl und Pfeffer zum Gemüse geben und alles zum Kochen bringen. Eigelb mit Wasser verrühren und das Gemüse damit legieren. Die hartgekochten Eier vierteln und auf jeden Teller zwei Viertel geben. Mit dem Gemüse umranden.

TIP: Das verbliebene Eiklar im Wasserbad garen, hacken und über das Gericht streuen, z. B. mit Schnittlauch oder gehacktem Sauerampfer vermischt.

TIP: Das Gericht läßt sich auch ohne Sauerampfer herstellen. Dazu wird lediglich mit etwas Zitronensaft oder Essig ein leicht saurer Geschmack hergestellt.

Gartensalate

Salat

Knackiger Wurstsalat mit Orangen-Dressing

1 Kopf	Eisbergsalat
100 g	Fleischwurst (oder Salami)
1	Orange, unbehandelt
2 EL	Frischkäse
150 g	Joghurt
	Jodsalz
	Pfeffer

So wird's gemacht:

Salat vorbereiten und in Streifen schneiden. Wurst fein würfeln. Apfelsine waschen und auspressen. Den Saft mit Joghurt und Käse zu einer Soße verrühren und abschmecken. Etwas Apfelsinenschale hineinreiben. Dressing mit Wurst und Salat vermengen, 5 min ziehen lassen, abschmecken und servieren.

Dazu paßt: Stangenbrot

TIP: In entsprechend kleineren Mengen und mit einigen untergemengten Orangenstückchen auch eine leckere Vorspeise!

Gartensalate

Grüner Kuchen — 1 Portion — Special

2 Teller	Blattsalat (nach Wahl)
	Mehl
3 EL	Zucker
0,75 Pck.	Backpulver
1 Prise	Jodsalz
1 Prise	Zimt
	Butter (zum Ausfetten)

So wird's gemacht:

Der Blattsalat wird in wenig Wasser etwa 5 - 8 min gedünstet. Sehr gut abtropfen lassen oder trockenschleudern. Fein hacken. In dieser Form sollte noch etwa ein Teller Gemüse vorhanden sein. Dieses wird mit soviel Mehl vermischt, daß ein dickflüssiger Teig entsteht. Jodsalz, Zucker, Zimt und Backpulver unterrühren. Eine Kuchenform ausbuttern, den Teig einfüllen und bei 175 - 190 °C 45 - 60 min backen. Garprobe machen!

Dazu paßt: Eventuell steifgeschlagene, süße Sahne

TIP: Eine recht ausgefallene Form von Kuchen. Paßt besonders gut zu einem Mokka oder Espresso.

Grünkohl

Jan	Febr	Mrz	Apr	Mai	Juni	Juli	Aug	Sep	Okt	Nov	Dez

Beilage

Grünkohl mit Speck

1 kg	Grünkohl
1	Zwiebel
75 g	Speck, geräuchert
0,5 TL	Jodsalz
0,5 TL	Pfeffer
1 Msp.	Muskat
0,5 TL	Thymian
1 TL	Senf
2 EL	Haferflocken

So wird's gemacht:

Grünkohl sehr gut waschen und grob zerschneiden. Speck würfeln und auslassen. Zwiebel abziehen und fein würfeln, im ausgelassenen Speck etwas andünsten. Den Kohl zufügen, würzen und alles etwa 50 min dünsten lassen. Bei Bedarf etwas Wasser zufügen. Senf unter den garen Kohl rühren. Sollte der Grünkohl zu wässrig sein, die Haferflocken zwischen den Händen zerreiben und unter den Kohl geben. Kurz aufkochen und den Kohl nochmals abschmecken.

Dazu passen: Salzkartoffeln, Karamelkartoffeln, Bratkartoffeln, geräucherte Fleischwaren

Region: Norddeutschland

Beilage

Grünkohl à la crème

1 kg	Grünkohl
2 EL	Grünkern, geschrotet
3 EL	Butter
150 g	Sahne
	Jodsalz, Pfeffer
	Muskat

So wird's gemacht:

Grünkohl vorbereiten und von den groben Stielen abstreifen. Die Blätter in kochendem Salzwasser ca. 2 min blanchieren. Anschließend gut abtropfen lassen und fein hacken. Die Butter erhitzen und den Grünkernschrot darin leicht anrösten.

Grünkohl

Den Grünkohl zufügen und noch etwa 5 min mitdünsten. Dann die Sahne zufügen und alles bei milder Hitze noch etwa 45 min garen lassen. Falls der Grünkohl zu flüssig ist, bei starker Hitze etwas einkochen lassen. Er kann aber auch mit etwas Kartoffelpüreepulver angedickt werden. Mit den Gewürzen abschmecken.

Dazu passen: Kartoffeln, Baguette

TIP: Wem Grünkern zu exotisch ist, kann stattdessen auch Haferflocken oder normale Semmelbrösel nehmen. Die Garzeit möglichst kurz halten!

Grünkohl mit Zitrone

Beilage

800 g Grünkohl
1 Knoblauchzehe
1 TL Zitronensaft
Jodsalz
Pfeffer, schwarz

So wird's gemacht:

Den Grünkohl vorbereiten, von den groben Stielen streifen und möglichst klein hacken. In den Siebeinsatz eines Dämpftopfes geben und den Grünkohl darin etwa 30 min dämpfen lassen. Den garen Grünkohl mit ausgepreßtem Knoblauch und Zitronensaft verrühren und mit den Gewürzen abschmecken.

Dazu passen: Nudeln, Kartoffeln, Kroketten, Kartoffelpüree

TIP: Diese Art der Grünkohlzubereitung ist wohl die leichteste überhaupt.

Grünkohl

Hauptgericht

Grünkohl mit Maronen

2 kg	Grünkohl
300 g	Eßkastanien
3 EL	Schweineschmalz
500 ml	Gemüsebrühe
	Muskat
	Jodsalz, Pfeffer

So wird's gemacht:

Den Grünkohl vorbereiten, die Blätter von den groben Stielen streifen. Den Grünkohl sehr gut waschen und abtropfen lassen. Anschließend hacken oder durch den Fleischwolf drehen. Die Maronen kreuzweise einschneiden, mit soviel kochendem Wasser überbrühen, bis die Maronen bedeckt sind. Ca. 5 min köcheln lassen. Maronen kalt abschrecken, schälen und abziehen. Maronen vierteln. Das Schmalz in einem größeren Topf erhitzen. Den Grünkohl und die Maronenviertel hineingeben und 5 min andünsten lassen. Mit der heißen Gemüsebrühe auffüllen, Gewürze zufügen und alles etwa 45 min köcheln lassen. Nochmals abschmecken und auf einer Platte anrichten.

Dazu paßt: Normalerweise gibt es zu diesem Gericht normale Salzkartoffeln, in Norddeutschland werden dazu Karamelkartoffeln oder kleine, glasierte Pellkartoffeln serviert.

Backofengericht

Grünkohl-Kartoffel-Auflauf

1 kg	Grünkohl
4	Zwiebeln
2	Möhren
500 g	Kartoffeln
2 EL	Pflanzenmargarine
1	Knoblauchzehe
	Jodsalz
	Pfeffer
	Thymian

Grünkohl

75 g	**Käse (Emmentaler)**
2	**Eier**
200 g	**Schmand (Sauerrahm)**
1	**Zwieback, zerrieben**
1 EL	**Sesam**

So wird's gemacht:

Die Kartoffeln als Pellkartoffeln garen, pellen und scheibeln. Den Grünkohl vorbereiten, blanchieren und abschrecken. Die gut abgetropften Blätter hacken. Möhren schälen und ganz dünn scheibeln. Zwiebeln abziehen und in feine Ringe schneiden. Die Margarine zerlassen und die Zwiebelringe darin andünsten. Knoblauch hineinpressen. Nach 3 - 4 min die Möhrenscheiben zufügen, nach einer weiteren Minute den Grünkohl zugeben. Unter öfterem Umrühren das Gemüse ca. 10 min dünsten lassen. Mit den Gewürzen kräftig abschmecken. Eine Auflaufform vorbereiten. Zunächst die Hälfte der Kartoffelscheiben einfüllen, eine Hälfte Gemüse darübergeben. Dann die restlichen Kartoffeln und das restliche Gemüse darüber schichten. Den Käse grob raffeln, mit Eiern und Sauerrahm verrühren. Diese Creme über den Auflauf geben. Zwiebackkrumen und Sesam obenauf streuen. Den Auflauf in den Backofen auf die mittlere Schiene geben und bei 200 °C 25 - 30 min backen, bis die Eimasse fest ist.

Dazu paßt: Möhrensalat, Brot

TIP: Statt Überstreuen mit Zwiebackkrumen und Sesam 2 EL Pinienkerne in die Gemüsemischung geben.

Grünkohl

Vorspeise | **Grünkohlpasta**

250 g	Grünkohl
200 g	Mehl
2	Eier
1 EL	Pflanzenöl
0,5 TL	Jodsalz (für Nudelteig)
40 g	Speck, geräuchert
30 g	Käse (z.B. Gouda)
	Jodsalz, Pfeffer
	Edelsüßpaprika

So wird's gemacht:

Mehl, Eier, Öl und Salz zu einem elastischen Teig verkneten. Ist er noch etwas bröckelig, mehr Öl einarbeiten. Den Teig zudecken und eine Stunde ruhen lassen. Den Grünkohl vorbereiten, Stiele und Rippen abschneiden. Die Blätter 2 min blanchieren, abschrecken und hacken. Den Speck sehr fein würfeln und auslassen. Den Grünkohl zugeben und etwa 15 min dünsten lassen. Den Kohl etwas abkühlen lassen. Inzwischen den Käse fein reiben. Mit dem Grünkohl vermengen. Masse mit Salz, Pfeffer und Paprika abschmecken. Den Teig dünn ausrollen und pro Person 8 Kreise mit einem Durchmesser von 6 cm ausstechen. Auf die Hälfte der Teigkreise die Grünkohlmasse geben. Die Teigränder mit Wasser bestreichen, die restlichen Teigkreise auflegen und die Ränder fest andrücken. In reichlich sprudelndem Salzwasser die Teigtaschen in ca. 10 min bißfest garen.

Dazu paßt: Die Pasta am besten mit scharfer Tomatensoße oder flüssiger Butter servieren.

TIP: Die Teigtaschen lassen sich auch schon am Vortag zubereiten und am nächsten Tag über Wasserdampf einfach erhitzen. Anstelle der doppelten Teigkreise kann man auch moderne Teigtaschenformer verwenden.

Grünkohl

Grünkohlsuppe

(Vor)Suppe

800 g	Grünkohl
1 Stange	Porree
1	Kartoffel, groß
1,5 l	Brühe
6 EL	Haferflocken, fein
	Pfeffer
	Muskat
	Nelkenpulver
1 Prise	Zucker

So wird's gemacht:

Grünkohl, Porree und Kartoffel putzen bzw. schälen. Grünkohl und Porree sehr fein schneiden. Kartoffel reiben. Die Brühe zum Kochen bringen, Gemüse und Kartoffelstückchen zufügen. Ca. 25 min leicht köcheln lassen. Nach etwa der Hälfte der Zeit die Haferflocken einstreuen. Darauf achten, daß die Suppe nicht zu dick wird. Die Grünkohlsuppe würzen.

Dazu passen: Als Einlagen Würstchenscheiben, gewürfeltes Rauchfleisch, klein geschnittene Mettenden oder kleine Mettklößchen.

Gurken, Salat-

Jan	Febr	Mrz	Apr	Mai	Juni	Juli	Aug	Sep	Okt	Nov	Dez

Beilage

Tsatziki

1	Salatgurke
	Jodsalz
1	Zwiebel
500 g	Dickmilch
3 EL	Olivenöl
1 EL	Essig
3	Knoblauchzehen
	Pfeffer

So wird's gemacht:

Die Gurke schälen, die Kerne entfernen. Die Gurke grob raffeln und leicht salzen. Nach 10 min ausdrücken. Zwiebel abziehen und fein hacken. Aus der Dickmilch, dem Öl, Essig, ausgepreßten Knoblauchzehen, Zwiebel und Pfeffer die Soße rühren. Gurkenraspeln zugeben und noch etwas durchziehen lassen.

Dazu passen: Pellkartoffeln, Vollkornbrot, Grillfleisch

TIP: Tzatziki-Rezepte gibt es viele. Manche würzen auch mit Dill, andere verwenden lieber eine Magerquark-Joghurt-Mischung als Basis. Wichtig sind auf jeden Fall der Knoblauch und die Gurken.

Region: Griechenland.

Beilage

Gedünstete Gurken

3	Salatgurken (mittelgroß)
60 g	Speck
1	Zwiebel
1 TL	Mehl
125 ml	Wasser
1 TL	Petersilie, gehackt
2 TL	Kerbel, gehackt
1 EL	Zitronensaft
	Zucker, Jodsalz

So wird's gemacht:

Gurken schälen, halbieren und das Kerngehäuse mit einem Löffel herauskratzen. In 2 - 3 cm breite Stücke schneiden.

Gurken, Salat-

Speck auslassen, die knusprigen Grieben herausnehmen. Zwiebel abziehen, fein würfeln und im Fett glasig dünsten lassen. Gurkenstücke zufügen, kurz mitdünsten lassen. Mit Mehl bestäuben, etwas anschwitzen lassen und mit Wasser ablöschen. Etwa 10 min dünsten lassen. Gehackte Kräuter und Zitronensaft unterrühren, mit den Gewürzen abschmekken. Vor dem Servieren die Grieben über die Gurken geben.

Dazu passen: Reis, Kartoffeln, Frikadellen

TIP: Anstelle der angegebenen Kräuter die entsprechende Menge Dill zufügen.

Senffleisch

Hauptgericht

5	Zwiebeln
1	Salatgurke (mittel bis groß)
500 g	**Rindfleisch (Brust, Schulter)**
1 TL	**Pfeffer**
1 TL	**Kümmel, gemahlen**
1	**Nelke**
1 TL	**Selleriesalz**
3 Sch.	**Pumpernickel (od. Schwarzbrot)**
2 EL	**Senf, scharf**
2 EL	**Kräuter, gehackt**

So wird's gemacht:

Zwiebeln abziehen und in Ringe schneiden. Das Fleisch würfeln, mit Pfeffer und Kümmel würzen. Soviel Wasser zugeben, daß das Fleisch bedeckt ist. Nelke zerstoßen, mit Selleriesalz und Zwiebelringen zum Fleisch geben. Zugedeckt 50–60 min garen lassen. Die Salatgurke schälen, würfeln und zusammen mit dem geriebenen Brot dem garen Fleisch zufügen. Aufkochen lassen und weiter köcheln lassen, bis die Soße sämig geworden ist. Zum Schluß Senf und gehackte Kräuter dazugeben.

Dazu passen: Kartoffeln, Rote-Bete-Salat oder Staudenselleriesalat

Region: Sachsen-Anhalt

Gurken, Salat-

Backofengericht | **Griechischer Gurkenauflauf**

2	Salatgurken
1 EL	Olivenöl
2 EL	Pflanzenmargarine
1 EL	Mehl (gehäuft)
250 ml	Gemüsebrühe (od. Gemüsebrühe)
2 EL	Thymian
	Oregano
	Minze
	Dill
	Jodsalz
	Zitronensaft
	Schafskäse
1	Ei
4 EL	Semmelbrösel

So wird's gemacht:

Die Salatgurken schälen, waagerecht durchschneiden und die Kerne mit einem Teelöffel herausheben. Die Gurken in Scheiben schneiden. Das Öl erhitzen und die Gurken darin glasig braten. Einen EL Margarine in einem anderen Topf zerlassen und mit dem Mehl anschwitzen. Sowie das Mehl hellgelb geworden ist, mit der Gemüsebrühe ablöschen. Gut durchschlagen, damit keine Klümpchen entstehen. Die Soße zum Kochen bringen und ca. 5 min kochen lassen. Die gehackten Kräuter unterziehen und die Soße mit Salz und Zitrone abschmecken. Den Schafskäse würfeln und zur Soße geben. Die Soße etwas abkühlen lassen. Das Ei trennen. Das Eigelb in die abgekühlte Soße rühren, das Eiweiß steif schlagen und ebenfalls unterheben. Eine Auflaufform mit der Hälfte der Semmelbrösel ausstreuen. Ein Drittel der Soße hineingeben, darauf die Hälfte der Gurken geben, wieder ein Drittel Soße, den Rest Gurken und mit der Soße abschließen. Mit den restlichen Semmelbröseln bestreuen. Die verbliebene Butter in kleinen Flöckchen auf den Auflauf setzen. Bei 200 °C ca. 45 – 50 min backen.

Dazu passen: Pellkartoffeln oder Reis, gedünsteter Fisch

Gurken, Salat-

TIP: Auch Knoblauch schmeckt hierzu sehr gut. Desgleichen kann die Soße mit einem Teil Wein zubereitet werden. Anstelle der griechischen Kräuter kann auch nur Dill verwendet werden.

Region: Griechenland

Kalte Gurkensuppe — (Vor)Suppe

1	Salatgurke
0,5	Zwiebel
1 Bund	Dill
2 EL	Zitronensaft
250 ml	Gemüsebrühe
200 g	Schlagsahne
100 g	Joghurt
	Jodsalz
	Pfeffer

So wird's gemacht:

Salatgurke waschen, schälen und entkernen. Ein Viertel der Gurke würfeln. Das restliche Gurkenfleisch zusammen mit Zwiebel, Zitronensaft und Dill möglichst fein pürieren. Das Gurkenpüree in eine große Schüssel füllen und mit dem Mixer langsam zunächst die Brühe, dann Sahne und Joghurt unterrühren. Alles leicht schaumig schlagen. Die Suppe gut würzen und kühlstellen. Kühl servieren.

Dazu pasen: Knoblauchbaguette oder Knoblauchcroutons. Paßt auch gut zum Salatbuffet bei einer Grillparty.

TIP: Toll für heiße Tage. Am besten die Suppe einen Tag gut ziehen lassen.

Gurken, Salat-

Vorspeise

Gurkenpfännchen

1	Salatgurke (mittelgroß)
40 g	Schinkenspeck (Würfel)
1 TL	Sonnenblumenöl
150 g	Schafskäse
	Jodsalz, Pfeffer
	Edelsüßpaprika
	Wasser

So wird's gemacht:

Gurke sehr gut heiß waschen, die Enden abschneiden, aber nicht schälen! Gurke der Länge nach vierteln und dann in etwa 1 cm dicke Scheiben schneiden. Die Speckwürfel im Öl knusprig anbraten, die Gurkenstücke zugeben und etwa 5 min mitbraten. Den Schafskäse inzwischen würfeln, etwa ein Viertel davon zerdrücken. Den zerdrückten Käse unter die Gurken rühren, eventuell etwas Wasser zugeben. Einmal aufkochen lassen. Die restlichen Käsewürfel unterheben, bei geschlossenem Deckel etwa 3 min ziehen lassen. Mit den Gewürzen abschmecken und möglichst heiß in kleinen Pfännchen servieren.

Dazu paßt: Fladenbrot oder frisch gebackene Pizzabrötchen

TIP: Wird die Menge verdoppelt und zusätzlich etwas geschnetzeltes Fleisch mitgebraten, ergibt dieses Gericht eine leckere Hauptspeise, die am besten zu Reis paßt.

Special

Spreewälder Gurkensalat

2	Salatgurken (groß)
	Pfeffer
0,5 TL	Zucker
2 EL	Zitronensaft
3 EL	Dill, gehackt
	Jodsalz
200 g	Schlagsahne
2 EL	Leinöl

Gurken, Salat-

So wird's gemacht:

Gurken waschen, schälen und hobeln oder grob raspeln. Etwas pfeffern, aber nicht salzen! Die Gewürze und den Dill mit dem Zitronensaft zur Sahne geben und leicht schaumig anschlagen. Das Öl zufügen und die abgeschmeckte Salatsoße über die Gurken geben. Leicht unterheben, nur etwa 5 - 10 min ziehen lassen, sonst wässern die Gurken zu sehr aus.

TIP: Das Geschmackstypische dieses Salats kommt vom Leinöl und der Zitrone. Wer's lieber mag, kann auch Essig nehmen, sollte dann aber besser Joghurt oder Schmand anstelle von Sahne verwenden.

Region: Spreewald

Gurkenbowle

Special

1	Salatgurke
125 g	Zucker
400 ml	Weißwein
40 ml	Rum
2 Flaschen	Weißwein
125 ml	Portwein
1 Flasche	Sekt

So wird's gemacht:

Die Salatgurke sehr gut waschen und in ganz dünne Scheiben schneiden. Falls das Gurkenende bitter ist, vorher entfernen. Die Scheiben in einen lichtdichten Topf (Steingut o.ä.) geben und mit Zucker bestreuen. Die kleinere Weinmenge und den Rum zufügen. Das Gefäß zudecken und 90 min ziehen lassen. Dann den restlichen Weißwein und den Portwein zugießen und nochmals 30 min ziehen lassen, am besten im Kühlschrank. Den größten Teil der Gurkenscheiben abseihen. Alles in ein Bowlengefäß umfüllen. Den Sekt erst kurz vor dem Servieren zufügen.

TIP: Sehr erfrischende Bowle für heiße Sommerabende.

Gurken, Schmor-

Jan	Febr	Mrz	Apr	Mai	Juni	Juli	Aug	Sep	Okt	Nov	Dez

Beilage

Gurken nach Balkanart

800 g	Schmorgurken
2	Tomaten
1	Paprikaschote, rot
1	Paprikaschote, grün
1	Zwiebel
50 g	Speck, geräuchert
200 ml	Wasser
100 g	Kräuterschmelzkäse
1 TL	Zitronensaft
1 TL	Zucker
0,5 TL	Edelsüßpaprika
1 EL	Dill, gehackt

So wird's gemacht:

Alle Gemüse vorbereiten. Zwiebeln hacken. Gurken und Paprika in breite Streifen schneiden. Speck fein würfeln, auslassen und die Zwiebelwürfel darin andünsten. Gurke und Paprika zufügen, 2 min mitdünsten. Mit Wasser auffüllen und 10 min köcheln lassen. Den Käse etwas zerbröckeln und in der Garflüssigkeit schmelzen lassen. Die Tomaten mit kochendem Wasser überbrühen, häuten und würfeln. Tomatenwürfel unter das Gemüse geben. Alles mit Edelsüßpaprika, Zitronensaft und Zucker leicht säuerlich abschmecken. Zum Schluß den Dill unterziehen.

Dazu paßt: Naturreis, gegrilltes Fleisch, gedünstetes Fischfilet

TIP: Die Tomaten müssen natürlich nicht gehäutet werden. Rote Paprika stammt übrigens aus dem Treibhaus oder/und Ausland. Sie kann auch durch eingelegte Tomatenpaprika ersetzt werden.

Region: Der Ursprung des Gerichts liegt wahrscheinlich in Serbien.

Gurken, Schmor-

Käseschmorgurken

Hauptgericht

1 kg	Schmorgurken
500 g	Tomaten
2 EL	Pflanzenöl
125 ml	Gemüsebrühe
1	Gemüsezwiebel
	Jodsalz
	Pfeffer
1 Prise	Zucker
1 EL	Zitronensaft
	Edelsüßpaprika
1 Bund	Dill
125 g	Käse (Gouda), mittelalt

So wird's gemacht:

Die Gurken putzen, halbieren und die Hälften in mundgerechte Stücke schneiden. Das Öl erhitzen und die Gurken darin glasig dünsten. Mit der Brühe auffüllen. Zwiebel schälen, fein würfeln und zugeben. Tomaten waschen und würfeln und ebenfalls zufügen. Gemüse abschmecken und bei milder Hitze 10 min garen lassen. Den gewaschenen, fein gehackten Dill unter die Schmorgurken mischen. Den Käse in kleine Würfel schneiden und in das Gemüse geben. Wieder zudekken und den Käse noch etwa 5 min schmelzen lassen.

Dazu passen: Salzkartoffeln oder Kartoffelpüree

TIP: Das Gericht kann auch eingefroren werden und ist dann 2 - 3 Monate haltbar.

Gurken, Schmor-

Hauptgericht — **Rindergulasch mit Gurken**

3	Schmorgurken
350 g	Kürbisfleisch
3	Zwiebeln
750 g	Rindergulasch
2 EL	Pflanzenöl
500 ml	Wasser
1 TL	Thymian
1 TL	Basilikum
0,5 TL	Rosmarin
1 EL	Pflanzenmargarine
100 g	Sahne
2 EL	Mehl
	Jodsalz
	Pfeffer

So wird's gemacht:

Fleisch waschen, trocknen und in Öl kräftig anbraten. Leicht pfeffern und salzen. Zwiebeln abziehen und hacken. Zum Fleisch geben und 5 min mitdünsten. Das Wasser zugießen, die Kräuter zugeben und alles 10 min köcheln lassen. Inzwischen Gurken schälen und zusammen mit dem Kürbisfleisch in Würfel schneiden. Die Margarine erhitzen und beides darin kurz anbraten. Zum Fleisch geben und noch 30 min dünsten lassen. Sahne und Mehl miteinander verrühren und in das Gulasch geben. Kräftig aufkochen lassen und das Gericht noch einmal abschmecken.

Dazu passen: Spätzle, Nudeln oder Gnocchi

TIP: Probieren Sie das Gericht auch mit Hühner- oder Putenbrust. Dann ist es nicht nötig, Gurken und Kürbis separat anzubraten.

Gurken, Schmor-

Groninger Gurken-Geschnetzeltes

Hauptgericht

800 g	Schmorgurken
2	Zwiebeln
400 g	Schweineschnitzel
2 EL	Pflanzenöl
250 ml	Wasser
	Jodsalz, Pfeffer
100 ml	Milch
1 EL	Schmand
	Soßenbinder, weiß
2 EL	Dill, gehackt

So wird's gemacht:

Fleisch in schmale Streifen schneiden. Öl erhitzen und das Fleisch darin anbraten. Die Zwiebeln abziehen, hacken und zufügen. Mit etwa Salz und Pfeffer würzen. Wasser angießen und alles 30 min leise köcheln lassen. Gurken waschen, schälen, halbieren und entkernen. Gurkenhälften in etwa 1 cm breite Streifen schneiden und zum Fleisch geben. Noch 10 min garen. Die Milch zugießen und nochmals 3 min bei offenem Deckel köcheln lassen. Die Soße mit dem Soßenbinder andicken. Zuletzt den Schmand und den Dill in das Gemüse rühren.

Dazu passen: Kartoffeln, Klöße

Region: Niederlande

Gurkenschiffchen

Vorspeise

2	Schmorgurken, groß
1	Tomate
0,5	Zwiebel
50 g	Kochschinken
50 g	Frischkäse (Doppelrahm-)
4 TL	Käse, gerieben

So wird's gemacht:

Gurken waschen, längs halbieren und die Kerne entfernen. Dabei etwas aushöhlen. Zwiebel und Tomate vorbereiten.

Gurken, Schmor-

Zusammen mit dem Schinken fein würfeln und unter den Frischkäse heben. Die Masse in die Gurkenschiffchen füllen. Jede Hälfte mit einem TL Käse bestreuen und etwas 20 min bei 200 °C garen.

TIP: Das Gericht ist auch gut geeignet für die schnelle Zubereitung in der Mikrowelle (bei 600 W ca. 9 min). Anstelle von Gurken kann man das Gericht auch mit Zucchini kochen.

Salat

Schmorgurken-Kartoffel-Salat

600 g	Schmorgurken
500 g	Kartoffeln
1	Zwiebel
50 g	Speck, durchwachsen
1 EL	Pflanzenöl
125 ml	Brühe
3 EL	Essig
2 TL	Senf
1	Eigelb
2 EL	Wasser
1 Bund	Schnittlauch
	Jodsalz, Pfeffer, Zucker

So wird's gemacht:

Schmorgurken schälen, halbieren, entkernen und in dicke Scheiben schneiden. Die Kartoffeln gut waschen und als Pellkartoffeln kochen. Zwiebel abziehen, fein würfeln. Speck ebenfalls fein würfeln. Öl erhitzen, den Speck hineingeben und knusprig braten. Zwiebelwürfel dazugeben und glasig andünsten. Mit der Brühe ablöschen und aufkochen lassen. Die Soße mit Essig, Senf und Gewürzen abschmecken. Das Eigelb mit Wasser verrühren. Die heißen Kartoffeln pellen und sofort in Scheiben schneiden. Zusammen mit den Gurken zur Brühe geben. Anschließend das Eigelb darunterziehen. Topf zudecken und den Salat 10 min ziehen lassen. Den Schnittlauch hacken und unterrühren.

Gurken, Schmor-

Dazu passen: Würstchen, Grillwurst, hartgekochte halbierte Eier

TIP: Das verbleibene Eiklar kann praktisch in jeden Auflauf hineingegeben werden. Gewürzt und im Wasserbad gestockt, kann es als Einlage für klare Suppen dienen.

Eingelegte scharfe Schmorgurken

Special

1,5 kg	**Schmorgurken**
2 EL	**Jodsalz**
50 g	**Rosinen**
2	**Chilischoten, rot**
2	**Chilischoten, grün**
250 ml	**Obstessig**
500 ml	**Wasser**
180 g	**Honig (oder Ahornsirup)**

So wird's gemacht:

Die Gurken waschen, schälen und längs halbieren. Die Kerne mit einem Teelöffel oder Grapefruitlöffel entfernen. Die Gurkenhälften in Stücke schneiden, in eine Porzellan- oder Steingutschüssel legen und einsalzen. Zugedeckt über Nacht stehen lassen. Am nächsten Morgen gut abtropfen lassen. Die Rosinen heiß waschen. Die Chilischoten werden längs halbiert und entkernt. Schraubdeckelgläser heiß auswaschen und auf einem sauberen Tuch abtropfen lassen, nicht abtrocknen. Gurkenstücke, Rosinen und Chilischotenhälften in die Gläser schichten. Essig, Wasser und Honig zusammen aufgießen und über die Gurken gießen. Die Gläser sofort verschließen und an einem kühlen, dunklen Ort (Kühlschrank, Keller) mindestens 5 Tage durchziehen lassen.

TIP: Das einfache Rezept ergibt 2 große Schraubdeckelgläser. Im Kühlschrank aufbewahrt sind die Gurken mindestens 2 Monate haltbar. Werden Gurken, Rosinen etc. mit dem Essiggemisch aufgekocht, ca. 1 Jahr.

Kohlrabi

Jan	Febr	Mrz	Apr	Mai	Juni	Juli	Aug	Sep	Okt	Nov	Dez

Naturell

Kohlrabi naturell

1 kg Kohlrabi
500 ml Wasser
Jodsalz

So wird's gemacht:

Kohlrabi schälen, waschen und in Streifen schneiden. Wasser mit etwas Salz zum Kochen bringen, den Kohlrabi darin in 25 - 35 min weich kochen. Das Kochwasser für eine helle Soße verwenden.

TIP: Kohlrabi läßt sich gut auch in etwas Fett andünsten und mit der Hälfte des Wassers fertig garen. Abgeschmeckt wird dann mit Muskatnuß und etwas Jodsalz.

(Vor)Suppe

Feine Kohlrabisuppe

500 g Kohlrabi
500 ml Gemüsebrühe
Jodsalz
Pfeffer
Muskat
2 EL Crème fraiche

So wird's gemacht:

Den Kohlrabi putzen und kleinschneiden. Die feinen Herzblättchen nicht wegwerfen, sondern waschen und trocknen. Ein Viertel der Gemüsebrühe zum Kochen bringen, den Kohlrabi hineingeben und 7 - 10 min dünsten lassen. Mit dem Pürierstab pürieren (oder durch ein Sieb passieren). Das Püree zusammen mit der restlichen Brühe erhitzen und mit den Gewürzen abschmecken. Herzblättchen fein hacken und zusammen mit der Crème fraiche unter die Suppe ziehen.

TIP: Wem die Suppe nicht genug gebunden ist, der sollte eine Kartoffel mitkochen lassen.

Kohlrabi

Kohlrabi karamelisiert

Beilage

900 g	Kohlrabi
3 EL	Zucker
3 EL	Butter
3 EL	Zitronensaft
	Pfeffer
	Jodsalz

So wird's gemacht:

Kohlrabi putzen, die Blätter waschen und gut abtropfen lassen. Die Knollen in schmale Stifte schneiden. Den Zucker in einen Edelstahltopf geben und schmelzen lassen. Wenn der Zucker hellbraun karamelisiert ist, die Butter zugeben. Dabei solange rühren, bis der Karamel ganz gelöst ist. Den tropfnassen Kohlrabi zugeben (evtl. etwas zusätzliches Wasser), unter den Karamel rühren und zugedeckt bei kleiner Hitze 20 - 25 min garen. Es sollte möglichst kein Dampf aus dem Topf entweichen, sonst setzt das Gemüse an. Das fertige Gemüse mit Zitronensaft, Salz und Pfeffer abschmecken. Die Kohlrabiblätter sehr fein hacken und über das Gemüse streuen.

Dazu passen: Kurzgebratenes, Schmetterlingssteak, Schweinemedaillons, Schweinefilet

TIP: Diese Art der Zubereitung eignet sich auch für andere Gemüsesorten. Gerne wird sie bei Möhren verwendet. Ansonsten lassen Sie Ihrer Phantasie freien Lauf. Topf anschließend mit Wasser einweichen.

Kohlrabi

Hauptgericht

Kohlrabi in Zitronensahne

750 g	Kohlrabi
400 g	Schlagsahne
1	Zitrone, unbehandelt
2 EL	Zitronensaft (frisch gepreßt)
1 Prise	Zucker
	Jodsalz
	Pfeffer
1 Bund	Zitronenmelisse

So wird's gemacht: Kohlrabi putzen und in dicke Stifte schneiden. Die Sahne aufkochen, den Kohlrabi hineingeben und 15 min köcheln lassen. In dieser Zeit die Zitronenschale abraspeln und die Zitrone auspressen. Den gegarten Kohlrabi aus der Sahne nehmen und warmstellen. Die Sahne erneut zum Kochen bringen und sprudelnd unter Rühren weiterkochen, bis sie die gewünschte Sämigkeit erreicht hat. Die Zitronenschale und den Zitronensaft hineingeben und mit Zucker, Salz und Pfeffer abschmecken. Die Zitronenmelisse waschen, gut trocknen und hacken. In die Soße geben, den Kohlrabi zufügen und noch 2 min ziehen lassen.

Dazu passen: Pellkartoffeln, Folienkartoffeln, Reis, Weißreis-Wildreis-Mischung

TIP: Anstelle der sehr kalorienreichen Sahnesoße kann auch eine einfache weiße Soße zitronig abgeschmeckt werden. Eine andere Alternative ist ein Garen in Milch und anschließendes Andicken der Soße.

Kohlrabi

Kohlrabi-Nudel-Auflauf mit Kasseler

Backofengericht

900 g	Kohlrabi
2 EL	Butter
100 ml	Wasser (zum Dünsten)
500 g	Nudeln, Hartweizen- (Birelli)
500 g	Kasselerkoteletts (gegart)
100 g	Schmand (24 % Fett)
1 Bund	Schnittlauch
100 g	Käse (Gouda)
	Muskat
	Jodsalz
	Pfeffer

So wird's gemacht:

Kohlrabi putzen und in feine Stifte schneiden. Butter erhitzen, den Kohlrabi darin kurz anschwitzen. Mit Wasser ablöschen und zugedeckt in etwa 10 min weich dünsten. Gemüse mit Salz, Pfeffer und Muskat abschmecken. Die Nudeln wie üblich kochen, gut abtropfen lassen. Die fertigen Kasselerkoteletts in 1 cm-Würfel schneiden. Schnittlauch waschen und hacken. Die Nudeln mit dem Kohlrabiwasser und dem Schmand vermischen. Kräftig abschmecken. Dann den Kohlrabi, das Fleisch und den Schnittlauch vorsichtig unterheben. Alles in eine vorbereitete Auflaufform füllen. Den Käse reiben und über den Auflauf streuen. Ca. 20 min bei 220 °C backen.

Dazu paßt: Gemischter Salat

TIP: Zum Erhitzen und Schmelzen des Käses ist das Mikrowellengerät gut geeignet (und benötigt höchstens 5 min).

Kohlrabi

Vorspeise — Gefüllte Kohlrabi

4	Kohlrabi (klein)
2	Äpfel
50 g	Rosinen
1	Orange
16	Haselnüsse (halbe Walnüsse)
150 g	Joghurt, fettarm
1 TL	Honig (oder Rübensirup)
1 EL	Kresse

So wird's gemacht:

Die Kohlrabi sehr gut waschen. Eine Kappe abschneiden und von der Öffnung aus den Kohlrabi möglichst weit aushöhlen. Den innersten Teil der Kappe mit den Herzblättern kreisrund mit einem Durchmesser von 2 - 3 cm ausschneiden. Die Kohlrabistücke und die geschälten Äpfel raspeln. Rosinen kurz mit heißem Wasser überbrühen, 3 min ziehen und abtropfen lassen. Apfelsine schälen. Jede Spalte in 3 - 4 Teile schneiden. Die Nüsse hacken. Obst, Rosinen, Gemüse und Nüsse mischen. Joghurt, Honig und gehackte Kresse verrühren und über den Salat geben. 5 - 10 min ziehen lassen. Salat in die Kohlrabiköpfe füllen, die kleinen Kappen obenauf setzen.

Dazu paßt: Diese Vorspeise ist eine Vitaminbombe, ideal für das Frühjahr. Läßt sich gut vorbereiten und auch mitnehmen.

TIP: Wenn die Apfelsine sehr sauer ist, kann die Honig- bzw. Sirupmenge verdoppelt werden. Anstelle von Kresse kann man auch Kressesprossen untermischen.

Kohlrabi

Kerniger Kohlrabisalat

Salat

4	Kohlrabi
3 EL	Kräuter, gemischt
100 g	Kochschinken
2 EL	Pflanzenöl
3 EL	Essig
1 TL	Senf
1 Prise	Zucker
0,5 TL	Jodsalz
0,5 TL	Pfeffer
3 EL	Mineralwasser (m. Kohlensäure)
2 EL	Sonnenblumenkerne

So wird's gemacht:

Kohlrabi waschen, putzen und in kleine Streifchen schneiden. Kräuter hacken und unter den Kohlrabi mischen. Schinken (sofern überhaupt gewünscht) in kleine Würfel oder Streifen schneiden und ebenfalls untermengen. Aus Essig, Öl und Gewürzen eine Salatsoße mixen. Mit dem Mineralwasser aufgießen und über das Gemüse geben. Die Sonnenblumenkerne in einer beschichteten Pfanne trocken rösten, etwas abkühlen lassen und ebenfalls unter den Salat heben. Mindestens 10 min durchziehen lassen.

Kürbis

Jan	Febr	Mrz	Apr	Mai	Juni	Juli	Aug	Sep	Okt	Nov	Dez

Beilage

Badisches Kürbisgemüse

1 kg Kürbisfleisch
3 Zwiebeln
0,5 TL Jodsalz
100 ml Zitronensaft
250 ml Milch
2 TL Speisestärke
Zucker
3 TL Meerrettich, gerieben

So wird's gemacht:

Kürbisfleisch fein würfeln oder kleine Kugeln ausstechen. Zwiebeln abziehen und würfeln. Salz, Zitronensaft und Zwiebelwürfel verrühren und den Kürbis darin 3 Stunden marinieren. Die Milch erhitzen, den abgetropften Kürbis dazugeben und in etwa 10 - 15 min glasig kochen. Die Speisestärke mit etwas Wasser anrühren und die Milch damit binden. Die Soße mit den Gewürzen abschmecken und den Meerrettich unterrühren.

Dazu passen: Brathähnchen, Schnitzel, Kotelett, Kartoffeln

Hauptgericht

Gebackener Kürbis

1,2 kg Kürbisfleisch
Jodsalz (zum Bestreuen)
Zitronensaft
4 EL Weizenvollkornmehl
2 TL Jodsalz
4 Eier
Semmelbrösel
Fett (zum Braten)

So wird's gemacht:

Das Kürbisfleisch in Scheiben von etwa 1 cm Dicke schneiden und nebeneinander auf ein Brett legen. Mit Salz bestreuen und mit Zitronensaft beträufeln. Kürbisscheiben zudecken und etwa 1 Stunde marinieren lassen. Danach mit etwas Küchenpapier trocken tupfen. Das Mehl mit dem Salz vermengen und die Kürbisscheiben darin wenden. Danach in geschlagenem Ei und zuletzt in den Semmelbröseln wälzen. Die panierten Scheiben in einer offenen Pfanne in heißem Fett goldbraun backen oder fritieren (180 °C).

Dazu paßt: Am besten ein frischer Blattsalat.

TIP: Anstelle von Semmelbröseln lassen sich auch zerstoßene (Vollkorn)Zwiebäcke oder Cornflakes verwenden. Wer eine süße Variante möchte, zerstößt Löffelbiskuits.

Kürbissuppe

(Vor)Suppe

500 g	**Kürbisfleisch**
0,5 Bund	**Suppengemüse**
3 EL	**Butter**
2 EL	**Mehl**
1,5 l	**Gemüsebrühe**
1 EL	**Kümmel**
2 EL	**Petersilie, gehackt**
4 Sch.	**Toastbrot**

So wird's gemacht:

Das Kürbisfleisch in kleine Stücke schneiden. Das Suppengemüse putzen und ebenfalls klein schneiden. Die Butter erhitzen, das Mehl zufügen und eine Mehlschwitze herstellen. Das Suppengemüse dazugeben und kräftig mitrösten. Mit der Gemüsebrühe ablöschen und die Kürbisstücke und den Kümmel zufügen. Die Suppe zum Kochen bringen und dann ca. 30 min köcheln lassen. Die Suppe pürieren, abschmecken und die Petersilie zugeben. Die Brotscheiben toasten und anschließend würfeln. Über jede Portion Suppe einige geröstete Brotwürfel geben. Wer's mit dem Fett nicht so genau nehmen muß, kann die Toastbrotscheiben auch in Würfel schneiden und dann in heißer Butter goldbraun rösten.

TIP: Wer Kümmel nicht so mag, sollte diesen vorher mahlen. Zur weiteren Verfeinerung können noch 1 EL Sahne und 1 EL Weinbrand in die Suppe gegeben werden.

Kürbis

Backofengericht Kürbisgratin

800 g	Kürbisfleisch
300 g	Einlegegurken
500 ml	Apfelwein
1	Ingwerwurzel
	Jodsalz, Pfeffer
	Nelkenpulver
	Ingwer, gemahlen
1 TL	Zitronensaft
1 EL	Pflanzenmargarine
100 g	Sonnenblumenkerne
200 g	Schmand
1 TL	Worcestersoße
1 Bund	Zitronenmelisse
2	Eier

So wird's gemacht:

Kürbisfleisch waschen und würfeln. Zusammen mit dem Apfelwein in einen Topf geben. Den Ingwer schälen und in den Apfelwein reiben. Würzen. Den Kürbis bißfest garen. Die Einlegegurken putzen, würfeln, mit Zitronensaft marinieren. In der Margarine ca. 5 min schmoren. Die Sonnenblumenkerne trocken rösten. Eine Auflaufform ausfetten, die abgetropften Kürbiswürfel und die Gurkenstücke hineinschichten. Die Sonnenblumenkerne darüberstreuen. Den Schmand mit der Worcestersoße und etwas Apfelweinsud verrühren. Die Zitronenmelisse hacken und zum Schmand geben. Die Eier trennen. Das Eigelb in den Schmand rühren. Eiklar zu Schnee schlagen. Vorsichtig darunterheben. Masse auf dem Auflauf verteilen und im vorgeheizten Backofen bei 200 °C ca. 15 min backen.

Dazu paßt: Blattsalat

Kürbis

Kürbisküchlein auf Rapunzeln | **8 Portionen** | **Vorspeise**

500 g	Kürbisfleisch
100 g	Feldsalat (Rapunzeln)
250 g	Kartoffeln
2	Brötchen, altbacken
200 ml	Milch
1	Zwiebel
1 TL	Senf, scharf
0,5 TL	Kümmel, gemahlen
	Edelsüßpaprika
80 g	Käse, gerieben
8 TL	Vinaigrette

So wird's gemacht:

Kartoffeln als Pellkartoffeln kochen, Schale abziehen und auskühlen lassen. Kürbisfleisch und Kartoffeln fein raspeln. Die Brötchen vierteln und in warmer Milch weichen lassen. Die Zwiebel abziehen und hacken. Die Brötchen ausdrücken und mit Zwiebelwürfeln, Senf, Gewürzen und dem geriebenen Gemüse zu einem Teig rühren. Aus dem Teig pro Person 2 ovale Küchlein formen. Diese in dem Reibkäse wenden, den Käse dabei etwas in den Teig eindrücken. Auf ein gefettetes Blech legen und bei 220 °C 15 - 20 min goldbraun backen. In der Zwischenzeit den Feldsalat putzen und in kleine Sträußchen zerpflücken. Diese auf den Tellern anrichten, mit etwas Vinaigrette übergießen. Die Küchlein frisch aus dem Backofen dazulegen und sofort servieren.

TIP: Statt Rapunzeln etwas gedünsteten Blattspinat als Beilage verwenden.

TIP: Die Küchlein statt mit Senf mit etwas Meerrettich würzen.

TIP: Wenn der Teig zu flüssig gerät, kann man kernige Haferflocken dazugeben.

Kürbis

Salat

Süßsaurer Kartoffel-Käse-Salat mit Kürbis

300 g	Kürbis, süß-sauer eingelegt
500 g	Kartoffeln, festkochend
1	Zwiebel
100 g	Käse (Emmentaler)
150 g	Mayonnaise
150 g	Joghurt
1TL	Senf
	Jodsalz, Pfeffer
	Zucker

So wird's gemacht:

Kürbis gut abtropfen lassen. Die Einlegeflüssigkeit aufbewahren. Die Kartoffeln als Pellkartoffeln kochen, abkühlen lassen, pellen und in Würfel schneiden. Zwiebel abziehen und ebenfalls würfeln. Zu große Kürbisstücke nötigenfalls zerkleinern. Den Käse ebenfalls klein würfeln. Alle Zutatenwürfel vermengen. Aus den restlichen Zutaten sowie einigen Löffeln Kürbisflüssigkeit eine Salatsoße rühren und über die Würfel geben. Gut unterheben und den Salat mindestens 45 min ziehen lassen. Eventuell nachwürzen.

Special

Kürbisbrot

200 g	Kürbis, vorbereitet
1	Apfel
1 EL	Zitronensaft
600 g	Weizenvollkornmehl
1 Pck.	Trockenhefe
2 EL	Sonnenblumenkerne
2 TL	Jodsalz
2 TL	Zucker
1 Prise	Zimt
1 Prise	Nelken, gemahlen
100 ml	Wasser
150 g	Dickmilch

Kürbis

So wird's gemacht:

Apfel schälen, Kürbis und Apfel grob raspeln und mit dem Zitronensaft mischen. Das Mehl mit der Hefe vermischen, gehackte Sonnenblumenkerne, Gewürze, Apfel- und Kürbisraspeln zugeben. Das Wasser mit der Dickmilch verrühren und lauwarm werden lassen. Zu den restlichen Zutaten geben und alles zu einem Teig verkneten. Schüssel abdecken und den Teig an einem warmen Ort ca. 30 min gehen lassen. Den Teig auf ein gefettetes Backblech geben und zu einem Laib formen. Mit einem Tuch abdecken, weitere 20 min gehen lassen. Das Brot in den kalten Backofen schieben (unterste Schiene). Bei 210 °C (bzw. 190 °C Umluft) 50 - 60 min backen, das fertige Brot hört sich beim Gegenklopfen hohl an. Direkt zu Beginn ein flaches Schälchen kochendes Wasser auf den Backofenboden stellen.

TIP: Anstelle eines frei geschobenen Brotes kann das Kürbisbrot auch in einer Kastenform gebacken werden, die Seiten bekommen dann keine knusprige Kruste.

Kürbis süß-sauer — 1 Portion — Special

1,5 kg	**Kürbis**
500 ml	**Essig**
500 g	**Zucker**
	Nelken
	Zimtstangen

So wird's gemacht:

Kürbis putzen und in mundgerechte Stücke teilen. Zusammen mit Essig, Zucker und Gewürzen nach Geschmack aufkochen. In Twist-off-Gläser füllen und sofort verschließen. Auf den Kopf stellen und abkühlen lassen.

TIP: Die einfache Menge ergibt ca. 6 - 7 kleine Gläser.

Löwenzahn

Jan	Febr	Mrz	Apr	Mai	Juni	Juli	Aug	Sep	Okt	Nov	Dez

Beilage

Löwenzahnquark

150 g	Löwenzahnblätter
3 EL	Magerquark
3 EL	Joghurt
1 EL	Hefeflocken
	Pfeffer
	Muskat
	Jodsalz

So wird's gemacht: Den Löwenzahn putzen und waschen. Nicht abtropfen lassen, sondern direkt in einen gut schließenden Topf geben und dort ca. 5 min dünsten lassen. Quark, Joghurt und Hefeflocken verrühren und zum Löwenzahn geben. Eventuell etwas pürieren. Mit den Gewürzen kräftig abschmecken.

Dazu passen: Omeletts, Pellkartoffeln, Pfannkuchen

TIP: Nur feine, junge Löwenzahnblätter verwenden, am besten noch vor der Blüte.

Hauptgericht

Löwenzahn-Reis mit Koteletts

800 g	Löwenzahnblätter
300 ml	Wasser
1 EL	Butter
0,5 TL	Pfeffer
0,5 TL	Jodsalz
1 EL	Weizenvollkornmehl
100 ml	Gemüsebrühe
400 g	Naturreis, parboiled
	Muskat
	evtl. Milch oder Sahne
4	Koteletts (à 150 g)
2 EL	Pflanzenöl
1 EL	Sonnenblumenkerne

So wird's gemacht: Löwenzahnblätter waschen und die harten Spitzen abschneiden. Wasser zum Kochen bringen, die Blätter hineingeben

und 25 min köcheln lassen. Die Blätter auf ein Sieb geben, abtropfen lassen und gut ausdrücken. Anschließend fein hacken. Die Butter in einem Topf zerlassen und die Blätter zugeben, mit Salz und Pfeffer würzen und etwa 7 min dünsten lassen. Dann das Mehl überstäuben, unterrühren und die Gemüsebrühe langsam angießen. Die Menge der Gemüsebrühe richtet sich nach der gewünschten Sämigkeit, wobei das Gemüse nicht zu fest/breiig werden sollte. Alles noch etwa 15 min köcheln lassen. Inzwischen den Reis nach Packungsanweisung garen und abtropfen lassen. Unter das Gemüse heben und mit Muskat abschmecken. Ist der Geschmack noch zu herb, kann man ihn mit etwas Milch oder Sahne mildern. Sonnenblumenkerne trocken anrösten und über den Reis streuen. Das Fleisch in heißem Öl von beiden Seiten braten und leicht würzen. Zum Löwenzahnreis servieren.

TIP: Beim Löwenzahn nur die jüngsten und zartesten Blätter der Pflanze abpflücken, am besten noch vor der Blüte.

Löwenzahn mit Ei und Mandarinen

Vorspeise

500 g	**Löwenzahnblätter**
1 Dose	**Mandarinen (klein)**
2	**Eier, hartgekocht**
150 g	**Joghurt**
0,5 Bund	**Schnittlauch**
	Jodsalz, Pfeffer, Zucker

So wird's gemacht:

Den Löwenzahn gut waschen, abtropfen und etwas kleiner zupfen. Die Mandarinen abtropfen lassen, etwas Saft aufbewahren. Mandarinen mit dem Löwenzahn mischen. Eier grob hacken und vorsichtig unterheben. Aus Joghurt, etwas Mandarinensaft, Gewürzen und fein gehacktem Schnittlauch eine Salatsoße rühren und diese über den Löwenzahnsalat geben. Sofort servieren.

Dazu paßt: Röstbrot, Vollkornkräcker

Löwenzahn

Vorspeise

Löwenzahnsalat heiß-kalt — 6 Portionen

300 g	Löwenzahnblätter
1	Zwiebel
2	Knoblauchzehen
100 g	Speck, durchwachsen
2 Sch.	Weißbrot, entrindet
2	Eier, hartgekocht
4 EL	Kräuteressig
1 TL	Senf
	Jodsalz, Pfeffer

So wird's gemacht:

Löwenzahn verlesen, waschen und trockenschleudern. Auf Mitteltellern anrichten. Speck, Zwiebeln und Weißbrot in feine Würfel schneiden. Knoblauch ganz fein hacken. Speck in einer Pfanne auslassen, wobei er nur leicht bräunen soll. Zwiebeln, Brot und Knoblauch zufügen und im Speckfett goldbraun braten. Speckgrieben, Brot- und Zwiebelwürfel aus dem Fett heben und zum Entfetten auf Küchenpapier geben. Eier halbieren. Das Eigelb mit Essig und Senf verrühren. Kräftig würzen. Die entfetteten Brot-, Speck- und Zwiebelwürfel in einer trockenen Pfanne nochmals erhitzen. Weißei hacken. Die Ei-Essig-Mischung in das heiße Speckfett geben und mit dem Mixer cremig rühren. Diese Soße über den Löwenzahn gießen, die Würfelmischung und das Weißei über alles streuen. Salatteller sofort servieren, damit die Marinade nicht kalt wird.

TIP: Ein Viertel des Essigs durch trockenen Sherry ersetzen.

Region: Spanien

(Vor)Suppe

Frühlingssuppe

50 g	Löwenzahnblätter
50 g	Sauerampferblätter

2 EL	Butter
1 l	Gemüsebrühe
1 EL	Joghurt
1 EL	Milch
1 EL	Weizenvollkornmehl
	Jodsalz, Pfeffer

So wird's gemacht:

Löwenzahn- und Sauerampferblätter abbrausen und trockenschleudern. Beides fein hacken. Die Butter erhitzen, die Blätter zufügen und etwa 5 min dünsten lassen. Mit der Gemüsebrühe ablöschen und aufkochen lassen. Joghurt und Milch verrühren, das Mehl zufügen und gut verschlagen. Die Suppe mit diesem Gemisch binden. Wem sie nicht sämig genug ist, verrührt die gleichen Mengen Joghurt, Milch und Mehl noch einmal, fügt sie zur Suppe und kocht diese nochmals auf. Die Suppe mit Salz und Pfeffer abschmecken.

TIP: Eine leckere Vorsuppe für einen Frühlingssonntag. Die Blätter am frühen Morgen sammeln oder aber die Suppe schon am Vorabend kochen.

Marinierter Löwenzahn

Salat

150 g	Löwenzahnblätter
3 EL	Pflanzenöl
2 EL	Essig (Rotwein-)
1 TL	Senf
0,5 TL	Jodsalz
1 Prise	Zucker
0,5	Knoblauchzehe

So wird's gemacht:

Löwenzahn gut waschen und trocken schleudern. Eventuell die Blätter etwas zerschneiden. Aus Öl, Essig, Senf und Gewürzen eine Marinade anrühren. Knoblauchzehe fein hacken oder pressen und zufügen. Die Blätter in dieser Marinade ca. 60 min ziehen lassen. Vor dem Essen die Marinade eventuell mit etwas Mineralwasser verlängern.

Löwenzahn

Dazu paßt: Der Salat kann zusätzlich mit knusprigen Speckwürfeln oder Scheiben (Bacon) vermengt oder mit Knoblauchcroutons bestreut werden. Auch Käseraspeln können zugefügt werden.

TIP: Zarte Blättchen verwenden.

Special

Löwenzahnsirup — 1 Portion

50 g	**Löwenzahnblüten**
450 ml	**Wasser**
1	**Zitrone, unbehandelt**
400 g	**Zucker**
100 g	**Gelierzucker**

So wird's gemacht:

Die Löwenzahnblüten kurz abbrausen und trocken schleudern.Für den Sirup werden die Köpfe ohne Stiele verwendet, diese müssen direkt an den grünen Blütenblättern abgeschnitten werden. Die Blüten mit dem Wasser zum Kochen bringen und 10 min leise köcheln lassen. Alles durch ein Sieb gießen, die Blüten verwerfen. Die Zitrone gut waschen. Etwas von der Schale in den Saft reiben. Zitrone auspressen. Zitronensaft und beide Zuckersorten mit dem Löwenzahnsaft mischen, zum Kochen bringen und 15 min leicht kochen lassen. Den Sirup sofort in Twist-Off-Flaschen oder kleine Marmeladengläser füllen und gut verschließen. Die Gläser für mindestens eine halbe Stunde auf den Kopf stellen.

Dazu paßt: Löwenzahnsirup eignet sich zum Übergießen von Desserts und Eis und ergibt mit kohlensäurehaltigem Mineralwasser ein wohlschmeckendes Erfrischungsgetränk.

TIP: Den gekühlten Sirup mit kaltem Sekt aufgießen!

Löwenzahn

Löwenzahn-Kräuter-Salat

Salat

300 g	Löwenzahnblätter
300 g	Kartoffeln
1	Zwiebel
40 g	Speck, durchwachsen
3 TL	Pflanzenöl (Maiskeim, Oliven)
3 EL	Essig
6 EL	Wasser
0,5 TL	Senf
1 TL	Jodsalz
0,5 TL	Pfeffer
0,5 TL	Zucker
1 TL	Petersilie, gehackt
1 TL	Schnittlauch, gehackt
1 TL	Basilikum, gehackt
1 TL	Majoran, gehackt

So wird's gemacht:

Kartoffeln als Pellkartoffeln kochen. Löwenzahn waschen, gut abtropfen lassen oder schleudern und in feine Streifen schneiden. Zwiebel würfeln. Den Speck auslassen, die Hälfte der Zwiebelwürfel im Speckfett bräunen. Zwiebelwürfel herausheben und mit den Löwenzahnstreifchen mischen. Den Speck knusprig braten. Öl, Essig, Wasser, Senf, restliche Zwiebelwürfel, Gewürze und Kräuter zu einer Salatsoße rühren. Die Soße zum Salat geben und etwas ziehen lassen. Von den noch warmen Kartoffeln die Schale abziehen und die Kartoffeln durch die Presse drücken oder grob stampfen. Zusammen mit dem Speck zum Salat geben und vorsichtig unterziehen. Mindestens eine Stunde ziehen lassen.

Dazu paßt: ein Auflauf

Mais

Jan	Febr	Mrz	Apr	Mai	Juni	Juli	Aug	Sep	Okt	Nov	Dez
							■	■	■		

Naturell

Maiskolben naturell

4	Maiskolben
1 EL	**Milch**
1 TL	**Zucker**
1 TL	**Butter**

So wird's gemacht:

Soviel Wasser mit Zucker, Milch und Butter zum Kochen bringen, daß die Maiskolben bedeckt werden. Maiskolben hineingeben und je nach Größe 10 - 15 min dünsten. Kein Salz hineingeben, die Körner werden sonst hart! Der Mais ist gar, wenn sich die Körner mit der Gabel leicht vom Kolben lösen lassen. Erst nach dem Dünsten evtl. salzen. Evtl. etwas Butter auf die heißen Kolben geben.

TIP: Die Maiskolben lassen sich auch gut grillen. Dafür werden sie mit etwas Butter/Margarine eingestrichen und auf dem Grill von allen Seiten gegart. Erst hinterher salzen!

Beilage

Maisküchlein

2	Maiskolben
50 g	**Mehl (Typ 405)**
70 g	**Weizenvollkornmehl**
2	**Eier**
	Jodsalz
	Pfeffer
3 EL	**Pflanzenöl (od. Butterschmalz)**

So wird's gemacht:

Maiskörner vom Kolben lösen und entsprechend dem Naturell-Rezept ca. 15 min garen. Die Mehlsorten mischen und mit den Eiern und abgekühltem Kochwasser (1 EL pro Person) verrühren. Kräftig würzen. Der Teig soll dickflüssig sein. Dann die abgetropften Maiskörner dazugeben. Fett in einer beschichteten Pfanne erhitzen und kleine Küchlein goldbraun backen. Das Rezept ergibt pro Person ca. 2 Stück mit gut 10 cm Durchmesser.

Mais

Dazu paßt: Die Maisküchlein passen gut zu gebratenem Geflügel, schmecken aber auch als kleine Mahlzeit zwischendurch mit etwas Rohkostsalat.

TIP: Notfalls läßt sich das Gericht auch mit einer Dose Zuckermais (285 g) für 4 Personen zubereiten.

Maisgratin

Backofengericht

3	Maiskolben
500 g	Tomaten (Fleisch-)
2	Zwiebeln
300 g	Hackfleisch, gemischt
200 g	Naturreis, gekocht
2 TL	Olivenöl
	Zimt
	Jodsalz, Pfeffer
150 g	Käse, gerieben
150 g	Salami (dünne Scheiben)
	Oregano
2 EL	Semmelbrösel
1 EL	Pflanzenmargarine

So wird's gemacht:

Maiskolben putzen und nach „Naturell"-Rezept kochen. Die Maiskörner herauslösen. Die Zwiebeln abziehen und fein hacken. Das Öl erhitzen und die Zwiebelwürfel darin andünsten. Das Hackfleisch dazugeben und kräftig braten. Den Reis untermischen, kurz mitbraten lassen. Mischung mit Salz, Pfeffer und Zimt würzen und in eine Auflaufform füllen und etwas festdrücken. Mit einem Drittel des Käses bestreuen. Die Maiskörner darübergeben. Salamischeiben darauflegen und mit den in Scheiben geschittenen Tomaten belegen. Mit Salz, Pfeffer und Oregano würzen. Bei 200 °C 25 min vorbacken lassen. Restlichen Käse und Semmelbrösel mischen und über den Gratin streuen. Mit Margarineflöckchen belegen und noch 10 - 15 min backen.

Mais

Dazu paßt: Gemischter Salat

TIP: Wenn die Tomatenschale stört, diese vorher abziehen (kurz überbrühen, dann geht's leichter).

TIP: Beim Reis können gut Reste vom Vortag verwendet werden.

(Vor)Suppe

Maiscremesupppe

4	**Maiskolben**
1	**Zwiebel**
1 EL	**Pflanzenmargarine**
2 EL	**Mehl**
700 ml	**Milch**
200 ml	**Schlagsahne**
0,5 TL	**Zitronensaft**
	Jodsalz
	Pfeffer
1 Bund	**Schnittlauch**

So wird's gemacht:

Margarine erhitzen und die feingewürfelte Zwiebel darin gerade eben glasig schwitzen. Das Mehl darunterrühren und mit Milch ablöschen. Suppe aufkochen. Die Körner von den frischen Maiskolben lösen und in die Suppe geben. Ca. 15 min kochen lassen, bis der Mais gar ist. Die Schlagsahne steif schlagen und vorsichtig unterrühren. Nicht mehr kochen! Die Suppe nach Geschmack würzen. Den Schnittlauch waschen und fein hacken. Über die Suppe geben.

TIP: Anstelle von Schnittlauch läßt sich auch frisches Basilikum oder Petersilie verwenden. Auch ein Hauch von Knoblauch schmeckt sehr gut.

Mais

Maissalat

Salat

5	Maiskolben
2	Zwiebeln
125 g	Senfgurken
100 g	Käse (Emmentaler)
200 g	Fleischwurst
4 EL	Weinessig
1 EL	Senf
4 EL	Pflanzenöl (Maiskeim-)
1 Bund	Schnittlauch
	Jodsalz
	Pfeffer
	Zucker
2 EL	Mineralwasser, mit Kohlensäure

So wird's gemacht:

Maiskolben nach „Naturell"-Rezept kochen. Die Körner von den garen Kolben lösen und abkühlen lassen. Zwiebeln abziehen und in Ringe schneiden. Senfgurken, Käse und Fleischwurst würfeln und mit dem Mais, den Zwiebelringen und Schnittlauchröllchen mischen. Essig, Senf, Gewürze und Mineralwasser verquirlen. Das Öl unterrühren. Salat mit der Soße mischen und mindestens 10 min ziehen lassen.

TIP: Anstelle der Maiskolben können auch zwei Dosen Gemüsemais verwendet werden. Optisch schön ist der Salat, wenn man rote Zwiebeln nimmt.

Mangold

Jan Febr Mrz Apr Mai Juni Juli Aug Sep Okt Nov Dez

Naturell

Mangold-„Spargel“

1 kg	**Mangoldstiele**
250 ml	**Wasser**
1 TL	**Jodsalz**
1 TL	**Zucker**

So wird's gemacht: Den Mangold putzen und die Blätter für ein anderes Gericht verwenden. Die dicken weißen Stiele gut waschen. Wasser mit Salz und Zucker aufkochen, die Mangoldstiele hineingeben und in ca. 15 min gar dünsten.

Dazu paßt: Holländische Soße oder in Butter gebräunte Semmelbrösel

TIP: Die Mangoldstiele kann man auf vielerlei Art ähnlich wie Spargel oder Schwarzwurzeln zubereiten. Für die Blätter-Verwendung empfehlen wir die Mangoldwickel!

Beilage

Mangold gegrillt

8	**Mangoldstiele**
2 EL	**Olivenöl**
2 EL	**Zitronensaft**
2	**Knoblauchzehen**

So wird's gemacht: Mangoldstiele gut waschen und trocknen, eventuell einmal durchschneiden. Aus Olivenöl, Zitronensaft und ausgepreßtem Knoblauch eine Marinade herstellen und die Mangoldstiele damit gut bestreichen. Die eingepinselten Mangoldstiele auf den Grill legen und 7 -10 min grillen.

Dazu paßt: Zu den gegrillten Mangoldstielen schmeckt beispielsweise eine Bavaria-blue-Creme, aber auch einfache Quarkremoulade.

TIP: Paßt gut zur Grillparty!

Mangold

Gefüllte Mangold-Eierkuchen

Hauptgericht

500 g	Mangold
150 g	Weizenvollkornmehl
150 ml	Milch
0,5 TL	Jodsalz
1 EL	Butter, flüssig
4	Eier
2 EL	Pflanzenmargarine
1	Knoblauchzehe
	Pfeffer, Muskat
	Butterschmalz (zum Ausbacken)
250 g	Käse (nach Geschmack)
2	Zwiebäcke (Vollkorn-)
2 EL	Butter

So wird's gemacht:

Den Mangold gut waschen und abtropfen lassen. Aus Mehl, Milch, Salz, flüssiger Butter und Eiern einen glatten Teig rühren. Diesen 15 min ruhen lassen und nochmals gut durchschlagen. Den trockenen Mangold in feine Streifen schneiden. Die Margarine erhitzen, fein gehackten Knoblauch darin andünsten und den Mangold zugeben. Noch etwa 3 min dünsten, dann mit Salz, Pfeffer und Muskat kräftig würzen. Aus dem Teig in Butterschmalz gleichmäßige Eierkuchen bakken. Die Pfannkuchen können ruhig etwas auskühlen. Den Käse in kleine Würfel schneiden oder sehr grob raspeln und mit dem abgekühlten Mangold mischen. Die Mangold-Käse-Mischung gleichmäßig auf die Eierkuchen verteilen und diese vorsichtig aufrollen. Den Backofen auf 180 °C vorheizen. Eine flache Auflaufform leicht ausfetten und die Eierkuchenrollen hineinlegen. Den Zwieback reiben, die Krümel über die Pfannkuchen streuen. Mit Butterflöckchen belegen und 10 - 15 min überbacken.

Dazu paßt: Gemischter Salat

TIP: Anstelle von Mangold kann für dieses Gericht auch Spinat verwendet werden. Ein weitere Variante: mit Porreestreifchen und rohen Schinken. Für besonders zarte Eierkuchen Milch durch Sahne ersetzen.

Mangold

Hauptgericht

Mangoldwickel

8 Blätter	Mangold (groß)
4 Sch.	Kochschinken (à 30 g)
4 Sch.	Käse (Holländer, à 30 g)
0,5	Banane
2 TL	Tomatenmark
2 EL	Pflanzenmargarine
1 Pck.	Tomaten, passiert (500 ml)
2 TL	Körnige Brühe
1 Prise	Zucker
	Jodsalz
	Pfeffer

So wird's gemacht:

Den Mangold vorbereiten. Jeweils zwei große Mangoldblätter übereinanderlegen. Darauf wird zunächst jeweils eine Scheibe Schinken, dann eine Scheibe Käse gelegt. Die Käsescheibe mit etwas Tomatenmark bestreichen. Quergeteilte Banane der Länge nach vierteln. Auf jede Käsescheibe ein Bananenstück legen und die Blätter nun vorsichtig zusammenrollen. Das geht am besten, wenn die Käse- und Schinkenscheiben wirklich sehr dünn sind. Die fertig gerollten Wickel mit Zahnstochern zusammenstecken. Die Margarine in einem flachen, gut schließenden Topf erhitzen und die Wickel darin andünsten (nicht zu heiß werden lassen). Die passierten Tomaten zugießen, zunächst nur mit der Hälfte der körnigen Brühe würzen. Ca. 10 min garen lassen. Die fertige Soße mit den Gewürzen abschmecken.

Dazu passen: Kartoffeln, Reis

TIP: Noch besser schmeckt es natürlich, wenn anstelle des Tomatenpürees gehackte frische Tomaten (Juli bis September) zum Dünsten verwendet werden. Die Mangoldstiele für Rezept 'Mangold-Spargel' nehmen!

Region: Mangold hat in Deutschland hauptsächlich im Rheinland Tradition.

Mangold

Mangoldsuppe

(Vor)Suppe

500 g	Mangold
1 Bund	Frühlingszwiebeln
100 g	Naturreis (parboiled)
2 EL	Olivenöl
1 l	Brühe
250 g	Schmand (20-24 % Fett)
1 TL	Kurkuma
1 TL	Koriander, gemahlen
	Zucker
	Pfeffer

So wird's gemacht:

Den verlesenen, gewaschenen Mangold in 1-cm-Stücke schneiden. Zwiebeln putzen und kleinschneiden. Reis waschen und gut abtropfen lassen. Das Öl erhitzen und die Zwiebeln darin anbraten. Den Mangold dazugeben und weitere 5 min braten. Den Reis zufügen und kurz mitbraten. Mit der Brühe auffüllen, aufkochen und etwa 25 min köcheln lassen. Den Schmand unterrühren (nicht mehr kochen lassen) und mit den Gewürzen abschmecken.

Mangold

Vorspeise

Blätterteigtaschen mit Mangold

250 g	Mangold
1	Zwiebel
1 EL	Pflanzenmargarine
450 g	Tiefkühlblätterteig (10 Sch.)
120 g	Schafskäse (Feta)
	Kreuzkümmel (Kumin)
	Muskat
	Jodsalz
	Pfeffer

So wird's gemacht:

Den Mangold waschen und putzen. Die Blätter und die Stiele getrennt fein schneiden. Zwiebel abziehen, sehr fein hacken. Die Margarine erhitzen, die geschnittenen Mangoldstiele und die Zwiebelwürfel darin etwa 10 min dünsten, dann die Mangoldblätter zugeben und noch etwa 5 min garen lassen. Inzwischen den Blätterteig nach Packungsanweisung auftauen lassen. Den Feta in sehr kleine Stücke schneiden. Die Blätterteigquadrate halbieren. Gemüse etwas abkühlen lassen, den Schafskäse daruntermischen und mit den Gewürzen abschmecken. Auf jede Hälfte der Blätterteigrechtecke kleine Mengen der Gemüsemischung geben, die Ränder mit Wasser bestreichen und die Teigstücke so zusammenklappen, daß kleine gefüllte Quadrate entstehen. Die Ränder gut zusammendrücken, eventuell mit dem Messerrücken etwas klopfen. Die Teigtaschen mit Wasser bestreichen und mit etwas schwarzem Kreuzkümmel bestreuen. Teigtaschen auf ein mit kaltem Wasser abgespültes Backblech legen und bei 225 °C etwa 15 min backen.

TIP: Wer keinen Kreuzkümmel mag, kann die Taschen auch nur mit etwas (Kondens-)Milch oder Eigelb bestreichen, oder aber Sesam o.ä. auf den feuchten Teig streuen.

Mangold

Mangoldsalat

Salat

150 g	Mangold (nur Blätter)
1	Zwiebel, klein
1 EL	Pflanzenöl
1 EL	Zitronensaft
1 Prise	Jodsalz
1 Prise	Zucker
2 EL	Saure Sahne (oder Joghurt)

So wird's gemacht:

Die Mangoldblätter sehr gründlich waschen und trocken schleudern. Die Blätter bündelweise in feine Streifen schneiden. Zwiebel abziehen und sehr fein würfeln oder reiben. Aus Öl, Zitrone, Gewürzen, Zwiebelwürfeln und saurer Sahne eine Salatsoße rühren. Soße und Mangold erst kurz vor dem Servieren mischen.

TIP: Den geschnittenen Mangold mit geriebenem Käse mischen, bevor die Salatsoße darüber gegegossen wird.

Möhren

Jan	Febr	Mrz	Apr	Mai	Juni	Juli	Aug	Sep	Okt	Nov	Dez

Beilage

Honigmöhren

800 g	Möhren
125 ml	Wasser
4 EL	Butter
4 EL	Honig
1 Bund	Minze, frisch
	Jodsalz
	Pfeffer

So wird's gemacht:

Die Möhren schälen und in dünne Scheiben oder feine Stifte schneiden. Wasser mit etwas Salz zum Kochen bringen. Die Möhren hineingeben und etwa 10 min garen lassen. Die Möhren mit kaltem Wasser abschrecken und abtropfen lassen. Die Butter im trockenen Topf schmelzen lassen. Den Honig zufügen und solange rühren, bis sich der Honig in der Butter aufgelöst hat. Dann einmal aufkochen. Die Möhren hinzugeben, wieder erwärmen lassen und würzen. Die Minze waschen, trocken schütteln und die Blätter abzupfen. Möhren in einer Schüssel anrichten und mit Minzeblättern bestreut servieren.

Dazu paßt: Grillfleisch, z. B. Lammkoteletts.

TIP: Als vegetarisches Gericht mit Reis und gerösteten Mandelstiften mischen.

Beilage

Gebackene Möhren

500 g	Möhren
2 EL	Weizenvollkornmehl
1 TL	Jodsalz
1	Ei
	Semmelbrösel
	Fett (zum Braten)

Möhren

So wird's gemacht:

Die Möhren vorbereiten und der Länge nach in Scheiben von etwa 1 cm Dicke schneiden. Je nach Wunsch etwa 2 min blanchieren. Anschließend Mehl und Salz mischen, sowie Ei verschlagen. Die Möhrenscheiben nun zunächst in Mehl, dann in Ei und zuletzt in Semmelbröseln wälzen. In heißem Fett ausbacken.

Dazu paßt: Rohkostsalat, Nudelsalat, Reissalat

TIP: Das Rezept eignet sich gut für etwas ältere Möhren, die keinen intensiven Geschmack mehr haben.

Exotischer Möhreneintopf mit Kichererbsen

Hauptgericht

250 g	Möhren
1 Stange	Porree (groß)
200 g	Kichererbsen
1,5 l	Gemüsebrühe
1 Dose	Ananas
3 EL	Pflanzenmargarine
3 EL	Curry
200 g	Schmand
	Jodsalz
	Cayennepfeffer
1 TL	Honig
3 EL	Zitronensaft
3 EL	Ananassaft (aus der Dose)

So wird's gemacht:

Die Kichererbsen waschen und über Nacht in der Brühe einweichen. Am nächsten Tag in etwa 45 min weich köcheln lassen. Ein Drittel der Kichererbsen aus der Brühe nehmen und beiseite stellen. Die restlichen Kichererbsen mit der Brühe pürieren. Porree und Möhren putzen und in dünne Scheiben schneiden. Die Ananas abtropfen lassen, den Saft aber auffangen. Margarine erhitzen und das Gemüse darin 5 min dünsten lassen. Ananasstücke zufügen und heiß werden lassen. Mit Curry bestäuben und weitere 5 min leise dünsten lassen. Wird der Curry zu heiß, schmeckt er bitter. Den Schmand

Möhren

unterrühren. Zusammen mit den restlichen Kichererbsen in die Brühe geben, aufkochen lassen und abschmecken.

TIP: Zusammen mit frischem Brot eine tolle Partysuppe. Übrigens gibt es von September bis März auch frische Ananas. Diese kann man dann noch für einen Nachtisch verwenden.

TIP: Die Suppe ist eigentlich ein Wintergericht, ideal sind Oktober/November, weil es dann noch Möhren und Porree aus dem Freiland gibt. Sonst einfach mehr Kichererbsen nehmen und Äpfel zufügen.

Backofengericht

Möhren-Heilbutt-Auflauf

600 g	Möhren
600 g	Frühlingszwiebeln
500 g	Heilbutt, geräuchert
4 EL	Pflanzenmargarine
2 EL	(Vollkorn-)Mehl
375 ml	Milch
3	Eier
3 EL	Sojasoße
100 g	Käse, geraffelt
2 EL	Parmesan
2 Sch.	Knäckebrot
	Pfeffer, Jodsalz

So wird's gemacht:

Möhren und Zwiebeln waschen, putzen und in Ringe schneiden. Ein Viertel der Margarine erhitzen, das Gemüse darin 5 min andünsten. Abschmecken. Den Fisch von den Gräten lösen und zum Gemüse geben. Leicht erwärmen. Aus der Hälfte der Margarine und dem Mehl eine Mehlschwitze bereiten, mit der Milch ablöschen und aufkochen. Die Eier trennen und die Soße mit den Eigelb legieren. Nicht mehr kochen! Soße mit Sojasoße und Gewürzen abschmecken. Zwei Drittel des geraffelten Käses in die Soße rühren. Das Eiklar zu Schnee schlagen und locker unter die Soße heben.

Möhren

Das Gemüse in eine vorbereitete Auflaufform geben und die Soße darübergießen. Den restlichen Käse, den Parmesan und die feinzerkrümelten Knäckebrotscheiben mischen und über den Auflauf streuen. Die restliche Margarine als kleine Flöckchen auf den Auflauf setzen. Bei 200 °C ca. 30 min im Backofen backen, bis der Auflauf eine goldbraune Kruste hat.

Dazu paßt: Grüner Blattsalat

TIP: Je älter der verwendete Käse ist, desto kräftiger gerät das Rezept. Ideal ist für Aufläufe meist ein mittelalter Käse, z. B. Gouda.

Möhrenküchle

Vorspeise

600 g	Möhren
1	Zwiebel
1 EL	Pflanzenmargarine
120 g	Hirse
300 ml	Gemüsebrühe
	Jodsalz
	Pfeffer
	Muskat
1 TL	Zitronensaft
1 TL	Worcestersoße
5	Eier
1 EL	Haferflocken
1 Bund	Kerbel
8	Zwiebäcke (Vollkorn-)
100 g	Weizenvollkornmehl
	Pflanzenmargarine

So wird's gemacht:

Möhren putzen. Zwiebel schälen und fein hacken. In 1 EL Margarine glasig dünsten. Hirse waschen, gut abtropfen lassen und zur Zwiebel geben. Mit der Brühe auffüllen, aufkochen lassen und in etwa 20 min ausquellen lassen. Die Möhren fein reiben und unter die Hirse mischen. Alles mit Pfeffer, Muskat, Salz, Zitrone und Worchestersoße würzen. 3 Eier

Möhren

und die Haferflocken dazugeben. Falls die Masse zu weich ist, mit mehr Haferflocken binden. Den gehackten Kerbel unterheben. Den Teig frikadellenähnlich ausformen. Restliche Eier verschlagen, Zwiebäcke fein reiben. Puffer erst in Mehl, dann im Ei, zuletzt in den Zwiebackkrumen wälzen. Bratfett in einer Pfanne erhitzen und die Küchle darin goldgelb braten.

Dazu paßt: Grüner Blattsalat, z. B. Eisberg- oder Feldsalat mit Joghurt- oder Dickmilchdressing.

TIP: Als Vorspeise reicht die angegebenen Mengen für etwa die doppelte Personenzahl.

TIP: Anstelle von Kerbel kann auch Schnittlauch verwendet werden.

Salat

Möhren-Apfel-Rohkost

1 kg	**Möhren**
2	**Äpfel**
4 EL	**Zitronensaft**
1 EL	**Zucker**

So wird's gemacht:

Die Möhren waschen und schrappen oder schälen und fein oder grob reiben. Die Äpfel schälen und ebenfalls reiben. Beides gut mit dem Zucker mischen. Den Zitronensaft darüber geben und zugedeckt etwa eine halbe Stunde ziehen lassen.

TIP: Häufig wird in Möhrensalat Öl gegeben, um die fettlöslichen Vitamine ausnutzen zu können. Es ist aber genauso sinnvoll, den Salat zu einer normalen (fetthaltigen) Mahlzeit oder mit einem Butterbrot zu essen.

Möhren

Möhrenhalwa (Süßspeise)

Special

400 g	Möhren
4 EL	Butterschmalz
40 g	Mandeln (Splitter)
2 EL	Vollkorngrieß
2 EL	Rosinen
300 ml	Milch
3 EL	Zucker
1 TL	Kardamom, gemahlen

So wird's gemacht:

Möhren putzen und sehr fein reiben. 2 EL Butterschmalz auslassen und die Möhren darin ca. 10 min auf kleiner Flamme dünsten. Dabei häufig umrühren, damit die Möhren nicht anbrennen. Das restliche Butterschmalz in einer Pfanne erhitzen und die Mandelsplitter zusammen mit dem Grieß darin 5 min rösten. Die Rosinen waschen und mit Milch und Zucker zum Kochen bringen. Die Möhren und die gerösteten Mandeln zugeben und ca. 15 min offen kochen lassen, bis der Brei eingedickt ist. Wiederum ständig rühren. Mit Kardamom würzen. Den Brei in eine mit Pergamentpapier ausgelegte Kastenform oder auf einen Teller (ausformen) stürzen und eine Stunde abkühlen lassen. Danach in Stücke schneiden.

Dazu paßt: Eine Tasse Kaffee, schmeckt aber auch mit einer Frucht- oder Vanillesoße.

Region: Indien

Pastinaken

Jan	Febr	Mrz	Apr	Mai	Juni	Juli	Aug	Sep	Okt	Nov	Dez

Beilage

Pastinakenpüree

400 g	Pastinaken
400 ml	Gemüsebrühe
2 EL	Butter
	Jodsalz
	Pfeffer
	Muskat

So wird's gemacht:

Die Pastinaken waschen, schälen und in Würfel schneiden. Die Gemüsebrühe erhitzen, die Pastinaken hineingeben und in etwa 30 min sehr weich kochen. Das Gemüse herausheben, die Brühe anderweitig verwenden. Die Pastinakenwürfel mit der Butter pürieren, mit den Gewürzen kräftig abschmecken.

Dazu paßt: gebratenes oder gegrilltes Fleisch, Folienkartoffeln

TIP: Pastinaken schmecken leicht süßlich, eine interessante Geschmacksvariante ergibt sich daher durch die Verwendung von Zitronenmelisse oder -minze.

Region: England

Beilage

Pastinakenpuffer

400 g	Pastinaken
400 ml	Gemüsebrühe
2 EL	Butter
	Jodsalz
	Pfeffer
	Muskat
2	Eier
	Weizenvollkornmehl
	Schmalz

So wird's gemacht:

Aus Pastinaken, Gemüsebrühe, Salz, Pfeffer, Muskat und Butter Pastinakenpüree (s. Rezept „Pastinakenpüree") zubereiten.

Dieses etwas abkühlen lassen, mit den Eiern verrühren und soviel Mehl zufügen, daß ein formbarer Teig entsteht. Abschmecken. Schmalz erhitzen und flache Puffer hineingeben. Von beiden Seiten braun backen.

Dazu paßt: In pikanter Ausrichtung eine Bolognese-Soße oder auch Pilzgemüse. In der süßen Variante (evtl. etwas Zucker in den Teig geben) mit Apfelmus oder Kompott servieren.

TIP: Die Puffer lassen sich auch gut in ausgelassenem Speck braten.

Käse-Pastinaken

Beilage

650 g	**Pastinaken**
85 g	**Mehl**
30 g	**Parmesan, frisch gerieben**
	Jodsalz
	Pfeffer
	Pflanzenöl
1 TL	**Butter**
	Wasser, gesalzen

So wird's gemacht:

Die Pastinaken mit einem Sparschäler wie Kartoffeln schälen. Nach dem Waschen zunächst längs halbieren, dann vierteln. Die Pastinakenviertel anschließend einmal quer halbieren. Eventuell vorhandene hölzerne Stellen herausschneiden. Mehl, Parmesan, Salz und frisch gemahlenen Pfeffer mischen. Eine flache Auflaufform im Backofen auf 200 °C vorheizen. Die Pastinakenstücke in einen Topf geben, mit kochendem Salzwasser bedecken und 3 min kochen lassen. Die Stücke auf ein Sieb geben und abtropfen lassen. Die Stücke noch dampfend im Mehlgemisch wälzen, bis sie rundherum gut bedeckt sind. Die gut bemehlten Stücke auf ein Tablett legen. Wichtig ist, daß die Pastinaken noch dampfend gewälzt werden. Aus diesem Grund ist es sinnvoll, reichlich von dem Mehlgemisch zu haben. Reste davon können für eine spätere Verwendung

Pastinaken

aufbewahrt oder eingefroren werden. Die heiße Auflaufform mit Öl auspinseln und Butter (für den Geschmack) hineingeben. Die Form im Ofen nochmals kurz aufheizen lassen. Dann die Form herausnehmen und auf eine heiße Platte setzen. Schnell die Pastinaken Seite an Seite hineinlegen. Wenn alle Pastinaken liegen, diese vom Boden lösen und mit dem restlichen heißen Fett in der Form begießen. Form in den Ofen stellen und 20 min backen lassen. Dann die Stücke umdrehen, das überflüssige Fett abtropfen lassen und nochmals 15 - 20 min backen, bis alle Stücke knusprig goldbraun sind.

Dazu passen: Röstkartoffeln; besonders gut mit gebackenen, süßen Kartoffeln; Roastbeef, Steak

TIP: Die abgekühlten, bemehlten Pastinaken können im Kühlschrank aufbewahrt oder eingefroren werden. Dadurch läßt sich dieses Gericht gut vorbereiten, z. B. am Tag vor Weihnachten. Mehlmischung für Aufläufe verwerten.

Region: Englische, weihnachtliche Gemüsebeilage

Hauptgericht

Pastinaken-Möhren-Rindfleisch mit Nudeln

500 g	**Pastinaken**
500 g	**Möhren**
100 g	**Sellerieknollen**
0,5 Stange	**Porree**
600 g	**Rinderbrust**
1,5 l	**Gemüsebrühe**
1	**Zwiebel**
500 g	**Nudeln (Spirelli)**
	Soßenbinder, weiß
	Jodsalz
2 EL	**Petersilie, gehackt**

So wird's gemacht:

Brühe zum Kochen bringen, das gewaschene Fleisch, die abgezogene Zwiebel und vorbereiteten Sellerie und Porree zufügen. Alles etwa 90 min dünsten lassen. Inzwischen

Pastinaken

Möhren und Pastinaken waschen, schälen und in feine Scheiben schneiden. Das Fleisch aus der Suppe heben und warm stellen. Etwa ein Drittel der Brühe (ohne Suppengemüse) in einen kleinen Topf gießen, Möhren und Pastinaken zugeben und in etwa 20 min garen. Inzwischen die Nudeln kochen. Das gare Gemüse mit dem Soßenbinder andicken, mit Salz und Petersilie abschmecken. Die restliche Brühe mit dem feingeschnittenen Suppengemüse entweder als Vorsuppe verwenden oder für eine andere Mahlzeit aufbewahren. Das Fleisch in Scheiben schneiden, auf einer vorgewärmten Platte anrichten. Dazu das Gemüse und die Nudeln reichen. Je nach Wunsch kann das Gemüse auch direkt über das Fleisch gegeben werden.

Hähnchen-Pastinaken-Pfanne

Backofengericht

1	Pastinake (klein)
1 Stange	Staudensellerie
100 g	Champignons (od. Austernpilze)
1	**Zwiebel**
0,5 TL	**Olivenöl**
25 g	**Butterschmalz**
4	**Hähnchenbrustfilets (dick)**
2 EL	**Weizenvollkornmehl**
200 ml	**Hühnerbrühe**
	Pfeffer, weiß
0,5 TL	**Thymian, getrocknet**
	Majoran, getrocknet
	Salbei, getrocknet
0,5 EL	**Worcestersoße**
300 g	**Kartoffeln (alt)**

So wird's gemacht:

Zwiebeln abziehen und in Ringe schneiden. Selleriestangen waschen und würfeln. Pilze putzen und blättrig schneiden. Pastinaken schälen und scheibeln. Den Backofen auf 160 °C vorheizen. Eine große Auflaufform (mit Deckel) mit dem Öl

Pastinaken

auspinseln. Das Butterschmalz in einer beschichteten Pfanne erhitzen. Die Brustfilets waschen, abtrocknen und im Mehl wenden. Sofort im heißen Fett beidseitig knusprig braun braten. Herausheben, etwas abtropfen lassen und die Filets nebeneinander in die Auflaufform legen. Das kleingeschnittene Gemüse in das heiße Fett geben und köcheln lassen, bis die Pastinakenscheiben anfangen zu bräunen. Die Gemüsemischung auf den Hähnchenfilets verteilen. Das noch verbliebene Mehl in die Pfanne geben und dunkelbraun rösten. Dann die Brühe zugießen und unter Rühren aufgießen. Die Pilze, Würzsoße und Gewürze zufügen und alles knapp 10 min köcheln lassen. Soße über das Gemüse geben. Die Kartoffeln schälen und in dünne Scheiben schneiden. Diese Scheiben gleichmäßig und einander leicht überlappend über den Auflauf schichten, so daß sie sozusagen einen alles bedeckenden Abschluß bilden. Den Deckel auf die Auflaufform legen und im vorgeheizten Backofen 40 min backen. Dann den Deckel abnehmen und die Pfanne noch 30 min weiterbacken, bis die Kartoffeln goldbraun sind.

Dazu paßt: Rotkohl, eingelegter Rotkohl

TIP: Diese Pfanne läßt sich auch mit Lammkoteletts herstellen, die Garzeit ist aber deutlich länger.

Region: Diese Pfanne ist eine veränderte Form des Irish Stew.

Pastinaken

Englische Pastinakensuppe

(Vor)Suppe

- 3 Pastinaken
- 50 g Sellerieknollen
- 2 Tomaten
- 1 Zwiebel
- 1 l Gemüsebrühe
- 1 Lorbeerblatt
- Jodsalz
- Pfeffer
- 1 TL Petersilie, gehackt

So wird's gemacht:

Pastinaken vorbereiten und in kleine Stücke schneiden. Zwiebel achteln. Sellerie würfeln. Die Brühe erhitzen, das Gemüse und Lorbeerblatt hineingeben und etwa 30 min köcheln lassen. Inzwischen Tomaten überbrühen, die Haut abziehen, vierteln und zur Suppe geben. Weitere 15 min köcheln lassen. Lorbeerblatt entfernen und die Suppe im Mixer oder mit einem Schneidstab pürieren. Mit Salz und Pfeffer abschmekken. Mit gehackter Petersilie bestreut servieren.

TIP: Wenn es keine heimischen Freilandtomaten mehr gibt (Nov./Dez.), sollte man auf Dosenware (Schältomaten oder Pizzatomaten) zurückgreifen.

Region: Diese Suppe ist im angelsächsischen Raum sehr beliebt.

Pilze

Jan	Febr	Mrz	Apr	Mai	Juni	Juli	Aug	Sep	Okt	Nov	Dez

Beilage

Pilzpuffer

600 g	Champignons
4 EL	Zitronensaft
3 EL	Weizenvollkornmehl
3	Eier
4 TL	Magerquark
100 g	Haferflocken
1 Bund	Schnittlauch
1 Bund	Zitronenmelisse
	Jodsalz
	Pfeffer
	Rosenpaprika
	Pflanzenöl (zum Braten)

So wird's gemacht: Die Champignons gut gewaschen und fein hacken. Mit Zitronensaft marinieren. Eier, Quark, Mehl und Haferflocken verrühren, die Champignons unterheben. Die Masse kräftig würzen und die gehackten Kräuter unterziehen. Das Öl erhitzen und die Champignonpuffer, ähnlich wie Reibekuchen, darin auf beiden Seiten braten.

Dazu passen: Rohkostsalat, Pellkartoffeln mit Dressing

TIP: Für dieses Gericht können auch gut Steinpilze, Pfifferlinge oder beliebige Pilzmischungen verwendet werden.

Region: Im Bayrischen Wald, wo dieses Gericht gerne mit selbst gesammelten Pilzen zubereitet wird, heißt es Schwammerlkuchen.

Pilze

Austernpilzcurry mit Mett

Hauptgericht

250 g	Austernpilze
500 g	Möhren
3	Zwiebeln, klein
500 g	Naturreis
2 Bund	Schnittlauch
250 g	Schweinemett, gewürzt
2 EL	Pflanzenöl
1 EL	Curry
500 ml	Gemüsebrühe
1 EL	Speisestärke
150 g	Joghurt

So wird's gemacht:

Naturreis nach Packungsanweisung 30 - 40 min garen. Die Pilze putzen und in breite Streifen schneiden. Die Möhren ebenfalls putzen und in Stifte schneiden. Die Zwiebeln schälen und in Achtel schneiden. Den Schnittlauch waschen und hacken. Das Mett mit dem Schnittlauch verkneten und kirschgroße Kügelchen formen. Das Öl erhitzen und die Bällchen darin braun braten. Fleisch herausnehmen und die Pilze im Fett anschwitzen. Zusammen mit dem Fleisch warmstellen. Zwiebelachtel und Möhrenstifte ebenfalls andünsten, mit dem Curry würzen und mit der Brühe ablöschen. Etwa 8 min garen. Speisestärke mit dem Joghurt verrühren und zum Gemüse geben. Kurz aufkochen lassen. Pilze, Fleisch und restlichen, gehackten Schnittlauch zugeben und kräftig abschmecken.

Dazu paßt: Baguette, Möhrensalat

Pilze

Backofengericht | Pilzlasagne

400 g	Austernpilze
400 g	Champignons
200 g	Möhren
1	Zwiebel
2 EL	Pflanzenöl
500 ml	Tomatenpüree
	Thymian
	Basilikum
	Pfeffer
2 EL	Butter
3 EL	Weizenvollkornmehl
500 ml	Milch
	Muskat
	Zitronensaft
250 g	Lasagneplatten
50 g	Käse, gerieben

So wird's gemacht:

Pilze waschen gut abtropfen und kleinschneiden. Möhren schälen und fein scheibeln. Zwiebel schälen und fein hacken. Pflanzenöl erhitzen, Zwiebeln und Möhren andünsten. Nach 2 min die Pilze dazugeben, weiter dünsten. Das Tomatenpüree dazugeben, noch 4 min köcheln lassen. Abschmecken. Für die Soße die Butter erhitzen, das Mehl dazugeben und hellgelb anschwitzen. Mit der Milch ablöschen. Dabei gut rühren, damit keine Klümpchen entstehen. Die Soße mit Pfeffer, Muskat und Zitronensaft abschmecken. Eine Auflaufform einfetten und etwas Bechamelsoße hineingeben. Lasagneplatten darauflegen. Es folgt eine Schicht Pilzsoße, dann wieder Bechamelsoße. Es folgen erneut Lasagneplatten usw. Die oberste Schicht sollte Bechamelsoße sein. Bei 200 °C im Backofen 25 min backen. Dann den Reibkäse darüberstreuen und noch ca. 15 min garen lassen.

Pilze

Klare Pfifferlingssuppe

(Vor)Suppe

250 g	Pfifferlinge
1	Zwiebel
1 EL	Butter
900 ml	Brühe
100 g	Hackfleisch (Rind)
50 ml	Sherry (medium)

So wird's gemacht:

Die Pfifferlinge waschen, putzen und halbieren. Die Zwiebel schälen und fein würfeln. Butter erhitzen, Zwiebelwürfel hineingeben und glasig andünsten. Die Pilze dazugeben, ca. 2 min weiterdünsten. Mit der Brühe ablöschen. Ca. 5 min köcheln lassen. Währenddessen das Hackfleisch in einer beschichteten Pfanne ohne Fettzugabe krümelig und fast knusprig braten. Hackfleisch und Sherry in die Brühe geben, einmal aufkochen lassen. Abschmecken und noch 2 min ziehen lassen.

Gefüllte Riesenchampignons

Vorspeise

8	Champignons, sehr groß
2	Fleischtomaten, klein
1 EL	Pflanzenöl
2 EL	Zitronensaft
1 Bund	Petersilie
2 Sch.	Toastbrot, geröstet
60 g	Käse (Gouda)
2 EL	Schmand
	Jodsalz, Pfeffer

So wird's gemacht:

Champignons mit Küchenkrepp abreiben. Die Pilzstiele herauslösen und hacken. Ein Backblech mit dem Öl bestreichen und die Pilzhüte mit der Öffnung nach oben darauf setzen. Köpfe mit Zitronensaft marinieren und etwas würzen. Petersilie waschen und hacken. Tomaten waschen und klein schneiden. Den Käse würfeln. Pilzstiele, Käse, Toastbrotwürfel, Tomaten und Petersilie mischen, mit dem Schmand verrühren.

Pilze

Die Pilzhüte bergartig mit der Masse füllen. Im Backofen bei 200 °C 15 - 20 min garen.

Dazu paßt: Die Champignons sehen in einem Bett aus Blattsalat besonders lecker aus.

TIP: Um Energie zu sparen, brauchen die Pilze nicht unbedingt im Backofen zubereitet werden. In einer gut schließenden Pfanne läßt sich ein ähnlich gutes Ergebnis erzielen.

Salat

Griechische Champignons

600 g	Champignons
1	Fleischtomate (groß)
1	Zwiebel (groß)
240 ml	Weißwein
2 Msp.	Jodsalz
0,5 TL	Pfeffer
3 EL	Zitronensaft
1 TL	Thymian (frisch, gehackt)
1	Lorbeerblatt
10	Korianderkörner
2 Bund	Petersilie, gehackt
75 ml	Olivenöl

So wird's gemacht:

Die Champignons putzen und halbieren oder vierteln. Kleine Pilze können ganz gelassen werden. Wein, Salz, Pfeffer, Zitronensaft, gehackten Thymian, Lorbeer und etwas gedrückte Korianderkörner vermischen und über die Pilze geben. Ca. 60 min ziehen lassen. Zwiebel abziehen und hacken. Das Öl erhitzen, die Zwiebelwürfel darin hellbraun andünsten. Dann die Pilze zusammen mit der Marinade zufügen und aufkochen. Solange weiterköcheln lassen, bis sich die Kochflüssigkeit auf die Menge einer Salatmarinade reduziert hat. Tomate überbrühen und häuten, eventuell entkernen. In kleine Stückchen schneiden und mit der Petersilie unter die Pilze mischen. Ca. 10 min ziehen lassen. Dieser Pilzsalat kann sowohl warm als auch kalt gegessen werden.

Pilze

Dazu paßt: Paßt gut auf ein Buffet, ist aber auch eine leckere Beilage, z. B. zu Fischfilet.

TIP: Der Pilzsalat läßt sich auch gut einen Tag vorher zubereiten, sollte aber direkt nach der Herstellung in den Kühlschrank gestellt werden.

Region: Griechenland

Pilzsahne

Special

600 g	**Pilze (z.B. Champignons)**
4	**Zwiebeln**
60 g	**Pflanzenmargarine**
2 Msp.	**Jodsalz**
1 Msp.	**Pfeffer**
1 Bund	**Petersilie, gehackt**
200 g	**Schlagsahne**

So wird's gemacht:

Pilze und Zwiebeln vorbereiten und fein hacken. Die Margarine erhitzen, Zwiebeln und Pilze zugeben und kurz durchschmoren lassen. Dann die Gewürze und die Petersilie unterrühren. In der offenen Pfanne unter Rühren etwa 20 min köcheln lassen. Zum Schluß sollte alle Flüssigkeit verdampft sein. Die Masse direkt pürieren. Abschmecken und eventuell noch etwas salzen. Auf Zimmertemperatur abkühlen lassen. Kurz vor dem Servieren die Sahne steifschlagen und unter die Pilzcreme heben.

Dazu paßt: Die Pilzsahne ist gut geeignet zu gedünstetem Lachs oder auch Seezunge, paßt aber auch zu kräftigem Fleisch wie Lamm- oder Hammelkoteletts.

TIP: Etwas Knoblauch zufügen oder mit etwas Rotwein dünsten

Region: Diese Pilzsahne ist eine belgische Spezialität und wird mitunter als „Brüsseler Spitze" bezeichnet.

Porree

Jan Febr Mrz Apr Mai Juni Juli Aug Sep Okt Nov Dez

Beilage

Porree in Rosinensoße

1 kg	Porree
1 EL	Butter
350 ml	Brühe
1	Lorbeerblatt
2 EL	Zitronensaft
2 EL	Weizenvollkornmehl
30 g	Kräuterschmelzkäse
1 EL	Weißwein
2 EL	Kondensmilch
1 TL	Worcestersoße
75 g	Rosinen, eingeweicht
50 g	Käse, gerieben
	Pfeffer

So wird's gemacht:

Porree putzen und in große Stücke (ca. 5 cm) schneiden. Butter erhitzen und den Lauch darin anschwitzen. Mit Brühe ablöschen, Lorbeerblatt zugeben und etwa 8 - 10 min dünsten. Porree herausheben, gut abtropfen lassen, mit Pfeffer und Zitronensaft würzen und in eine gefettete Auflaufform legen. Brühe (ohne Lorbeer) aufkochen, das Mehl darüberstreuen und mit dem Schneebesen einrühren. nochmals aufkochen. Schmelzkäse darin schmelzen lassen. Mit Wein, Kondensmilch und Worcestersoße abschmecken. Die abgetropften Rosinen dazugeben. Die fertige Soße über den Porree gießen, mit Reibkäse betreuen und bei 200 °C etwa 20 min überbacken.

Dazu paßt: Naturreis und Fischfilet

Porree

Porree-Fisch-Auflauf

Hauptgericht

900 g	Porree
1 EL	Pflanzenöl
1 kg	Fischfilet (Seelachs, Kabeljau)
125 ml	Brühe
100 g	Frühlingsquark
100 g	Frischkäse
3 EL	Milch
1 Bund	Schnittlauch
0,5 Bund	Petersilie
	Zitronensaft
	Pfeffer
	Jodsalz

So wird's gemacht:

Porree vorbereiten und in Ringe schneiden. Das Öl erhitzen und den Porree darin 5 - 10 min andünsten. Anschließend in eine Auflaufform geben. Das Fischfilet säubern, säuern, salzen und auf den Lauch legen. Mit der Brühe angießen. Frühlingsquark, Frischkäse und Milch verrühren. Schnittlauch und Petersilie waschen, fein hacken und unter die Quarkcreme ziehen. Mit Pfeffer, Salz und Zitronensaft abschmecken und als Haube über den Fisch verteilen. Bei 200 °C im Ofen ca. 30 min backen.

Dazu paßt: (Natur)Reis, Reis mit Wildreis gemischt

TIP: Besonders pikant wird der Auflauf, wenn anstelle von Kräuterquark Pfefferquark verwendet wird. Ohne die Reisbeilage ist der Auflauf (eckige Form nehmen) auch eine gute Vorspeise für acht Personen.

Porree

Backofengericht | **Porreeauflaut mit Linsen**

450 g Porree
2 Möhren
600 g Kartoffeln
250 g Linsen
1 Zwiebel
2 Nelken
1 Lorbeerblatt
50 g Speck, mager

750 ml Wasser
2 EL Butter
2 Mettenden (Kochwürste)
100 g Sahne
2 Eier
100 g Käse, gerieben
Jodsalz, Pfeffer
Basilikum

So wird's gemacht:

Linsen waschen. Zwiebel schälen und mit dem Lorbeerblatt und den Nelken spicken. Den Speck ganz fein würfeln. Alles mit dem Wasser zum Kochen bringen und 60 - 70 min garen. Die Zwiebel herausnehmen, die Gewürze entfernen und die Zwiebel ganz fein hacken, musen oder pürieren. Die Linsen abtropfen lassen. Kartoffeln und Möhren schälen und würfeln bzw. scheibeln. Den Porree putzen und in Ringe schneiden. Die Butter erhitzen und das Gemüse darin 10 min dünsten. Die Mettenden in Scheiben schneiden. Linsen, Gemüse, Zwiebelmus und Wurstscheiben vermengen und in eine vorbereitete Auflaufform füllen. Eier und Sahne mit dem Mixer sehr gut verschlagen, mit den Gewürzen kräftig abschmekken. Den Reibkäse darunter ziehen und über den Auflauf gießen. Bei 200 - 225 °C 30 - 35 min im Backofen backen. Nach Wunsch mit Kräutern bestreut servieren.

TIP: Die Linsen benötigen nur 45 min Garzeit, wenn sie über Nacht eingeweicht wurden. Im Schnellkochtopf reichen 10 - 15 min Garzeit.

Porree

Lauchquiche mit Räucherlachs

Backofengericht

5 Stangen	Porree
130 g	Pflanzenmargarine
175 g	Mehl
	Jodsalz
	Zitronenschale
150 g	Magerquark
200 g	Räucherlachs
3	Knoblauchzehen
4	Eier
150 g	Schmand (od. Crème fraiche)
1TL	Zitronensaft
	Muskat
	Pfeffer

So wird's gemacht:

Lauch waschen und putzen. 100 g Margarine mit dem Mehl, Salz, der Zitronenschale und dem Quark verkneten und zu einer Kugel formen. Teig ca. 30 min kalt stellen. Den Lauch in kleiner Stücke schneiden und etwa 5 min im restlichen Fett dünsten. Den Lachs in kleine Stücke schneiden. Knoblauchzehen in einen Topf pressen, mit den Eiern und dem Schmand verrühren. Mit den Gewürzen und dem Zitronensaft abschmecken. Eine Springform fetten und mit dem Teig auskleiden. Dabei einen etwa 3 cm hohen Rand hochziehen. Den Boden mit einer Gabel einstechen. Den Boden bei 200 °C ca. 10 min vorbacken. Den Lauch mit einem Drittel des Lachses vermengen und auf den Teig geben. Den restlichen Lachs darüberstreuen. Die Eimasse daraufgeben und weitere 30 min backen.

TIP: Wer keinen Knoblauch mag, kann diesen auch weglassen. Gegen Knoblauchgeruch soll übrigens das Kauen von frischer Petersilie helfen.

Porree

(Vor) Suppe

Porree-Blitz-Eintopf

1,8 kg	Porree
700 g	Kartoffeln
125 ml	Wasser
6	Mettenden

So wird's gemacht:

Porree und Kartoffeln vorbereiten. Die Kartoffeln würfeln, den Lauch in Ringe schneiden. Das Wasser in einen großen Topf geben, den Lauch zufügen, die Kartoffeln in Würfeln obenauf legen. Die Mettenden scheibeln und über die Kartoffeln geben. Den Topf gut verschließen, ankochen und 20 min fortgaren. Kurz abschmecken und servieren.

TIP: Noch schneller geht das Gericht im Schnellkochtopf. In ca. 10 min ist der Eintopf dann fertig.

Vorspeise

Käse-Porree-Puffer mit grünen Linsen

2 Stangen	Porree
50 g	Linsen (grün)
200 g	Kartoffeln
150 ml	Wasser
2 TL	Butter
1	Ei
50 g	Käse, grob geraspelt
	Majoran, Thymian
	Dill, Muskat
	Jodsalz, Pfeffer
0,5 TL	Sojasoße
	Pflanzenöl (zum Braten)
	Essig

So wird's gemacht:

Die Linsen waschen und mit dem Wasser zum Kochen bringen und ca. 10 min leicht köcheln lassen. Inzwischen die Kartoffeln schälen und in dünne Scheiben oder kleine Würfel schneiden. Zu den Linsen geben und mitgaren lassen, bis beides weich ist. Bei Bedarf noch etwas Wasser zugeben. Kartoffel-Linsen-Gemisch stampfen und etwa 10 min abkühlen lassen. Den Lauch putzen und in feine Ringe schneiden. Die Hälfte der Ringe in der Butter knapp 5 min dünsten. Zusammen mit Käse und Ei unter das Linsenmus geben. Mit den Gewürzen und Sojasoße pikant abschmecken. Pflanzenöl in einer Pfanne erhitzen. Eßlöffelweise Mus in das heiße Fett geben, mit einem feuchten Löffel flach drücken und beidseitig braun braten. Die restlichen Lauchringe mit etwas Essig, Salz und Pfeffer marinieren und zu den Linsenpuffern servieren.

TIP: Die Puffer können auch im Backofen (mit Grill) gebraten werden, was eine gute Portion Fett einspart und auch alle gleichzeitig fertig werden läßt.

Oktobersalat

Salat

2 Stangen	Porree
1	Sellerieknolle
3	**Äpfel (säuerlich)**
200 g	**Joghurt**
150 g	**Mayonnaise**
50 g	**Magerquark**
	Jodsalz, Pfeffer
1 Dose	**Ananas**

So wird's gemacht:

Porree, Sellerie und Äpfel vorbereiten. Porree in feine Ringe, den Sellerie in 0,5 cm-Würfel schneiden. Joghurt, Mayonnaise und Quark verrühren, mit Salz und Pfeffer abschmecken. Eventuell mit etwas Ananassaft verdünnen. Das Gemüse in die Soße geben. Ananas fein schneiden, Äpfel grob raspeln. Das Obst ebenfalls in den Salat geben, vorsichtig alles vermengen und mindestens 1 Stunde ziehen lassen. Nochmals abschmecken und servieren.

Dazu paßt: Frisches Bauernbrot

TIP: Anstelle von frischem Sellerie kann Dosenware oder Selleriesalat (sauer eingelegt) verwendet werden. Oder: Frischen Sellerie vorher kurz dünsten.

Radieschen

Jan	Febr	Mrz	Apr	Mai	Juni	Juli	Aug	Sep	Okt	Nov	Dez

Beilage

Radieschengemüse

5 Bund	Radieschen (à 10 Stk.)
1	Zwiebel
2 EL	Butter
3 EL	Weißwein
2 EL	Wermut, trocken
4 EL	Sahne
0,5 TL	Jodsalz
0,5 TL	Pfeffer, weiß
1 EL	Petersilie, gehackt

So wird's gemacht:

Radieschen vorbereiten und in feine Scheiben schneiden oder hobeln. Zwiebel abziehen und fein hacken. Butter erhitzen und die Zwiebelwürfel darin glasig dünsten. Die Radieschen zugeben und etwa 2 min mitdünsten lassen. Zwischendrin umrühren. Dann beide Weinsorten zufügen und alles noch etwa 3 min köcheln lassen. Dann die Sahne und die Gewürze unterrühren und nochmals etwa 1 min garen lassen. Radieschengemüse in eine flache Schüssel geben und mit Petersilie bestreut servieren.

Dazu paßt: Ein festliches Fleischgericht wie Schweinefilet oder gebratenes Geflügel oder auch gedünstete Forelle.

TIP: Das Gemüse enthält Alkohol und ist nicht für Kinder geeignet. Anstelle von Radieschen können übrigens auch rote Rettiche (wegen der Optik) verwendet werden.

Beilage

Radieschenkäse — 1 Portion

2 Bund	Radieschen (à 10 Stück)
2	Gewürzgurken
250 g	Hüttenkäse
	Jodsalz, Pfeffer

So wird's gemacht:

Radieschen putzen waschen und grob hacken. Gewürzgurke grob hacken. Beide Gemüse in den Hüttenkäse rühren. Mit den Gewürzen abschmecken.

Radieschen

Dazu paßt: Geeignet als Beilage zu Ofenkartoffeln oder auch als Brotaufstrich für Vollkornbrot.

TIP: Das einfache Rezept reicht für etwa 4 Scheiben gut belegtes Brot. Etwas verlängert kann der Radieschenkäse auch als Dip z. B. mit Selleriestangen serviert.

Ofenkartoffeln mit Radieschen

Hauptgericht

3 Bund	Radieschen (à 10 Stk.)
4	**Kartoffeln (groß)**
250 g	**Krabbenfleisch, ausgelöst**
	Zitronensaft
	Pfeffer
100 g	**Mais (Dose)**
1 EL	**Schnittlauch, gehackt**
3 EL	**Salatcreme**
3 EL	**Joghurt**

So wird's gemacht:

Kartoffeln in etwa 50 min als Ofenkartoffeln backen. Inzwischen die Radieschen putzen, waschen und vierteln. Krabbenfleisch grob hacken, mit Zitronensaft beträufeln und pfeffern. Mit den abgetropften Maiskörnern, Schnittlauch und den geviertelten Radieschen vermengen. Aus Salatcreme und Joghurt ein Dressing rühren. Unter das Gemüse geben und abschmecken. Von den Kartoffeln eine Kappe abschneiden und die Kartoffeln etwas aushöhlen. Das Kartoffelfleisch würfeln und mit der Krabben-Gemüse-Füllung mischen und in die ausgehöhlten Kartoffeln füllen. Sofort servieren.

Dazu paßt: Tomatensalat

Radieschen

Hauptgericht

Heringspfeffer

2 Bund	Radieschen (à 10 Stk.)
200 g	Bohnen (Brech-)
1	Zwiebel
150 ml	Gemüsebrühe
2	Matjesfilets
2	Bismarckheringe
1 TL	Pfeffer, bunt
1 Prise	Jodsalz
4 EL	Pflanzenöl
0,5 Bund	Bohnenkraut

So wird's gemacht:

Matjesfilets sehr gut waschen. Falls sie sehr salzig sind, einige Zeit wässern lassen. Radieschen putzen und waschen. Bohnen putzen und in Stücke schneiden oder brechen. Die Brühe aufkochen, Bohnen hineingeben und 8 min leise köcheln lassen. Die Brühe abgießen und aufbewahren. Inzwischen den Fisch in nicht zu breite Streifen schneiden. Zwiebel abziehen und fein hacken. Die Radieschen putzen und in dünne Scheiben schneiden. Aus Bohnenbrühe, Öl, Salz und Pfeffer ein Dressing rühren. Die noch warmen Bohnen und den Fisch hineingeben und 5 min ziehen lassen. Dann die Zwiebelwürfel, die Radieschenscheiben und das gehackte Bohnenkraut zufügen. Noch etwa 20 min ziehen lassen.

Dazu passen: Pellkartoffeln, Quarkremoulade

Region: Norddeutschland

Radieschen

Radieschensalat

Salat

4 Bund	Radieschen
3 EL	Pflanzenöl
2 EL	Essig
1 Prise	Jodsalz
1 TL	Kräuter, feingehackt

So wird's gemacht:

Die Radieschen putzen, gut waschen und fein hobeln. Aus den restlichen Zutaten eine Salatsoße rühren und mit den Radieschen vermischen. Etwa 10 min ziehen lassen, nochmals abschmecken.

Dazu paßt: Brot und Butter

TIP: Sofern die Radieschenblätter ganz frisch sind, können sie fein gehackt anstelle anderer Kräuter verwendet werden. Die gehobelten Radieschen statt mit Soße mit etwas Selleriesalz bestreut anrichten.

Radieschenaufstrich

1 Portion

Special

300 g	Radieschen
2 EL	Tomatenmark
1 TL	Zitronensaft
2 TL	Milch
	Jodsalz
	Pfeffer

So wird's gemacht:

Radieschen sehr fein hacken oder reiben und mit dem Tomatenmark mischen. Milch und Zitronensaft darunterrühren, mit Salz und Pfeffer abschmecken.

Dazu paßt: Als Aufstrich für Butterbrote verwenden

TIP: Gehackten Schnittlauch darunterziehen. Mit Quark oder Schmand anstelle von Milch verrühren.

Rettich

Jan	Febr	Mrz	Apr	Mai	Juni	Juli	Aug	Sep	Okt	Nov	Dez

Beilage

Gesalzener Rettich

1	Rettich (mittelgroß)
2 TL	Jodsalz
2 TL	Zucker
2 TL	Zitronensaft

So wird's gemacht: Den Rettich schälen und grob raspeln. Mit den restlichen Zutaten mischen und für ca. 3 Stunden kühl stellen. Zwischendrin den Rettich öfter einmal leicht stampfen, damit er richtig Saft zieht. Vor dem Servieren den Rettich gut ausdrücken.

TIP: Zur Brotzeit, auch als Brotbelag

TIP: Läßt sich sowohl aus dem weißen Rettich als auch sehr gut aus schwarzem Rettich herstellen.

Beilage

Gebratener Rettich

1	Rettich, weiß (möglichst groß)
3 EL	Olivenöl
0,5 TL	Zwiebelsamen
2 Msp.	Kurkuma, gemahlen
3 Msp.	Edelsüßpaprika
	Jodsalz

So wird's gemacht: Den Rettich schälen, längs vierteln. Daraus Scheiben von 3 - 4 mm Dicke schneiden. Das Öl erhitzen und die Zwiebelsamen darin anrösten. Die Rettichscheiben zufügen und bei starker Hitze für etwa 3 min braten. Mit Kurkuma und Edelsüßpaprika bestäuben, wenden und salzen. Die Hitze auf ganz klein stellen und den Rettich noch 15 min garen. Dabei öfter umrühren, damit nichts anbrennt.

Dazu passen: Reisplatte, chin. Gemüse, asiatische Gerichte

TIP: Anstelle von Zwiebelsamen Sesam verwenden und den Rettich zusätzlich mit etwas Zwiebelsalz oder Knoblauchpulver würzen. Olivenöl kann durch Sesamöl ersetzt werden.

Region: Indien

Rettich

Rettich-Beten-Schiffchen

Vorspeise

300 g	Rettich
200 g	Rote Bete
2 TL	Meerrettich, gerieben
125 g	Schlagsahne
	Zitronensaft
1	Chicoréesprosse, klein

So wird's gemacht:

Rettich und rote Bete vorbereiten. Beides fein raspeln und miteinander vermengen. Die Schlagsahne steif schlagen und mit Meerrettich und Zitronensaft würzen. Das Gemüse vorsichtig darunter heben. Chicoree waschen, bitteren Keil herausschneiden und die Blätter einzeln abnehmen. Die Rohkost jeweils in ein Blatt wie in ein Schiffchen füllen. Pro Person wird ein Schiffchen serviert.

TIP: Die Dekoration ist besonders schön, wenn mit einem Sparschäler Rettichstreifen geschnitten und auf einen Zahnstocher gespießt als Segel für die Schiffchen verwendet werden.

Rettichquark

1 Portion

Special

300 g	Rettich
300 g	Magerquark
1 Msp.	Jodsalz
5 EL	Milch

So wird's gemacht:

Den Rettich vorbereiten und fein raspeln. Den Quark mit Milch und Salz schaumig rühren, den Rettich unterheben.

Dazu paßt: Hervorragend als Brotaufstrich geeignet, paßt auch als Füllung für Tomaten bei einem kalten Büffet.

TIP: Wer mag, kann noch etwas gekochtes Eigelb und Senf unterrühren. Milch kann durch kohlensäurehaltiges Mineralwasser oder auch durch Sahne ersetzt werden.

Rettich

Special

Marinierte Frühlingsgemüse

200 g	Rettich
100 g	Chinakohl
2	Frühlingszwiebeln
1	Chilischote, rot
15 g	Ingwerziebeln
3	Knoblauchzehen
2 EL	Jodsalz
1 l	Wasser

So wird's gemacht: Alle Gemüse putzen. Rettich und Frühlingszwiebeln in längliche Stifte von ca. 3 - 4 cm Länge schneiden. Chilischote aufritzen, die Kerne entfernen und in die Schote in feine Ringe schneiden. Alle Gemüse und Chiliringe in einen Steinguttopf schichten. Die Ingwerwurzel schälen und in mehrere Stücke schneiden. Knoblauch abziehen und grob hacken. Wasser mit Salz, Ingwerstücken und Knoblauchwürfeln aufkochen und 2 min köcheln lassen. Den Sud sofort über das Gemüse im Steinguttopf gießen. Einen Deckel lose auflegen und das Gemüse nach dem Abkühlen im Keller oder im Kühlschrank mehrere Tage marinieren lassen.

Dazu paßt: Diese Form des Einlegens ist die asiatische Variante unserer Sauerkonserven. Ähnlich wird es auch verwendet.

Region: In Korea nennt sich dieses Gericht Kimtschi.

Salat

Rettichsalat

1	Rettich, groß
1	Apfel, säuerlich
	Zitronensaft (oder Essig)
	Zucker (eventuell)
	Jodsalz, Pfeffer
	Dill

Rettich

So wird's gemacht:

Den Rettich gründlich bürsten, schälen und sehr dünn schneiden oder grob raffeln. Aus Essig oder Zitronensaft und den Gewürzen eine Salatsoße rühren. Den Apfel in feine Stücke schneiden oder ebenfalls raffeln, sofort in die Soße geben, da er sonst braun wird. Den Rettich vorsichtig untermischen.

TIP: Wem Rettich zu scharf ist, sollte die Rettichraspeln in eine Schüssel geben und mit reichlich Salz bestreut ca. 10 min „weinen" lassen. Rettich gut abtropfen lassen, kein Salz mehr für die Salatsoße!

Rettich-Möhren-Salat

Salat

300 g	Rettich
200 g	Möhren
1	Pfeffergurke
2 EL	Olivenöl
2 EL	Essig
1 Prise	Jodsalz
2 EL	Joghurt
1 EL	Schnittlauch, gehackt

So wird's gemacht:

Rettich und Möhren vorbereiten und raspeln. Pfeffergurke fein zerschneiden. Öl, Essig und Salz kräftig verschlagen, Joghurt und Schnittlauch unterziehen. Mit dem geraspelten Gemüse und der Gurke mischen.

Dazu paßt: Paßt als Rohkost zu beliebigen Mahlzeiten. Gut vor allem zu asiatischen scharfen Reisgerichten oder Currys.

TIP: Anstelle der Joghurtsoße das Gemüse einfach mit ein wenig Mayonnaise mischen. Paßt dann als kleine Beilage zu vielen Gerichten.

Rosenkohl

Jan	Febr	Mrz	Apr	Mai	Juni	Juli	Aug	Sep	Okt	Nov	Dez

Naturell

Rosenkohl naturell

750 g	Rosenkohl
1	Zwiebel
2 EL	Pflanzenmargarine
125 ml	Wasser (oder Brühe)
	Jodsalz, Muskat

So wird's gemacht:

Den Rosenkohl vorbereiten und waschen. Die Zwiebel abziehen und fein würfeln. Das Fett zerlassen und Zwiebelwürfel darin goldgelb andünsten. Den gut abgetropften Rosenkohl dazugeben, kurz mitdünsten und mit dem Wasser oder der Brühe aufgießen. Etwa 15 min dünsten lassen. Das Gemüse herausheben und abschmecken.

TIP: Das Garwasser zur Herstellung einer Tomatensoße verwenden. Wird der Rosenkohl mit Wasser und nicht mit Brühe gegart, dem Wasser eine Prise Zucker zufügen.

Beilage

Rosenkohl mit Käsesoße

800 g	Rosenkohl
300 ml	Gemüsebrühe
2 EL	Butter
3 EL	Mehl
150 ml	Milch
100 ml	Weißwein
200 g	Kräuterschmelzkäse
	Zitronensaft

So wird's gemacht:

Rosenkohl putzen und in die sprudelnd kochende Brühe geben. 15 min köcheln lassen. Rosenkohl herausheben. Aus Butter und Mehl eine Schwitze bereiten und mit Brühe und Milch ablöschen. Dabei gut durchrühren, damit keine Klümpchen entstehen. Etwa 3 min kochen lassen. Dann den Wein und den Käse zufügen. Käse schmelzen lassen, die Soße dabei öfter kräftig durchschlagen. Mit Zitronensaft

Rosenkohl

abschmecken. Den Rosenkohl in die Soße geben, kurz warm werden lassen und servieren.

Dazu passen: Katenschinken, Kasseler, Pellkartoffeln

TIP: Den Weißwein durch Orangensaft ersetzen, zusätzlich noch einen Bund gehackte Petersilie in die Soße geben.

Rosenkohl traditionell

Beilage

1 kg	**Rosenkohl**
1 l	**Wasser, gesalzen**
75 g	**Speck, durchwachsen**
1	**Zwiebel**
2 EL	**Pflanzenmargarine**
1	**Knoblauchzehe**
2 EL	**Butter**
3 EL	**Semmelbrösel**
	Muskat

So wird's gemacht:

Rosenkohl putzen und in sprudelnd kochendes Salzwasser geben. Etwa 15 min köcheln lassen. Inzwischen Speck und Zwiebel fein würfeln. Den Speck auslassen. Dann die Margarine zugeben und erhitzen. Zwiebelwürfel darin goldgelb braten. Butter in einer Pfanne erhitzen, die Knoblauchzehe hineinpressen und das Semmelmehl zufügen. Semmelbrösel darin ebenfalls goldbraun rösten lassen. Den Rosenkohl abgießen, gut abtropfen lassen und mit der Speck-Zwiebel-Mischung verrühren. Mit Muskat abschmecken. Gemüse in eine vorgewärmte Schüssel geben und mit den Semmelbröseln übergießen.

Dazu passen: Kartoffeln, Geflügel, Schweinebraten

TIP: Anstelle der gebräunten Semmelbrösel Croutons über den Rosenkohl streuen.

Rosenkohl

(Vor)Suppe

Rosenkohlsuppe

250 g	Rosenkohl
1	Kartoffel
1	Zwiebel
1 EL	Pflanzenöl
250 ml	Gemüsebrühe
250 ml	Milch
1 TL	Pfeffer
0,5 TL	Kümmel, gemahlen
1 TL	Zitronensaft
125 ml	Kondensmilch (7,5 %)

So wird's gemacht:

Rosenkohl vorbereiten und halbieren. Kartoffel schälen, würfeln. Zwiebeln abziehen, in Ringe schneiden. Öl erhitzen, die Zwiebelwürfel darin andünsten. Die Rosenkohlhälften und die Kartoffelwürfel hinzugeben. Mit Brühe und Milch aufgießen und 15 min köcheln lassen. Mit einem Mixstab pürieren. Die Suppe mit Pfeffer, Kümmel, Zitronensaft und Kondensmilch abschmecken.

Dazu paßt: getoastetes Mischbrot

TIP: Anstelle von Kümmel die Suppe mit Thymian und etwas Sahne abschmecken.

Rosenkohl

Rosenkohlragout

Hauptgericht

1 kg	Rosenkohl
1 kg	Kartoffeln
100 g	Speck, geräuchert
2	Zwiebeln
400 ml	Brühe
150 g	Joghurt (Vollmilch)
2 EL	Kräuter, gehackt
	Pfeffer
	Knoblauchpulver

So wird's gemacht:

Rosenkohl putzen und waschen. Kartoffeln schälen und in große Würfel schneiden. Den Speck würfeln. Die Zwiebeln ebenfalls schälen und würfeln. Den Speck in einem großen Topf auslassen, die Zwiebelwürfel zugeben und goldgelb braten. Mit der Brühe aufgießen. Die Kartoffelwürfel und den Rosenkohl dazugeben und ca. 25 min kochen. Das Ganze abschmecken. Joghurt und Kräuter verrühren, eventuell mit etwas Pfeffer und/oder Knoblauchpulver würzen. Das Ragout in tiefe Teller geben und den Kräuterjoghurt gleichmäßig auf die Portionen verteilen. Nach Geschmack anschließend unterrühren.

Rosenkohl

Backofengericht | Rosenkohlauflauf mit Leberkäse

750 g	**Rosenkohl**
1 l	**Wasser, gesalzen**
1 Prise	**Zucker**
250 g	**Nudeln (Hörnchen)**
2 Sch.	**Leberkäse**
200 ml	**Sahne**
200 g	**Frühlingsquark**
75 g	**Käse (Emmentaler)**
	Jodsalz
	Pfeffer
	Muskat

So wird's gemacht:

Rosenkohl in sprudelndem Salzwasser mit einer Prise Zucker 15 min garen. Nudeln nach Packungsanweisung kochen. Leberkäsescheiben würfeln. Fleischwürfel, Rosenkohl und Nudeln mischen und in eine Auflaufform geben. Mit Salz, Muskat und Pfeffer würzen. Quark und Sahne verrühren. Den Käse reiben und unter die Soße ziehen. Soße über den Auflauf geben und alles bei 200 °C 25 min backen.

Dazu paßt: Rohkostsalat

TIP: Anstelle von Quark ein Ei hineingeben und die Nudeln durch Vollkornnudeln ersetzen. Kräftig würzen!

Rosenkohl

Rosenkohl-Eier-Salat

Salat

500 g	Rosenkohl
400 g	Kartoffeln
4	Eier
100 g	Mayonnaise
100 g	Magerquark
150 g	Joghurt
1 EL	Sherry
2 TL	Pfeffer, grün
50 g	Walnüsse
	Zucker
	Jodsalz
	Zitronensaft
1 Bund	Petersilie, glatt

So wird's gemacht:

Rosenkohl putzen und nach „Naturell"-Rezept kochen. Kartoffeln als Pellkartoffeln kochen und grob würfeln. Den garen Rosenkohl halbieren, große Köpfe vierteln. Die Eier hartkochen. Ein Ei in Scheiben schneiden, den Rest grob hacken. Aus Mayonnaise, Quark, Joghurt und Sherry eine Salatsoße rühren. Den grünen Pfeffer und die gehackten Eier unterrühren. Dressing mit Zucker, Salz und Zitronensaft abschmekken. Walnüsse hacken. Rosenkohl, Kartoffeln und Nüsse mischen. Die Salatsoße unterheben. Den Salat zwei Stunden ziehen lassen. Mit den Eischeiben und Petersiliensträußchen garniert servieren.

Rote Bete

Jan	Febr	Mrz	Apr	Mai	Juni	Juli	Aug	Sep	Okt	Nov	Dez

Naturell — Rote Bete naturell

1kg Rote Bete

So wird's gemacht:

Die Rote Bete vorbereiten und ungeschält auf ein Backblech geben. Bei etwa 150 °C gar werden lassen. Je nach Wurzelgröße dauert der Garprozeß etwa 30 - 50 min. Die fertig gegarten Rote Bete etwas abkühlen lassen. Danach lassen sie sich sehr gut schälen und problemlos weiterverwenden.

TIP: Durch diese Art der Zubereitung wird verhindert, daß ein Großteil des Saftes und damit auch viele Mineralstoffe und sekundäre Pflanzenstoffe verloren gehen.

Beilage — Rote-Bete-Salat mit Meerrettich-Rotkohl

2	Rote Bete
400 g	Rotkohl
1 EL	Zitronensaft, heiß
1 EL	Pflanzenöl
2 EL	Zitronensaft
2 EL	Sahne
1 Prise	Jodsalz
2 TL	Meerrettich, gerieben

So wird's gemacht:

Den Rotkohl vorbereiten und fein hobeln. Mit dem heißen Zitronensaft beträufeln. Kurz dämpfen. Rote Bete inzwischen schälen und fein reiben. Aus den restlichen Zutaten eine Salatsoße rühren, kräftig mit Meerrettich abschmecken. Den abgekühlten Kohl mit der Soße mischen. Kurz vor dem Servieren die Rote Bete untermischen und nochmals abschmecken.

Dazu passen: Bratkartoffeln, Bratwurst

TIP: Dieser Halbrohkostsalat läßt sich natürlich auch mit Rotkohlresten oder Rotkohlkonserven herstellen. Wichtig ist die rohe Rote Bete.

Rote Bete

Fruchtige Rote Bete

Beilage

800 g	Rote Bete
0,5	Zitrone (unbehandelt)
4 EL	Butter
50 ml	Orangensaft
0,5 TL	Jodsalz
1 EL	Petersilie, gehackt
	Pfeffer

So wird's gemacht:

Die Rote-Bete-Knollen gut waschen und in reichlich Salzwasser in etwa 60 min gar kochen. Kalt abschrecken und die Haut abziehen. Die Zitrone mit heißem Wasser gut waschen und die Schale abreiben. Den Saft auspressen. Die Butter erhitzen, die abgeriebene Zitronenschale, die Hälfte des Zitronensafts und den Orangensaft zugeben. Die Gewürze und die in Scheiben geschnittenen Rote Bete zufügen. Ca. 10 min ziehen lassen, so daß die Bete schön heiß sind.

Dazu passen: Pellkartoffeln, kurzgebratenes Fleisch

TIP: Eine leckere Vitaminbombe für den Winter!

Rote-Bete-Salat

Salat

400 g	Rote Bete (kleine Knollen)
50 g	Feldsalat
2	Äpfel
1 TL	Zitronensaft
2 EL	Essig
	Jodsalz, Pfeffer
1 Msp.	Zucker
1 TL	Meerrettich, gerieben
6 EL	Pflanzenöl

So wird's gemacht:

Rote Bete putzen und wie einen Apfel im ganzen schälen. Erst danach in Stücke schneiden und auf einer groben Reibe raspeln. Äpfel ebenfalls schälen und grob hobeln. Sofort mit

Rote Bete

etwas Zitronensaft beträufeln. Den Feldsalat waschen, auseinanderzupfen und trockenschleudern. Essig, Salz, Zucker, Pfeffer und Meerrettich verrühren. Das Öl mit dem Schneebesen hineinrühren. Rote Bete, Feldsalatblätter und Apfelstückchen in die Vinaigrette geben, gut mischen und noch etwa 10 min ziehen lassen.

TIP: Wenn gerade vorhanden, kann auch noch etwas roher Sellerie gehobelt und zum Salat hinzugefügt werden. Gut schmeckt dazu auch geriebener Rettich.

Hauptgericht

Borschtsch

500 g	Rote Bete
0,5	Sellerieknolle
2	Zwiebeln
3	Möhren
2 Stangen	Porree
250 g	Weiße Rüben
250 g	Weißkohl
3	Kartoffeln
400 g	Rinderbrust (oder Beinscheibe)
200 g	Räucherspeck
200 g	Knoblauchwürstchen
3	Knoblauchzehen
250 ml	Rote-Bete-Saft
1 EL	Essig
0,5 TL	Jodsalz
	Pfeffer
1	Lorbeerblatt
1	Nelke
50 g	Saure Sahne
1 EL	Petersilie, gehackt
750 ml	Wasser

Rote Bete

So wird's gemacht:

Das Fleisch mit Wasser in einem großen Topf zum Kochen bringen. Gemüse putzen. Sellerie und Möhren klein schneiden und zusammen mit Lorbeerblatt und Nelke zum Fleisch geben und 30 min köcheln lassen. Die Rote Bete schälen und würfeln und ebenfalls in die Suppe geben. Weitere 60 min kochen lassen. Lauch, Zwiebeln, Kartoffeln, weiße Rüben und Weißkohl zerkleinern. Würstchen und Speck würfeln. Den Rote-Bete-Saft mit dem Essig und Salz mischen. Alles zum Eintopf geben und noch 30 min kochen lassen. 5 min vor Ende die Knoblauchzehen zerdrücken und dazugeben. Das Fleisch herausheben, in Stücke schneiden. Die Suppe abschmekken und das Fleisch wieder hineingeben. Jede Portion mit einem Klecks saurer Sahne und etwas gehackter Petersilie servieren.

Dazu paßt: Das Gericht macht so satt, daß, außer vielleicht etwas Obst zum Nachtisch, keine Beilage nötig ist.

TIP: Anstelle von Weißkohl und weißen Rüben einen halben Wirsingkohl verwenden.

Region: Eines der bekanntesten Rote-Bete-Gerichte, berühmt und beliebt nicht nur in Rußland!

Rote Bete

(Vor)Suppe

Beten-Eintopf

500 g	Rote Bete
400 g	Schweinemett
2 l	Wasser
1	Zwiebel
	Majoran
	Pfeffer
2 EL	Mehl
1 EL	Essig
	Zucker
4 EL	Sahne
4 EL	Milch
	Körnige Brühe

So wird's gemacht:

Die Rote Bete waschen, kochen, schälen und reiben. Zwiebel sehr fein hacken oder reiben. Das Wasser mit etwas Majoran zum Kochen bringen. Inzwischen aus dem Mett kleine Klößchen formen. Diese im Wasser garziehen lassen und herausheben. Milch und Sahne mit dem Mehl verrühren. Das Klößchenwasser mit körniger Brühe nachwürzen, aufkochen und mit dem angerührten Mehl binden. Den Essig, die geriebenen Beten und Zwiebel zufügen und noch 5 min leise köcheln lassen. Die Klößchen zugeben und die Suppe mit Zucker und Pfeffer abschmecken.

Dazu paßt: Als Beilage werden zu dieser Suppe Salzkartoffeln gereicht. Natürlich kann man diese auch als Würfel (Reste) unter die Suppe heben.

TIP: Anstelle von Mettklößchen kann man auch Kochrindfleisch verwenden und zunächst eine kräftige Rindfleischsuppe kochen.

Rote Bete

Rote-Bete-Suppe Nouvelle Cuisine

(Vor)Suppe

500 g	Rote Bete
500 ml	Gemüsebrühe
	Jodsalz
	Pfeffer
	Zitronensaft
4 TL	Saure Sahne (oder Joghurt)

So wird's gemacht:

Rote Bete putzen, schälen und klein schneiden. Den Saft auffangen. Die Rote Bete und den Saft zusammen mit der Gemüsebrühe zum Kochen bringen und 10 min dünsten lassen. Die Suppe pürieren und mit Salz, Pfeffer und Zitronensaft säuerlich abschmecken. Auf vier Suppentassen verteilen. Auf die Suppe jeweils einen Teelöffel saure Sahne oder Joghurt geben und mit einer Gabel ein spiraliges Muster ziehen.

Rote Bete mit Meerrettich-Quark

Vorspeise

200 g	Rote Bete
100 g	Magerquark
100 g	Schmand
2 TL	Meerrettich
4 Zweige	Dill
	Jodsalz, evtl. Zucker

So wird's gemacht:

Die Rote Bete gründlich waschen und nach Rezept „Rote Bete naturell" garen. Nach 50 - 60 min (je nach Knollengröße) die Rote Bete gut abschrecken und die Haut abziehen. Die Knollen in Scheiben schneiden und sofort auf vorbereitete Teller mit je einem großen Klecks Meerrettichquark legen. Mit den Dillsträußchen garnieren. Für den Quark einfach Magerquark mit dem Schmand und dem Meerrettich verrühren. Mit etwas Salz und evtl. Zucker abschmecken.

TIP: Besonders gut schmeckt es, wenn frisch geriebener Meerrettich verwendet wird.

Rotkohl

Jan	Febr	Mrz	Apr	Mai	Juni	Juli	Aug	Sep	Okt	Nov	Dez

Naturell

Rotkohl traditionell

1 kg	Rotkohl
1	Zwiebel
3	Äpfel (säuerlich)
3 EL	Schmalz (Schweine-)
150 ml	Apfelsaft
2	Lorbeerblätter
3	Nelken
1 TL	Speisestärke
1 EL	Wasser
	Jodsalz
	Zucker
	Essig (oder Zitronensaft)

So wird's gemacht: Rotkohl putzen und zerkleinern. Zwiebel und Äpfel schälen und würfeln. Das Schmalz erhitzen, zunächst die Zwiebelwürfel, dann den Kohl darin andünsten. Die Äpfel hinzufügen und etwa 3 min dünsten lassen. Mit Apfelsaft auffüllen und die Gewürze hinzufügen. In ca. 1 Stunde gar dünsten lassen. Lorbeerblatt und Nelken herausnehmen. Speisestärke in Wasser anrühren und den Kohl (nach Wunsch) damit binden. Abschmecken.

TIP: Man kann anstelle von Apfelsaft auch Wein verwenden. Gut schmeckt es auch, etwas Johannisbeergelee mitkochen zu lassen oder nach dem Garen etwas Preiselbeerkompott unterzurühren.

Beilage

Rotkohl au lémon

1 Kopf	Rotkohl (à 1 kg)
3 EL	Schmalz (Gänse-)
1	Zitrone, unbehandelt
2	Lorbeerblätter
1	Nelke
100 g	Kandiszucker
120 ml	Zitronensaft

0,5 TL	Jodsalz
0,5 TL	Pfeffer, schwarz
	Zucker
	Zitronenmelisse

So wird's gemacht:

Den Rotkohl vorbereiten und in Streifen schneiden. Das Schmalz zerlassen und den Rotkohl darin andünsten. Inzwischen die Zitrone in dünne Scheiben schneiden. Die Hälfte der Scheiben nochmals halbieren und verwahren. Die Gewürze (außer Zucker), den Kandis, die verbliebenen Zitronenscheiben und den Zitronensaft zum Kohl fügen und 45 min dünsten lassen. Den fertigen Rotkohl mit Zucker sowie eventuell Pfeffer und Salz abschmecken. Zitronenmelisse waschen und trockenschleudern, etwas zerzupfen. Den Kohl in eine flache Schüssel füllen, rundherum mit den verwahrten Zitronenscheibenhälften dekorieren. Auf jede Zitronenscheibe etwas Zitronenmelisse geben.

Dazu passen: Salzkartoffeln und gebratenes Geflügel

Apfel-Blaukraut im Römertopf

Beilage

1kg	Rotkohl
1	Zwiebel
3	Äpfel (sauer)
3	Nelken
1	Lorbeerblatt
0,5 TL	Jodsalz
0,5 TL	Pfeffer
1 Prise	Zimt
2 TL	Zucker
2 EL	Rotweinessig
125 ml	Glühwein

So wird's gemacht:

Den Rotkohl waschen, putzen und grob hobeln. Zwiebel abziehen und sehr fein würfeln. Den Rotkohl für ca. 1 min in kochendem Wasser blanchieren. Äpfel schälen und in feine Spalten schneiden. Gut abgetropftes Blautkraut abwechselnd

Rotkohl

mit den Apfelspalten und den Zwiebelwürfeln in den gewässerten Römertopf schichten. Nelken und Lorbeerblatt darin verteilen. Restliche Gewürze mit Essig und Glühwein verrühren und über den Kohl gießen. Im Backofen bei 200 - 225 °C ca. 120 min garen lassen. Den fertigen Rotkohl (der garantiert nicht angebrannt ist) nochmals gut abschmecken und servieren.

Dazu passen: Fleisch- und Wildgerichte, Salzkartoffeln, Semmel- oder Kartoffelklöße, Nudeln

TIP: Der Alkohol aus dem Glühwein verdunstet beim Garen. Das Gericht ist daher für Kinder geeignet. Da der Geschmack bleibt, sollte für ehemalige Alkoholiker der Wein besser durch Apfelsaft ersetzt werden.

Region: Diese besonders fettarme Zubereitungsform stammt aus Dänemark. Dort heißt es: „Nur ein zorniger Koch macht fetten Kohl".

Hauptgericht

Friesische Rotkohlrouladen

8 Blätter	**Rotkohl (groß)**
2	**Zwiebeln**
1	**Knoblauchzehe**
700 g	**Hackfleisch**
2	**Eier**
2 EL	**Petersilie, gehackt**
3 EL	**Vollkorngrieß**
1 TL	**Jodsalz**
1 TL	**Pfeffer**
1 TL	**Senf**
1 kg	**Kartoffeln**
2 EL	**Butterschmalz**
125 ml	**Gemüsebrühe**
200 g	**Schmand (Sauerrahm)**

Rotkohl

2 EL	**Ketchup**
	Zitronenschale, abgerieben
0,5 TL	**Zitronensaft**
1 Prise	**Zucker**

So wird's gemacht:

Den Kohl putzen und acht besonders große Blätter beiseite legen. Diese etwa 3 min blanchieren und direkt abschrecken. Zwiebeln und Knoblauch abziehen und fein hacken. Das Hackfleisch mit Eiern, Grieß, Zwiebeln, Knoblauch, Senf, Gewürzen und Petersilie zum einem Teig verrühren. Diesen Teig auf die Rotkohlblätter aufstreichen. Die Seiten etwas einklappen und die Blätter zusammenrollen. Die Rouladen wie üblich zusammenhalten. Kartoffeln schälen. Das Butterschmalz in einem großen flachen Bratentopf erhitzen und die Rouladen darin anbraten. Mit der Brühe angießen und bei geschlossenem Deckel 30 min köcheln lassen. Inzwischen auch die Kartoffeln wie gewohnt kochen. Die Rouladen herausnehmen, „entklammern" und auf einer Platte anrichten. Die Soße aufkochen, Schmand, Ketchup, Zitronensaft und -schale hineinrühren, 2 min köcheln lassen. Kräftig abschmecken. Die Soße zu den Rouladen servieren. Dazu gibt es die Kartoffeln.

TIP: Im Originalrezept wird das Gericht mit Schweinehackfleisch bereitet. Dieses läßt sich aber problemlos durch Rind oder Hammel ersetzen. Auch eine Getreidefüllung (z. B. Grünkern) ist probierenswert.

Region: Dithmarschen

Rotkohl

Backofengericht **Rotkohlauflauf**

600 g	Rotkohl
1 kg	Kartoffeln
2 EL	Pflanzenmargarine
50 ml	Rotwein
1	Zwiebel
1	Lorbeerblatt
2	Nelken
200 g	Sahne
100 ml	Milch
2	Eier
0,5 TL	Pfeffer
1 TL	Jodsalz
3 EL	Preiselbeermarmelade
1	Apfel (säuerlich)

So wird's gemacht:

Kartoffeln als Pellkartoffeln kochen. Auskühlen lassen und die Haut abziehen. Den Rotkohl putzen und in feine Streifen schneiden oder raspeln. Die Hälfte der Margarine erhitzen und den Kohl zufügen. Ca. 5 min braten, dann den Rotwein zugießen und die mit Lorbeerblatt und Nelken gespickte Zwiebel hineingeben. Weitere 8 min dünsten. Die Pellkartoffeln in dünne Scheiben (0,5 cm) schneiden. Die Sahne mit Milch, Eiern, den Gewürzen und der Preiselbeermarmelade verrühren. Apfel schälen und in feine Spalten schneiden. Gewürzzwiebel aus dem Rotkohl heben, Gewürze entfernen und die Zwiebel fein hacken. Unter den Kohl rühren. Eine flache Auflaufform vorbereiten. Abwechselnd Kartoffeln, Kohl und Apfelspalten einfüllen. Jede Schicht mit der Eiermilch begießen. Als oberste Schicht Kartoffeln auflegen und mit der restlichen Margarine in Flöckchen belegen. Auf der mittleren Schiene bei 200 °C 30 min garen lassen.

Dazu paßt: Blattsalat

TIP: Am besten gelingt das Gericht mit festkochenden Kartoffeln. Probieren Sie den Auflauf auch einmal mit Sauerkirschkonfitüre anstelle von Preiselbeeren.

Rotkohl

Rot-Weiß-Salat

Salat

250 g Rotkohl
250 g Sellerieknollen
2 Äpfel
Zitronensaft
1 Zwiebel, klein
8 EL Joghurt, fettarm
2 EL Preiselbeersaft
Zucker
Jodsalz
Edelsüßpaprika

So wird's gemacht:

Rotkohl und Sellerie vorbereiten und fein raspeln. Die Äpfel schälen und stifteln, direkt mit Zitronensaft beträufeln und mit dem Gemüse mischen. Zwiebel abziehen und sehr fein reiben. Mit dem Joghurt, dem Preiselbeersaft und den Gewürzen verrühren und abschmecken. Die Soße über das Gemüse gießen, vorsichtig unterheben und etwa 15 min ziehen lassen.

TIP: Anstelle von Preiselbeersaft läßt sich auch gut etwas Preiselbeerkompott (Glas) oder Johannisbeergelee verwenden. Dieser Salat paßt auch gut als Vorspeise oder mit etwas Brot als kleines Abendessen.

Rotkohl

Salat

Rotkohlsalat mit Speck

500 g	Rotkohl
2	Zwiebeln
100 g	Speck, durchwachsen
100 g	Schinken, roh
100 ml	Gemüsebrühe
4 EL	Essig
2 EL	Apfelsaft
	Pfeffer
	Jodsalz

So wird's gemacht:

Den Rotkohl putzen und hobeln. Zwiebeln abziehen und fein würfeln. Den Speck klein schneiden und in einer Pfanne auslassen und kräftig braten. Die Zwiebelwürfel zugeben und 5 min schmoren lassen. Die Zwiebeln sollen dabei nicht bräunen. Inzwischen den Schinken fein würfeln. Nachdem die Zwiebeln gar sind, Brühe, Essig und etwas Pfeffer zufügen und einmal aufkochen. Die Soße vom Herd nehmen, und den Apfelsaft und die Schinkenwürfel unterrühren. Die warme Soße über den Rotkohl gießen und durchmischen. Ca. 30 min ziehen lassen. Den Salat nochmals abschmecken und gegebenenfalls leicht salzen.

Dazu passen: Kartoffeln und Frikadellen oder Bratwurst.

TIP: Anstelle von Apfelsaft einen EL Johannisbeergelee in die Soße rühren.

Jan	Febr	Mrz	Apr	Mai	Juni	Juli	Aug	Sep	Okt	Nov	Dez

Rübstiel

Stiel-„Spargel"

Beilage

1 kg Rübstiel
250 ml Wasser
1 TL Jodsalz
1 TL Zucker

So wird's gemacht:

Die Blattstiele von Rüben (Steck-, Zucker-, Mairüben) putzen und gut waschen. Wasser mit Salz und Zucker aufkochen, die Stiele hineingeben und in ca. 25 min garen.

Dazu passen: Buttersoße, Holländische Soße, Kartoffeln

TIP: Hier sind besonders etwas dickere Stiele geeignet, z. B. auch von Mangold oder Zuckerrüben.

Stielmus

Beilage

1 kg Rübstiel
250 ml Gemüsebrühe
2 EL Butter
2 EL Mehl
250 ml Milch
1 TL Jodsalz
1 TL Zucker
Muskat

So wird's gemacht:

Die Rübenstiele in der Brühe in etwa 20 - 25 min weichdünsten. Stiele herausheben und gut abtropfen lassen. Fein schneiden oder hacken. Aus Butter und Mehl eine Schwitze herstellen und mit der Stielbrühe und Milch auffüllen. Aufkochen lassen und 5 min köcheln lassen. Den geschnittenen Rübstiel zufügen, heiß werden lassen und mit Salz, Zucker und Muskat würzen.

Dazu paßt: Stielmus wird im allgemeinen zu Bratwürstchen serviert. Dazu passen dann die ersten Frühkartoffeln. Es paßt auch zu Koteletts oder Frikadellen.

TIP: Anstelle von Rübstiel können auch Mangold, aufgeschos-

Rübstiel

sener Salat oder Spinat verwendet werden. Im Herbst können die Stiele von Teltower Rübchen gekocht werden, Mutige versuchen es mit Zuckerrüben.

Region: Niederrhein

Beilage

Stielmus II

1 kg	**Rübstiel**
2	**Zwiebeln**
1 EL	**Pflanzenmargarine**
100 ml	**Wasser**
50 ml	**Sahne**
200 g	**Kartoffeln (Pell-)**
1 TL	**Jodsalz**
	Pfeffer, Muskat

So wird's gemacht:

Den Rübstiel gut waschen, welke Blätter herauszupfen. Die Stengel in etwa 2 cm lange Stücke schneiden. Zwiebeln abziehen und hacken. Margarine erhitzen und die Zwiebelwürfel darin etwas andünsten. Dann zuerst die Stengelstücke des Rübstiels zufügen und ca. 5 min dünsten lassen. Erst dann die feineren Stengelstücke mit den Blättern zufügen. Weitere 2 min dünsten, dann das Wasser angießen. Alles noch etwa 10 min dünsten lassen. Den Rübstiel mit der Sahne pürieren. Die Kartoffeln zerdrücken, zugeben und mitpürieren. Das Stielmus kräftig abschmecken.

Dazu paßt: Stielmus wird im allgemeinen zu Bratwürstchen und Kartoffeln serviert. Aber auch ausgelassener, kroß gebratener Speck oder Bacon passen dazu.

TIP: Anstelle von zerdrückten Kartoffeln (gut sind Reste) kann man das Stielmus auch mit Kartoffelpüreepulver binden.

Region: Niederrhein

Rübstiel

Rübstieleintopf

Hauptgericht

800 g	**Rübstiel**
600 g	**Kartoffeln**
500 g	**Schweinefleisch, fett**
1,5 l	**Wasser**
1	**Lorbeerblatt**
	Jodsalz
	Pfeffer
1 Prise	**Zucker**
1 EL	**Petersilie, gehackt**

So wird's gemacht:

Das Schweinefleisch wie Gulasch würfeln und mit zwei Dritteln des kalten Wassers und Lorbeerblatt zum Kochen bringen. Etwa 30 min köcheln lassen. Inzwischen den vorbereiteten, in 2 cm lange Stücke geschnittenen Rübstiel im restlichen Wasser mit Salz und Zucker in 15 min naturell (Rezept 'Stiel-Spargel') kochen. Kartoffeln schälen und würfeln. Rübstiel (incl. Kochwasser) und Kartoffelwürfel zum Fleisch geben und noch 20 min köcheln lassen. Eintopf würzen und mit Petersilie bestreut servieren.

TIP: Das Schweinefleisch durch geräucherten Speck ersetzen. Eventuell die Menge halbieren und stattdessen ein oder zwei geräucherte Mettwürstchen in Scheiben zufügen.

Rübstiel

Hauptgericht

Kölscher Rübstiel

600 g	Rübstiel
2	Zwiebeln
800 g	Kartoffeln
500 ml	Wasser, gesalzen
2 Msp.	Natron
200 g	Speck, geräuchert
4 EL	Mehl
500 ml	Gemüsebrühe
	Körnige Brühe
1 EL	Butter

So wird's gemacht:

Rübstiel vorbereiten. Die Stiele in kleine Stücke schneiden (ca. 0,5 cm lang), kaum Blätter verwenden. Salzwasser aufkochen, Natron und Rübenstiele zufügen. Aufkochen lassen und alles über einem Sieb abgießen. Kartoffeln schälen und als Salzkartoffeln kochen. Speck fein würfeln. Zwiebeln abziehen und hacken. Die Speckwürfel in einem Topf auslassen, Zwiebelwürfel zugeben und im Fett glasig dünsten. Mit Mehl bestreuen, durchschwitzen lassen und alles mit der Brühe ablöschen. Gut durchschlagen, damit keine Klümpchen entstehen. Den Rübstiel zur Soße geben. Mit der körnigen Brühe kräftig abschmecken. Die gegarten Kartoffeln grob stampfen und mit der Butter unter den Rübstiel heben.

Dazu passen; Bratwurst, gebratene Blutwurst, Frikadellen oder ein Rohkostsalat

TIP: Das Gericht gelingt am besten mit vorwiegend festkochenden Kartoffelsorten.

Region: Rübstielgemüse, auch Stielmus genannt, ist ein typisch rheinländisches Gericht. Hier eine Zubereitungsvariante aus Köln.

Rübstiel

Stielsuppe mit Hefe

(Vor)Suppe

300 g	Rübstiel
1 l	Wasser
0,5 Pck.	Hefe, frisch (Würfel)
2 EL	Butter
2 EL	Mehl
250 ml	Milch
1	Eigelb
2 EL	Sahne
	Jodsalz

So wird's gemacht:

Die Stiele schälen oder abschaben und in 2 cm lange Stücke schneiden. Wasser zum Kochen bringen. Die Stiele hineingeben, die Hefe hineinbröckeln und ca. 25 min köcheln lassen, bis die Stiele weich sind. Die Stiele herausheben. Butter im Suppentopf zerlassen, das Mehl zufügen und erhitzen, bis es goldgelb gebräunt ist. Kochwasser und Milch zufügen, dabei gut durchschlagen. Die Suppe aufkochen und etwa 10 min köcheln lassen. Die Stielstückchen zufügen. Eigelb mit Sahne verschlagen, die Suppe damit legieren, aber nicht mehr kochen. Abschmecken.

Dazu passen: gewürfelte Pellkartoffeln

TIP: Geeignet sind gleichfalls die Blattstiele von Mangold, Pastinaken, rote Bete, Rüben (auch Zucker-), Kohlrabi oder Knollensellerie. Eiklar für andere Rezepte (Kuchen, Auflauf, Eierspeisen) verwenden.

Sauerampfer

Jan Febr Mrz Apr Mai Juni Juli Aug Sep Okt Nov Dez

Beilage

Sauerampfercreme

150 g	Sauerampferblätter
3 EL	Schmand
3 EL	Joghurt
1 EL	Hefeflocken
	Pfeffer
	Zucker
1 Prise	Rosenpaprika

So wird's gemacht:

Die Sauerampferblätter putzen und waschen. Nicht abtropfen lassen, sondern direkt in einen gut schließenden Topf geben und dort ca. 5 min dünsten lassen. Schmand, Joghurt und Hefeflocken verrühren und zu dem Wildkraut geben. Eventuell etwas pürieren. Mit den Gewürzen pikant abschmecken.

Dazu passen: Omeletts, Pellkartoffeln, Pfannkuchen

Beilage

Sauerampfer-Bratlinge

125 g	Sauerampferblätter
3	Brötchen
1	Zwiebel
1	Ei
4 EL	Semmelbrösel
	Jodsalz
1 EL	Petersilie, gehackt
1 EL	Weizenvollkornmehl
	Fett (zum Braten)

So wird's gemacht:

Sauerampferblätter waschen. Die Brötchen einweichen und ausdrücken. Beides grob hacken. Zwiebel abziehen und fein würfeln. Aus den restlichen Zutaten (außer Semmelbrösel) einen Teig kneten und zu Bratlingen formen. Jeweils in den Semmelbröseln wälzen. In heißem Bratfett von beiden Seiten goldbraun braten.

Sauerampfer

Dazu paßt: Eine besondere Attraktion für ein Büffet oder einen Mitternachtsimbiß. Dazu paßt gut ein Kräuterquark, z. B. mit Knoblauch oder auch Löwenzahn!

TIP: Anstelle von Semmelbröseln zerstoßene Cornflakes nehmen.

Schellfisch mit Sauerampfer

Hauptgericht

50 g	Sauerampferblätter
1 kg	**Schellfisch (Schwanz)**
1 TL	**Jodsalz**
1 EL	**Zitronensaft**
125 ml	**Weißwein**
100 g	**Sahne**
2 EL	**Butter**
5 EL	**Soßenbinder, hell**
1 TL	**Körnige Brühe**

So wird's gemacht:

Den Fisch säubern, säuern und salzen. Die Sauerampferblätter gut waschen. Den Fisch mit den Sauerampferblättern und dem Wein in einen Bratschlauch (oder einen gut gewässerten Römertopf) geben und bei 175 - 200 °C 30 - 40 min garen lassen. Beim Römertopf den Fisch die letzten 10 min offen garen. Den Fischsud in einen Topf geben und mit Sahne auffüllen. Aufkochen. Die Butter in kleinen Flöckchen darunterschlagen. Die Soße mit dem Soßenbinder andicken. Mit körniger Brühe, Salz und Zitronensaft abschmecken.

Dazu passen: Naturreis, Kartoffeln, Möhrengemüse

TIP: Der Fischsud kann vor Zugabe der Sahne kräftig püriert werden. Die Soße erscheint dann leicht grünlich, schmeckt insgesamt etwas säuerlicher. Der Kontrast zwischen saurem Blatt und milder Soße fehlt.

Sauerampfer

Hauptgericht

Sauerampfer-Champignon-Ragout

50 g	Sauerampferblätter
1 kg	Champignons (möglichst klein)
2	Zwiebeln
1	Knoblauchzehe
4 EL	Butter
3 EL	Mehl
300 ml	Hühnerbrühe
200 ml	Milch
	Zitronensaft
	Zitronenschale
	Jodsalz
	Piment, gemahlen

So wird's gemacht:

Die Sauerampferblätter verlesen, waschen und gut abtropfen. Die Champignons putzen. Zwiebeln und Knoblauch abziehen und fein hacken. Beides zusammen mit den Champignons in der Butter etwa 7 min andünsten. Dann das Mehl darüberstäuben, unterrühren und 2 - 3 min schwitzen lassen. Mit Hühnerbrühe und Milch angießen. Nur soviel Flüssigkeit nehmen, daß die Soße nicht zu dünnflüssig wird. Ragout aufkochen lassen und mit den Gewürzen kräftig abschmecken. Zum Schluß die Sauerampferblätter zugeben und gerade eben heiß werden lassen.

Dazu passen: Semmelknödel, Kartoffelklöße

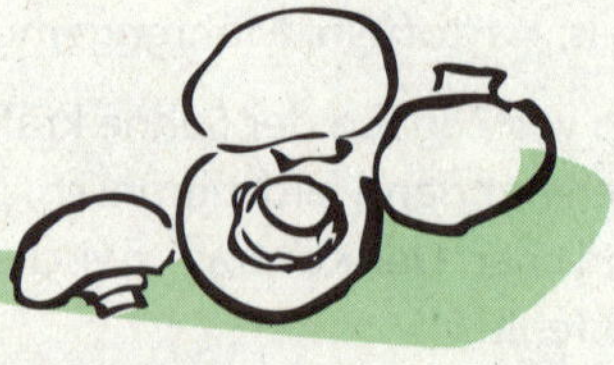

Sauerampfer

Sauerampfercremesuppe mit Kartoffeln

(Vor)Suppe

250 g	Sauerampferblätter
2	Kartoffeln (mittelgroß)
900 ml	Gemüsebrühe
2 EL	Butter
100 g	Sahne
	Jodsalz
	Pfeffer
	Zucker

So wird's gemacht:

Kartoffeln waschen, schälen und würfeln. Die Brühe zum Kochen bringen und die Kartoffeln hineingeben. Etwa 15 min köcheln lassen, bis die Kartoffeln gar sind. Inzwischen die Sauerampferblätter putzen, waschen und trockenschleudern. Anschließend in feine Streifen schneiden. Die Butter erhitzen und die Sauerampferblätter darin 5 min anrösten. Die Kartoffeln in der Brühe zerstampfen oder pürieren. Die angerösteten Sauerampferblätter zugeben und die Suppe noch einmal aufkochen lassen. Die Sahne zufügen und die Suppe mit Salz, Pfeffer und eventuell etwas Zucker abschmecken.

TIP: Sauerampferblätter sammelt man am besten am späten Nachmittag, die Suppe ist also eigentlich eine Abendsuppe.

Sauerampfer

Vorspeise

Süß-saurer Sauerampfer mit Ei

200 g	Sauerampferblätter
3 EL	Butter
1 EL	Weinessig
1 TL	Zucker
2 EL	Rosinen
2	Eier, hartgekocht
	Jodsalz

So wird's gemacht: Den Sauerampfer waschen und trocknen. Die Butter zerlassen und den Sauerampfer in ca. 10 min darin gar dünsten. Essig und Zucker in den noch warmen Sauerampfer rühren. Die Rosinen überbrühen. Eier pellen und hacken. Beides vorsichtig unter den Sauerampfer heben. Kräftig abschmecken.

Region: Diese Art der Zubereitung stammt aus dem Hessischen, zu Beginn des 18. Jahrhunderts.

Salat

Schneller Sauerampfersalat

150 g	Sauerampferblätter
1	Zwiebel, klein
1 EL	Pflanzenöl
1 EL	Mineralwasser (mit Kohlensäure)
1 Prise	Jodsalz
1 Prise	Zucker
2 EL	Saure Sahne (oder Joghurt)

So wird's gemacht: Die Sauerampferblätter mehrmals gründlich waschen und trocken schleudern. Die Blätter bündelweise in feine Streifen schneiden. Zwiebel abziehen und sehr fein würfeln oder reiben. Aus Wasser, Gewürzen, Zwiebeln, Öl und saurer Sahne eine Salatsoße rühren. Soße und Sauerampfer erst kurz vor dem Servieren mischen.

TIP: Anstelle von saurer Sahne etwas angeschlagene süße Sahne nehmen und auf Öl für die Soße verzichten.

Jan Febr Mrz Apr Mai Juni Juli Aug Sep Okt Nov Dez **Sauerkraut**

Sauerkrauttopf mit Leberwurst

Hauptgericht

500 g	**Sauerkraut**
250 g	**Speck, geräuchert + durchwachsen**
2	**Zwiebeln**
1 EL	**Pflanzenmargarine**
3	**Äpfel, säuerlich**
200 g	**Kalbsleberwurst**
2	**Lorbeerblätter**
3	**Nelken**
400 ml	**Apfelsaft**
	Jodsalz
	Pfeffer
	Zucker

So wird's gemacht:

Sauerkraut mit zwei Gabeln locker zerzupfen. Speck würfeln. Zwiebeln abziehen und hacken. Margarine erhitzen und den Speck darin auslassen. Zwiebelwürfel zugeben und kurz mitdünsten. Äpfel schälen, das Kerngehäuse entfernen und die Apfelviertel in Scheiben schneiden. Die Leberwurst zum Speck geben, kurz unterrühren und dann das Sauerkraut zugeben. Apfelscheibchen und Gewürze unterrühren. Alles mit dem Apfelsaft aufgießen, aufkochen, den Topf verschließen und leise köchelnd 35 min garen lassen. Wenn sich noch viel Flüssigkeit im Topf befindet, 5 min bei offenem Deckel weiter köcheln lassen. Lorbeerblätter und Nelken herausnehmen und den Sauerkrauttopf mit Zucker, Salz und Pfeffer abschmecken.

Dazu paßt: Von Juni bis August mit Kartoffel-Erbsen-Püree servieren, sonst nur Kartoffelbrei mit untergerührtem Parmesan nehmen. Kartoffelklöße passen übrigens auch gut.

TIP: Ein besonderes Aroma erhält der Sauerkrauttopf, wenn anstelle des Apfelsafts Apfelwein verwendet wird.

Sauerkraut

Hauptgericht — Rote Bohnen mit Sauerkraut

600 g	Sauerkraut
4	Zwiebeln
400 g	Kidneybohnen (getrocknet)
1,2 l	Wasser
100 g	Speck, durchwachsen
1 Dose	Tomaten (groß)
	Jodsalz
	Pfeffer

So wird's gemacht:

Die Bohnen über Nacht einweichen. Die Zwiebeln abziehen und hacken. Speck würfeln und auslassen, die Zwiebelwürfel darin andünsten. Tomaten abgießen, Saft auffangen. Die Hälfte des Weichwassers abgießen. Die Bohnen mit dem restlichen Wasser und dem Tomatensaft zum Kochen bringen. Zwiebeln und Speck zufügen. Alles etwa 30 min leise köcheln lassen. Sauerkraut etwas zerzupfen und mit den geviertelten Dosen-Tomaten zu den Bohnen geben und noch etwa 15 min garen. Die Bohnen sollten dann weich sein. Das Gericht gut abschmecken.

Dazu passen: Kartoffeln, Frikadellen, Bratwurst, warme Fleischwurst

TIP: Anstelle der getrockneten können auch fertig gegarte Kidneybohnen aus der Dose verwendet werden. Die Garzeit verkürzt sich dann auf 15 min.

Region: Dieses Gericht ist eine Abwandlung der in der Heilbronner Gegend beliebten Sauerkraut-Bohnen.

Sauerkraut

Sauerkrautquiche

Backofengericht

400 g	Sauerkraut
2	Zwiebeln
200 g	Weizenvollkornmehl
200 g	Magerquark
100 g	Butter
0,5 TL	Jodsalz
1 TL	Butter
1 TL	Kümmel, gemahlen
1 Prise	Zucker
150 g	Sahnejoghurt
1	Ei
1 EL	Vollkorngrieß
	Jodsalz
	Pfeffer
	Edelsüßpaprika

So wird's gemacht:

Zunächst den Boden vorbereiten: Dazu Mehl, Quark, Butter und Salz gut verkneten. 30 min kalt stellen. Währenddessen das Sauerkraut gut auflockern, eventuell etwas klein schneiden. Die Zwiebeln abziehen und in feine Würfel schneiden. Die Butter erhitzen und die Zwiebelwürfel darin goldgelb dünsten. Mit dem Sauerkraut vermengen und mit Kümmel und Zucker abschmecken. Den gut gekühlten Teig in einer gefetteten Springform ausrollen. Einen Rand von etwa 2 cm Höhe formen. Das Sauerkrautgemisch darauf geben. Joghurt, Ei und Grieß gut verschlagen und mit den angegebenen Gewürzen abschmecken. Über das Sauerkraut gießen. Bei 200 °C auf der zweituntersten Schiene etwa 40 - 45 min backen.

Dazu paßt: Blattsalat der Saison

TIP: Die Sauerkrautquiche paßt auch gut auf ein Büffet.

Sauerkraut

(Vor)Suppe

Elsässer Sauerkrautsuppe

500 g	Sauerkraut
1	Zwiebel
40 g	Räucherspeck, durchwachsen
1,5 l	Salzwasser
1 EL	Mehl (gehäuft)
1,25 l	Gemüsebrühe
1	Apfel
	Kümmel
500 g	Kartoffeln, gekocht
75 g	Mehl
1	Ei
0,5 TL	Jodsalz
	Muskat

So wird's gemacht:

Sauerkraut kleinhacken. Zwiebel abziehen und kleinschneiden. Den Speck würfeln. Salzwasser zum Kochen bringen. Speck in einem Topf auslassen, Zwiebel und Sauerkraut zugeben und 5 min gut dünsten lassen. Das Mehl darüberstäuben, etwas anschwitzen lassen und mit der Brühe ablöschen. Zum Kochen bringen. Apfel schälen und raspeln und zur Suppe geben. Mit etwas ganzem oder gemahlenem Kümmel würzen und noch 20 min weiterköcheln lassen. Derweil die Kartoffeln durch eine Presse drücken und zusammen mit Mehl, Ei, Salz und etwas Muskat einen Teig herstellen. Daraus sehr kleine Kartoffelklößchen (ca. 2 cm Durchmesser) formen und in dem kochenden Salzwasser in 10 - 15 min gar ziehen lassen. Die Klößchen sind gar, wenn sie an die Oberfläche steigen. Die Klößchen in die fertige Sauerkrautsuppe geben und servieren.

TIP: Als Kartoffeln können gut Salzkartoffelreste verwendet werden, nährstoffschonender sind natürlich Pellkartoffeln.

Region: Elsaß

Sauerkraut

Roter Sauerkrautsalat

Salat

400 g	Sauerkraut
400 g	Zwiebeln
400 g	Schweinemett (gewürzt)
1 Dose	Tomaten (groß)
1 TL	Tomatenmark
	Jodsalz
	Cayennepfeffer
	Chilipulver
75 g	Mayonnaise
150 g	Schmand
1	Knoblauchzehe (klein)

So wird's gemacht:

Sauerkraut etwas zerzupfen. Zwiebeln abziehen und hacken. Mett und Zwiebeln zusammen krümelig kräftig anbraten. Das Sauerkraut zugeben. Die Tomaten über ein Sieb abgießen, den Saft auffangen und anderweitig verwenden. Die Tomaten etwas klein schneiden und mit dem Tomatenmark zum Sauerkraut geben, gut umrühren und alles etwa 15 min köcheln lassen. Kräftig abschmecken. Mayonnaise und Schmand miteinander verrühren, die Knoblauchzehe hineinpressen und etwas ziehen lassen. Das lauwarme Sauerkraut in eine große Schüssel füllen und einen Klecks Salatcreme obenauf geben. Die restliche Salatcreme separat zum Salat stellen. Die Salatsoße kann aber auch direkt mit dem Sauerkraut vermengt werden.

Dazu paßt: Eine geschmackliche Zierde für jedes Büffet. Zum Salat passen vor allem Baguette und Folienkartoffeln.

TIP: Dieser Salat schmeckt am besten lauwarm bis zimmerwarm. Bloß nicht zu kalt servieren. Ohne die Soße ist ein Aufwärmen in der Mikrowelle ideal, z. B. wenn der Salat schon am Vortag bereitet wurde.

Region: Rheinland

Schwarzwurzeln

Jan	Febr	Mrz	Apr	Mai	Juni	Juli	Aug	Sep	Okt	Nov	Dez

Grundrezept

Schwarzwurzeln naturell

1 kg	Schwarzwurzeln
1,5 l	Wasser
6 EL	Essig
1 TL	Jodsalz

So wird's gemacht:

Wasser mit Essig und Salz mischen. Die Schwarzwurzeln unter fließendem Wasser schälen und sofort in dieses Essig-Bad legen. Die Schwarzwurzeln nacheinander herausholen und in Stücke schneiden. Sofort wieder in das Wasser geben. Alles zum Kochen bringen und 15 - 20 min köcheln lassen. Abgießen.

Dazu paßt: Die so gegarten Schwarzwurzeln mit Kräuterbutter oder einer weißen (holländischen) Soße servieren. Dazu passen Kartoffeln und roher Schinken oder Kasseler.

Beilage

Schwarzwurzeln in Senfcreme

1kg	Schwarzwurzeln
1	Zwiebel
2 EL	Pflanzenmargarine
2 EL	Mehl
125 ml	Gemüsebrühe
250 g	Schmand
3 EL	Senf
	Pfeffer
	Muskat

So wird's gemacht:

Die Schwarzwurzeln vorbereiten und naturell (siehe Rezept) garen. Zwiebel abziehen und fein würfeln. Margarine erhitzen, die Zwiebelwürfel darin goldgelb dünsten. Mit dem Mehl bestäuben, kurz rösten lassen. Mit der Gemüsebrühe aufgießen, dabei aufpassen, daß sich keine Klümpchen bilden. Die Soße aufkochen, mit Senf und Schmand verrühren und den Gewürzen abschmecken. Die gegarten Schwarzwurzeln in die Soße geben und kurz erhitzen.

Schwarzwurzeln

Dazu passen: : Salzkartoffeln, Reis, Bratwurst oder Wiener Schnitzel.

TIP: Die Soße zusätzlich mit Estragon würzen. Dann besser das Muskat weglassen. Man kann auch Seefischfilet in der Soße gar ziehen lassen, bevor die Schwarzwurzeln zugegeben werden.

Schwarzwurzeln überbacken

Beilage

750 g	**Schwarzwurzeln**
1,5 l	**Wasser**
6 EL	**Essig**
2 EL	**Mehl**
0,5 TL	**Jodsalz**
1	**Lorbeerblatt**
1	**Zwiebel**
40 g	**Kochschinken**
2 EL	**Butter**
2 EL	**Weizenvollkornmehl**
250 ml	**Gemüsebrühe**
250 ml	**Milch**
	Jodsalz, Pfeffer
50 g	**Käse, gerieben**
1 EL	**Butter (in Flöckchen)**

So wird's gemacht:

Zwei Drittel Wasser mit einem Drittel des Essigs und dem Mehl mischen. Die Schwarzwurzeln unter fließendem Wasser schälen und sofort bis zur Weiterverwendung in dieses Essig-Mehl-Wasser-Bad legen. Das restliche Wasser mit dem restlichen Essig, Salz und Lorbeer zum Kochen bringen. Die Schwarzwurzeln hineingeben und 15 min köcheln lassen. Inzwischen Zwiebel abziehen und zusammen mit dem Schinken fein würfeln. Die Butter zerlassen und Zwiebeln und Schinken darin andünsten. Das Vollkornmehl zugeben und hellgelb rösten. Schwitze vorsichtig mit Brühe und Milch aufgießen, dabei gut schlagen, damit sich keine Klümpchen bilden. Die Soße etwa 10 min mit offenem Deckel köcheln lassen.

Schwarzwurzeln

Die gut abgetropften Schwarzwurzeln in eine vorbereitete Auflaufform geben und mit der Bechamelsoße übergießen. Mit dem Reibkäse bestreuen und mit Butterflöckchen belegen. Bei 200 °C etwa 20 min überbacken.

Dazu passen: Kartoffeln, Bauernsalat

TIP: Wer es noch gehaltvoller möchte, ersetzt die Milch in der Bechamelsoße durch Sahne. Anstelle von Schinken können auch Kasselerreste verwendet werden.

Hauptgericht

Schwarzwurzelragout im Reisrand

750 g	Schwarzwurzeln
200 g	Möhren
150 g	Champignons
2 EL	Pflanzenmargarine
2 EL	Mehl
375 ml	Gemüsebrühe
125 ml	Weißwein
300 g	Bratwurstbrät
1	Ei
100 g	Sahne
1 Bund	Petersilie
400 g	Reis (parboiled)
800 ml	Wasser
0,5 TL	Jodsalz (für Reisrand)
1 EL	Butter (für Reisrand)

So wird's gemacht:

Schwarzwurzeln vorbereiten und nach Naturell-Rezept garen. Möhren schälen und ebenfalls dünsten. Die Margarine in einem großen Topf zerlassen, das Mehl zufügen und eine Mehlschwitze herstellen. Mit der Brühe und dem Wein ablöschen. Die geputzten und in Scheiben geschnittenen Champignons zufügen, alles zum Kochen bringen und 5 min köcheln lassen. Aus dem Brät kleine Klößchen formen und zufügen. Weitere 5 min köcheln lassen. Jetzt die gegarten Schwarzwurzeln und Möhrenscheiben zufügen, heiß werden

Schwarzwurzeln

lassen und das Ragout abschmekken. Ei trennen, das Eiklar verschlagen, leicht salzen und im Wasserbad stocken lassen. Abgekühlt fein würfeln. Zuletzt Sahne, Eigelb und gehackte Petersilie verrühren und zum Ragout geben. Dieses darf nach dem Legieren nicht mehr kochen. Zwischendrin das Wasser aufkochen, das Salz und den Reis zufügen. Bei abgeschalteter Herdplatte den Reis ca. 20 min quellen lassen. Den garen Reis gut abtropfen lassen und dann mit einer Gabel gut auflockern. Die Butter unterrühren. Eine Ringform mit kaltem Wasser ausspülen und den Reis mit Hilfe eines Löffels fest hineindrücken. Den Reisrand auf einen Teller stürzen und das Ragout in die Mitte füllen. Mit gehacktem Eiklar und etwas Petersilie bestreuen.

TIP: Wenn anstelle des Reisrands Blätterteigpasteten verwendet werden, reicht das Ragout für 6 - 8 Personen als Vorspeise.

TIP: Anstelle von Champignons können auch Tiefkühlerbsen verwendet werden. Das Bratwurstbrät kann durch Mett oder kleine Geflügelleberstückchen ersetzt werden.

Schwarzwurzelauflauf

Backofengericht

600 g	Schwarzwurzeln
250 g	Champignons
	Essigwasser
400 g	Kalbfleisch (Brust)
2 EL	Pflanzenmargarine
120 ml	Wasser
2 EL	Petersilie, gehackt
	Jodsalz, Pfeffer
2 EL	Butter
2 EL	Mehl (gestrichen)
	Edelsüßpaprika
3	Eigelb
200 g	Schlagsahne

Schwarzwurzeln

So wird's gemacht:

Die Schwarzwurzeln vorbereiten und in eine Schüssel mit Essigwasser legen. Das Fleisch in 3 cm Würfel schneiden. Die Margarine erhitzen und das Fleisch darin 5 min anbraten. Dann das Wasser zugießen. Den Topf schließen und das Fleisch 30 min leise köcheln lassen. Die Schwarzwurzeln in 3 cm lange Stücke schneiden und ebenfalls in einen Topf geben. Gerade eben mit Wasser bedecken. Etwas Salz zufügen und alles zum Kochen bringen. Die Schwarzwurzeln ca. 20 min dünsten. Inzwischen die Pilze vorbereiten und blättrig schneiden. Nach Ablauf der Garzeit des Fleisches Petersilie und Champignons dazugeben und weitere 10 min schmoren lassen. Mit Salz und Pfeffer würzen. Dann den Fleischfond in einen Meßbecher abgießen und mit dem Dünstwasser der Schwarzwurzeln auf 65 ml pro Person (250 ml für 4) auffüllen. Die Schwarzwurzeln etwas abdämpfen lassen. Eine längliche Auflaufform gut einfetten und abwechselnd Fleisch und Schwarzwurzeln hineingeben, mit Gemüse enden. Aus Butter und Mehl eine Schwitze bereiten und unter Rühren mit der abgemessenen Brühe ablöschen. Die Soße etwa 5 min köcheln lassen. Mit den Gewürzen abschmecken. Dann die Soße vom Herd nehmen und mit den verrührten Eigelb legieren. Die Schlagsahne halbsteif schlagen, unter die Soße heben und sofort über die Schwarzwurzeln gießen. Den Auflauf im auf 200 °C vorgeheizten Backofen auf der mittleren Schiene ca. 20 min backen.

Dazu passen: Nudeln, Kartoffeln, Feldsalat

TIP: Das Gericht läßt sich auch mit Schweinegulasch oder Geflügelbrust zubereiten. Die Fleischgarzeiten müssen dann entsprechend angepaßt werden. - Das Eiklar wäre doch etwas für's Plätzchenbacken?!

Schwarzwurzeln

Schweinegulasch mit Schwarzwurzeln

(Vor)Suppe

750 g	Schwarzwurzeln
500 g	Kartoffeln
400 g	Schweinegulasch
1	Zwiebel
1 EL	Pflanzenmargarine
1 EL	Mehl
500 ml	Gemüsebrühe
1	Lorbeerblatt
	Pfeffer
	Zitronensaft
1 Bund	Petersilie

So wird's gemacht:

Das Fleisch waschen und in Würfel von 2 cm Kantenlänge schneiden. Zwiebel abziehen und fein würfeln. Margarine erhitzen und Fleisch und Zwiebel darin anbräunen. Das Mehl darübergeben und kurz durchschwitzen lassen. Mit der Hälfte der Brühe aufgießen, Lorbeer zugeben und das Fleisch in ca. 30 min fast gar schmoren. Inzwischen Schwarzwurzeln vorbereiten, in Stücke schneiden und in Essigwasser legen. Kartoffeln schälen und klein schneiden. Gemüse, Kartoffeln und die restliche Brühe zum Fleisch geben und noch ca. 30 min dünsten. Abschmecken. Mit gehackter Petersilie bestreut servieren.

TIP: Schmeckt auch gut mit Geflügelfleisch (kürzere Garzeiten beachten).

Schwarzwurzeln

Salat — Schwarzwurzelsalat im Kressebett

800 g	Schwarzwurzeln (dick)
3 EL	Essig
3 EL	Pflanzenöl
1 EL	Mayonnaise
1 EL	Joghurt
	Jodsalz
	Pfeffer
	Curry
1 Prise	Zucker
1 Kästchen	Kresse

So wird's gemacht: Die möglichst dicken Schwarzwurzeln vorbereiten und nach Naturell-Rezept weich garen. Die garen, etwas abgekühlten Wurzeln in Scheiben schneiden. Aus Essig, Öl, Mayonnaise und Joghurt eine Salatsoße rühren. Die Schwarzwurzeln unterheben und alles mit den Gewürzen gut abschmecken. Den Salat 45 - 60 min ziehen lassen und nochmals abschmecken. Die Kresse abschneiden, kurz waschen und sehr gut trocken schütteln. Die Kresse als Kranz auf eine großen Teller legen und den Schwarzwurzelsalat in die Mitte geben.

TIP: Als Veränderung können zwei Möhren, sehr fein geraspelt, mit der Kresse vermengt werden und ein orange-grünes Rohkostbett bilden.

Jan	Febr	Mrz	Apr	Mai	Juni	Juli	Aug	Sep	Okt	Nov	Dez

Sellerie, Knollen-

Sahniges Selleriepüree

Beilage

600 g	**Sellerieknollen**
400 g	**Kartoffeln**
500 ml	**Gemüsebrühe**
125 g	**Schlagsahne**
	Liebstöckel
1 EL	**Butter**
1 Bund	**Petersilie**
	Jodsalz
	Pfeffer
	Muskat

So wird's gemacht:

Sellerie und Kartoffeln schälen, waschen und in Würfel schneiden. Die Brühe zum Kochen bringen, Kartoffel- und Selleriewürfel zugeben und in 15 - 20 min gar kochen. Beides über einem Sieb abtropfen lassen. Die Brühe auffangen und z.B. für eine Suppe oder Soße verwenden. Kartoffeln und Sellerie stampfen oder durch die Kartoffelpresse geben. Die Sahne mit etwas Liebstöckel aufkochen. Sahne und Butter zum Püree geben und alles kräftig verschlagen. Die Petersilie waschen, trocknen und hacken und unterrühren. Das Püree mit Salz, Pfeffer und Muskat abschmecken.

Dazu paßt: Zum Püree passen kurzgebratenes Fleisch, Leber oder Bratwurst, aber auch Getreidebratlinge. Rosetten (s. Tip) passen auch zu feinen Braten.

TIP: Das fertige Püree in eine Auflaufform geben, mit Käse bestreuen und überbacken. Oder in das etwas festere Püree ein Ei rühren und als Rosetten auf ein Backblech spritzen und goldbraun backen.

Sellerie, Knollen-

Hauptgericht — Selleriebratlinge

500 g	Sellerieknollen
1	Möhre
200 ml	Wasser
1	Knoblauchzehe
1	Zwiebel
1	Ei
	Jodsalz
1 TL	Senf
	Pfeffer
2 EL	Sonnenblumenkerne
1 EL	Vollkorngrieß (o.Semmelbrösel)
	Fett (zum Braten)

So wird's gemacht: Sellerie und Möhren vorbereiten, in Stücke schneiden und im Wasser 15 - 20 min garen. Das Wasser abgießen. Zwiebel und Knoblauchzehe schälen und klein schneiden. Mit dem Ei zum Gemüse geben. Alles zusammen mit dem Pürierstab des Mixers pürieren. Die Masse abschmecken. Die Sonnenblumenkerne grob hacken und unterrühren. Soviel Vollkorngrieß dazugeben, bis eine formbare Masse entsteht. Aus dieser Bratlinge formen und in heißem Fett goldbraun braten.

Dazu passen: Nudeln, Tomatensalat

TIP: Das Gericht läßt sich sowohl mit Knollen- als auch mit Staudensellerie zubereiten. Damit schmecken die Bratlinge fast das ganze Jahr!

Sellerie, Knollen-

Selleriepudding

Backofengericht

750 g	Sellerieknollen
3	Eier
2 EL	Butter (oder Margarine)
3	Brötchen (Vollkorn, altbacken)
	Jodsalz
1 Bund	Petersilie

So wird's gemacht:

Sellerie putzen, in kleine Stücke schneiden und etwa 4 min blanchieren. Etwas abkühlen lassen und dann fein hacken. Die Eier trennen. Die Butter schaumig rühren, Eigelb, eingeweichte und fest ausgedrückte Brötchen und gehackte Petersilie zufügen. Sellerie und zuletzt Eischnee unterziehen. Eine verschließbare Puddingform vorbereiten, die Masse einfüllen und im Wasserbad im Backofen 60 - 90 min garen.

Dazu paßt: Zum Selleriepudding paßt eine Tomatensoße gut, die auch gerne etwas scharf sein darf. Auch kalte, rohe Tomatensoße kann dazu serviert werden.

TIP: Anstelle von Petersilie können als Kräuter auch Schnittlauch oder etwas Liebstöckel verwendet werden.

Tomaten-Sellerie-Rohkost

Vorspeise

400 g	Sellerieknollen
4	Tomaten
2 EL	Mayonnaise
2 EL	Joghurt
1 TL	Ketchup
1 EL	Kräuter, gehackt (Schnittlauch, Petersilie...)

So wird's gemacht:

Die Sellerieknollen vorbereiten und fein raspeln. Die Tomaten waschen und fein würfeln. Aus Mayonnaise, Joghurt, Ketchup und Kräutern eine Soße rühren. Sellerie und Tomaten mischen, auf kleinen Tellern anrichten und mit der Soße übergießen.

Sellerie, Knollen-

(Vor)Suppe

Knollenselleriesuppe

1	Sellerieknolle
2 EL	Pflanzenmargarine
2 EL	Mehl
1 l	Wasser
1	Eigelb
	Jodsalz

So wird's gemacht: Die Sellerieknolle putzen und in kleine Würfel schneiden. Die Margarine erhitzen und die Selleriewürfel darin andünsten. Mit dem Mehl überstäuben und solange weiterrösten, bis das Mehl goldgelb geworden ist. Mit dem Wasser (oder auch Gemüsebrühe) ablöschen, zum Kochen bringen und 20 - 30 min kochen lassen. Nach Geschmack salzen und mit dem Eigelb legieren.

TIP: Das Eiklar läßt sich noch als Suppeneinlage verwenden oder aber in anderen Rezepten mitverarbeiten.

Salat

Selleriesalat

1	Sellerieknolle (klein)
2	Äpfel, rot
150 g	Käse (Emmentaler)
100 g	Salatcreme, leicht (29 % Fett)
150 g	Joghurt, fettarm
1 EL	Weinessig
1 EL	Petersilie, gehackt
	Pfeffer
	Jodsalz

So wird's gemacht: Vorbereiteten Sellerie, gut gewaschene, nicht geschälte Äpfel und den Käse grob raffeln. Aus Joghurt, Salatcreme, Essig und Petersilie eine Salatsoße rühren und abschmecken. Mit dem Gemüse vorsichtig vermengen.

TIP: Gut schmecken hier auch untergezogene Rosinen und Mandarinen oder Apfelsinen. Käse dann besser weglassen.

Sellerie, Knollen-

Autofahrers Sellerie-Apfel-Mix

Special

1	Sellerieknolle
50 g	**Zucker**
1	**Zitrone (unbehandelt)**
1,25 l	**Apfelsaft**
0,5 Flasche	**Mineralwasser (mit Kohlensäure)**
1	**Apfel (klein, mit roter Schale)**

So wird's gemacht:

Die Sellerieknollen schälen und in sehr feine Scheiben hobeln. Scheiben in ein großes Gefäß geben, mit Zucker bestreuen. Die Zitrone gut waschen und auspressen. Den Saft ebenfalls über den Sellerie geben. Von einer Zitrone die Schale spiralig abschneiden und zum Sellerie geben. Alles mit dem Apfelsaft aufgießen und 3 - 5 Stunden kühl stellen und ziehen lassen. Die Selleriescheiben herausnehmen, das Getränk mit dem Mineralwasser aufgießen und in einen großen Glaskrug füllen. Die Zitronenschale wieder zufügen. Den Apfel sehr gut waschen, vierteln und das Kerngehäuse entfernen. Den Apfel in sehr dünne Spalten schneiden und ebenfalls in den Krug geben. Gut gekühlt servieren.

Sellerie, Stauden-

Jan	Febr	Mrz	Apr	Mai	Juni	Juli	Aug	Sep	Okt	Nov	Dez

Beilage

Sellerie-Apfel-Soße

4 Stangen	Staudensellerie
1	**Apfel (mit roter Schale)**
2 EL	**Zitronensaft**
1	**Zwiebel**
100 g	**Rote Bete (Glas)**
2 EL	**Essig**
2 EL	**Pflanzenöl**
2 EL	**Mineralwasser, mit Kohlensäure**
	Jodsalz
	Pfeffer, weiß
1 EL	**Dill, gehackt**

So wird's gemacht:

Sellerie putzen und in dünne Scheiben schneiden. Apfel sehr gut waschen, nicht schälen und sehr klein würfeln. Sofort mit dem Zitronensaft marinieren. Zwiebel abziehen und hacken. Rote Bete gut abtropfen lassen und in feine Streifen schneiden. Sellerie, Apfel und Zwiebel mischen. Mit der Salatsoße aus Essig, Öl, Mineralwasser, Gewürzen und gehacktem Dill gut vermengen. Zum Schluß die rote Bete unterheben, gut durchziehen lassen. Die Soße möglichst wenig rühren, da sich die Farbe der Roten Bete sonst durch die ganze Soße zieht.

Dazu passen: Matjesfilet, Pellkartoffeln und Quarkcreme oder Sauerrahm

TIP: Anstelle von Jodsalz Selleriesalz verwenden.

Sellerie, Stauden-

Selleriegulasch

Hauptgericht

500 g	**Staudensellerie**
2	**Zwiebeln**
2 EL	**Pflanzenöl**
500 g	**Rindergulasch**
125 ml	**Gemüsebrühe**
1 EL	**Pflanzenmargarine**
2 EL	**Petersilie, gehackt**
2 EL	**Zitronensaft**
	Jodsalz
	Pfeffer
	Zimt
	Muskat
400 g	**Reis, parboiled**

So wird's gemacht:

Sellerie putzen. Zwiebeln abziehen und fein würfeln. Öl erhitzen und Zwiebeln und Rindfleisch darin kräftig anbraten, würzen. Die Brühe angießen und alles etwa 45 min schmoren lassen. Inzwischen die Selleriestangen in dünne Scheiben schneiden. Die Margarine erhitzen, Sellerie und Petersilie zufügen und 5 min dünsten lassen. Die Sellerie-Petersilie zum Fleisch geben, Zitronensaft zusetzen, mit den Gewürzen abschmecken und noch etwa 15 min köcheln lassen. Inzwischen den Reis nach Packungsanweisung garen und zum Gulasch servieren.

Dazu passen: Grüne Bohnen naturell

Sellerie, Stauden-

Backofengericht | Selleriegratin

400 g	**Staudensellerie**
700 g	**Kartoffeln**
2 EL	**Pflanzenmargarine**
500 g	**Sahne**
	Pfeffer
	Muskat
	Jodsalz
	Knoblauchzehe
	Butter (für die Form)
150 g	**Käse, gerieben (Schweizer)**

So wird's gemacht:

Selleriestangen vorbereiten und in dünne Scheibchen schneiden. Vorhandene zarte grüne Blätter sollten ebenfalls gewaschen und dann gehackt werden. Die Margarine erhitzen und die Selleriescheibchen darin 7 min dünsten. Das gehackte Grün zufügen, mit etwas Pfeffer würzen. Die Kartoffeln schälen und in sehr dünne Scheiben schneiden. Die Sahne zum Kochen bringen, die Kartoffeln hineingeben und 5 min köcheln lassen. Mit Muskat und Salz würzen. Eine Auflaufform mit einer aufgeschnittenen Knoblauchzehe ausreiben, anschließend mit etwas Butter fetten. Die Hälfte der Kartoffeln einfüllen, die Selleriescheiben darübergeben. Etwa die Hälfte des Käses darüberstreuen. Es folgt die restliche Kartoffelmasse, die wiederum mit Käse bestreut wird. Bei 200 °C 45 min überbacken.

Dazu paßt: Blattsalat

Sellerie, Stauden-

Staudenselleriesuppe

(Vor)Suppe

600 g	Staudensellerie
2 EL	Pflanzenmargarine
1,3 l	Gemüsebrühe
0,5 TL	Pfeffer
1 Prise	Zucker
150 g	Kräuterschmelzkäse
3 EL	Speisestärke
5 EL	Milch
100 g	Schmand
1 El	frische Kräuter, gehackte

So wird's gemacht:

Sellerie vorbereiten und in 0,5 cm große Stücke schneiden. Die Margarine erhitzen, den Sellerie darin andünsten und mit der Brühe auffüllen. Mit Pfeffer und Zucker abschmekken. Die Suppe aufkochen lassen, bei kleiner Flamme 30 min weiter garen lassen. Den Schmelzkäse in kleinen Stücken zur Suppe geben und darin schmelzen lassen. Stärke mit Milch anrühren, zum Binden nach Wunsch in die kochende Suppe geben. Suppe etwas abkühlen lassen und den Schmand unterziehen. Mit frischen Kräutern bestreut servieren.

TIP: Anstelle von Kräuterschmelzkäse schmeckt auch ein Schmelzkäse mit Schinken oder Salami sehr lecker.

Sellerie, Stauden-

Vorspeise

Selleriestangen mit Käsecreme

300 g	Staudensellerie
100 g	Blauschimmelkäse
100 g	Frischkäse (Doppelrahm-)
3 EL	Sherry
0,5 TL	Senf
0,5 TL	Essig
	Jodsalz, Pfeffer
2 EL	Haselnüsse, gehackt

So wird's gemacht: Selleriestangen gründlich waschen, zarte Stangen bevorzugen. Die Blätter abschneiden, nur den Blattansatz belassen. Die restlichen Zutaten (außer den Nüssen) zu einer geschmeidigen Creme verrühren. Diese mit einem Spritzbeutel in die Stangen füllen. Mit den gehackten Nüssen bestreuen.

Dazu paßt: Rheinisches Schwarzbrot

TIP: Für ein kaltes Buffet die Stangen in Stücke von etwa 4 cm Länge teilen.

Salat

Obstsalat mit Staudensellerie

400 g	Staudensellerie
2	Orangen
1	Apfel
50 g	Rosinen
50 ml	Orangensaft
6 EL	Zitronensaft
2 EL	Zucker
150 g	Sahnejoghurt
200 g	Magerquark
	Milch
50 g	Walnüsse

Sellerie, Stauden-

So wird's gemacht:

Sellerie putzen, waschen und in feine Ringe schneiden. Die Rosinen waschen und in Orangensaft einweichen. Apfelsinen und Apfel schälen und in mundgerechte Stücke schneiden. Sofort mischen, damit die Äpfelstücke nicht braun werden. Joghurt und Quark mit dem Zitronensaft und Zucker verrühren. Obst, Sellerie und Rosinen unter die Creme rühren. Sollte sie zu fest sein, noch etwas Milch unterrühren. Die Walnüsse hacken und unter den Obstsalat ziehen.

Dazu paßt: Gebratener Fisch. Der Salat paßt gut zu einem Büffet, ist aber auch als Nachspeise geeignet.

TIP: Wer etwas Besonderes servieren möchte und keine Kinder (zu Besuch) hat, kann den Obstsalat zusätzlich mit etwas Gin aromatisieren oder die Rosinen darin einweichen.

Selleriequark — Special

2 Stangen	**Staudensellerie**
250 ml	**Wasser, gesalzen**
2	**Paprikaschoten, gelb**
400 g	**Magerquark**
4 EL	**Mineralwasser(mit Kohlensäure)**
	Jodsalz, Pfeffer
	Zitronensaft
	Rosenpaprika

So wird's gemacht:

Staudensellerie putzen und in feine Scheiben schneiden. Das Wasser aufkochen und die Selleriescheibchen darin 3 min blanchieren. Mit kaltem Wasser abschrecken und gut abtropfen lassen. Die Paprika waschen, entkernen und fein würfeln oder hacken. Quark mit den Gewürzen und dem Mineralwasser verrühren, Sellerie und Paprika unterheben. Quark mit Zitronensaft abschmecken.

TIP: Anstelle von gelben (Treibhaus)Paprika gehackte Radieschen, Tomaten oder auch eingelegte Tomatenpaprika oder süßsauer eingelegten Kürbis nehmen.

Spargel

Jan	Febr	Mrz	Apr	Mai	Juni	Juli	Aug	Sep	Okt	Nov	Dez

Grundrezept — Spargel naturell

1,2 kg	Spargel
250 ml	Wasser
1 TL	Jodsalz
1 TL	Zucker

So wird's gemacht: Spargel putzen. Alle Stangen etwa gleich lang schneiden und zu je 8 Stück bündeln. Wasser mit Salz und Zucker zum Kochen bringen und die Spargelpäckchen hineinlegen. Etwa 20 min garen lassen. Den Spargel vorsichtig aus dem Wasser nehmen und etwas abgetropft auf eine vorgewärmte Platte legen.

Dazu paßt: Holländische Soße, Sauce Bèarnaise, Gebräunte Semmelbrösel, Gebräunte Butter, Kräuterbutter

TIP: Das Spargelwasser kann abgekühlt so getrunken werden oder auch für eine Suppe oder Soße Verwendung finden.

Beilage — Süddeutsche Spargelplatte mit Estragonsoße

2 kg	Spargel
125 ml	Milch
200 ml	Wasser
0,5 TL	Jodsalz
3 EL	Estragonessig
3 EL	Weißwein, herb
1	Zwiebel
2 TL	Estragon, getrocknet
1 EL	Mehl
2 EL	Wasser (kalt, für die Soße)
2	Eier
1 EL	Zitronensaft
60 g	Butter
	Körnige Brühe

Spargel

So wird's gemacht:

Spargel schälen. Wasser, Milch und Salz mischen und den Spargel darin etwa 25 min garen. Essig, Wein, die gehackte Zwiebel und den fein zerriebenen Estragon aufkochen und so lange weiterkochen, bis noch etwa 2 EL Flüssigkeit übrigbleiben. Das Mehl mit dem kalten Wasser anrühren. Mit den Eiern, dem Zitronensaft, dem Estragonextrakt und 250 ml Spargelbrühe pro Person (etwas abgekühlt) verschlagen. Die Masse in einen kleinen Kochtopf geben und bei schwacher Hitze im Wasserbad solange schlagen, bis eine dicke Kochblase aufsteigt (nicht kochen lassen). Die Butter in kleinen Flöckchen unter ständigem Schlagen in die Soße geben. Die fertige Soße noch mit Salz und evtl. etwas körniger Brühe abschmecken.

Dazu passen: Frühkartoffeln als Pellkartoffeln gekocht, Petersilienkartoffeln

TIP: Statt des getrockneten Estragons kann man natürlich auch frischen Estragon (ein Bund pro 2 TL getrockneten Estragons, sehr fein gehackt) verwenden.

Gedünsteter Spargeltopf

Hauptgericht

600 g	Spargel (Bruch-)
100 g	Champignons
500 g	**Kalbfleisch**
200 g	**Reis (parboiled od. Natur-)**
2 EL	**Pflanzenmargarine**
1 l	**Gemüsebrühe**

So wird's gemacht:

Den Spargel und die Champignons putzen. Den Spargel in Stücke von etwa 4 - 5 cm schneiden. Das Fleisch waschen und in Würfel schneiden. Ein großen gut schließenden Topf mit Margarine ausstreichen (Boden und Rand). Zunächst das Fleisch einschichten, dann abwechselnd Gemüse und Reis darübergeben. Abschlußschicht sollte Gemüse sein. Alles mit

Spargel

der Brühe übergießen. Die restliche Margarine als Flöckchen obenauf setzen. Den Topf sehr gut verschließen (es darf kein Dampf entweichen) und knapp 60 min garen.

TIP: Champignons können auch aus der Konserve kommen. Das Wasser dann mit zur Brühe nehmen. Kalb kann gut durch Puten- oder Hähnchenbrust ersetzt werden, die Garzeit verkürzt sich auf die des Reis!

Backofengericht

Spargelkuchen

800 g	**Spargel**
200 g	**Mehl**
100 g	**Butter**
4 EL	**Wasser, eiskalt**
2 EL	**Butter**
3 EL	**Mehl**
150 g	**Käse, gerieben**
3	**Eier**
	Pfeffer
	Muskat, gerieben
2 EL	**Sonnenblumenkerne**
2 EL	**Petersilie, gehackt**
	Zitronensaft
	Jodsalz

So wird's gemacht:

Mehl, Salz und Butter mit dem kalten Wasser zu einem Teig verkneten. In eine entsprechend große Frischhaltedose geben und für 30 min in den Kühlschrank legen. Den Spargel waschen, schälen und in kochendem Salzwasser (Rezept „Spargel naturell") garen (ca. 20 min). Den Spargel vorsichtig herausheben und abtropfen lassen. Butter erhitzen, das Mehl darin goldgelb schwitzen und mit dem Spargelwasser ablöschen. Gut rühren, damit es keine Klümpchen gibt! Die Soße ca. 5 min köcheln lassen. Die Spargelstangen unten um ca. 5 cm kürzen. Die abgeschnittenen Enden pürieren und unter die etwas abgekühlte Soße rühren. Erst den Zitronen-

Spargel

saft, danach die Eier und den Käse einrühren. Kräftig würzen. Den Teig aus dem Kühlschrank holen und schnell in Springformgröße ausrollen. In die Form legen und mehrmals mit einer Gabel einstechen. Das Soßen-Spargelpüree-Eier-Gemisch auf den Boden geben. Die übriggebliebenen Spargelstangen dekorativ auf dem Boden anrichten. Mit den grob gehackten Sonnenblumenkernen bestreuen. Ca. 45 - 50 min bei 200 °C auf der mittleren Schiene backen. Den fertigen Spargelkuchen mit der gehackten Petersilie bestreuen.

Zerbster Spargeleintopf

(Vor)Suppe

1 kg	**Spargel**
1	**Möhre**
600 g	**Rindfleisch, gekocht**
1 l	**Gemüsebrühe (klar)**
	Pfeffer
	Zucker
25 g	**Dill, gehackt**
4	**Kartoffelklöße, gegart**

So wird's gemacht:

Spargel vorbereiten und in ca. 4 cm lange Stücke schneiden. Möhre schälen und fein stifteln. Die Brühe mit dem Fleisch und den Möhrenstiften zum Kochen bringen. Mit etwas Zucker und Pfeffer abschmecken. Die Spargelstücke zufügen und in 15 bis 20 min gar köcheln lassen. 5 min vor Ende der Garzeit drei Viertel des Dills in die Suppe geben. Die Kartoffelklöße werden inzwischen extra gegart. Das Fleisch aus der Brühe heben und in Scheiben schneiden. Auf jeden Teller werden eine Scheibe Fleisch, ein Kartoffelkloß und die Brühe mit reichlich Spargel und einigen Möhrenstiften gegeben. Den restlichen Dill darüberstreuen.

TIP: Bei den Kartoffelklößen sollte der Geschmack entscheiden, ob es gekochte Klöße oder Halb-und-Halb-Klöße sein sollen.

Spargel

Region: Das Gericht stammt ursprünglich aus Zerbst/Sachsen-Anhalt. Es ist der einzige „alte" deutsche Spargeleintopf, auch „Dillklump" genannt.

Vorspeise

Spanische Spargelvorspeise

600 g	Spargel, grün
300 ml	Wasser, gesalzen
3 EL	Essig
1 EL	Sherry, trocken
1 Msp.	Pfeffer
4 EL	Olivenöl
75 g	Pinienkerne
1 EL	Olivenöl (für Pinienkerne)
1 Bund	Petersilie, gehackt

So wird's gemacht:

Den Spargel vorbereiten und im Salzwasser garen. Er darf dabei nicht zu weich werden, sollte also noch Biß haben. Die Spargelstangen auf die entsprechende Anzahl Teller verteilen. Aus Essig, Sherry, Gewürzen eine Soße rühren. Das Öl unterschlagen und über den Spargel geben. Die Pinienkerne im restlichen Öl rösten. Die gehackte Petersilie mit den Pinienkernen vermischen. Auf den Spargelstangen verteilen.

Dazu paßt: Ein Klecks Kräuterschlagsahne oder Kräuter-Sauerrahm

TIP: Als kleine Mahlzeit zum Spargel noch etwas Stangenbrot, Räucherschinken und halbierte hartgekochte Eier servieren. Ein schnelles Abendessen für spät angekündigte Gäste.

Region: Das Gericht stammt aus der Heimat der Oliven- und Pinienbäume, wo der Spargel in seiner grünen Variante bevorzugt wird.

Spargel

Spargel-Nuß-Salat

Salat

250 g	Spargel, weiß
250 g	Spargel, grün
1 Bund	Radieschen
250 ml	Wasser
3 EL	Joghurt
2 EL	Sahnequark
2 EL	Nußöl
1 EL	Weißwein
1 EL	Petersilie, gehackt
2	Eier, hartgekocht
50 g	Haselnüsse, grob gehackt
	Jodsalz
	Cayennepfeffer
	Pfeffer

So wird's gemacht:

Den Spargel putzen, in Stück von ca. 3 cm Länge schneiden. Mit je einer Prise Zucker und Salz im Wasser bißfest garen. Spargel herausnehmen. Die verbliebene Brühe bei großer Hitze auf etwa 100 ml einkochen. Brühe abkühlen lassen. Aus Joghurt, Quark, Öl, Spargelbrühe und Wein eine Salatsoße rühren. Die gehackte Petersilie hineingeben. Mit Salz, Cayennepfeffer und Pfeffer würzen. Die Radieschen waschen, trocknen und in Scheiben schneiden. Haselnüsse in einer beschichteten Pfanne trocken anrösten. Zusammen mit den Radieschenscheiben, den gehackten Eiern und den Spargelstücken vorsichtig unter die Salatsoße heben.

Dazu passen: Brot, Pellkartoffeln

TIP: Anstelle von Haselnüssen gehackte Walnüsse und Walnußöl verwenden oder Sesamsamen und Sesamöl.

Spinat

Jan	Febr	Mrz	Apr	Mai	Juni	Juli	Aug	Sep	Okt	Nov	Dez
			■	■	■	■	■	■	■		

Grundrezept — Spinat naturell

1 kg	Spinat
1	Zwiebel
2 EL	Pflanzenmargarine
1 TL	Speisestärke
	Wasser
2 EL	Kondensmilch
	Jodsalz
	Pfeffer
	Muskat

So wird's gemacht:

Spinat verlesen, gründlich waschen und je nach Wunsch sehr fein oder grob hacken. Margarine erhitzen, die abgezogene, fein gewürfelte Zwiebel darin glasig andünsten und den Spinat zugeben. Etwas würzen und knapp 10 min dünsten lassen. Nach Geschmack den Spinat mit etwas in Wasser angerührter Speisestärke binden und mit etwas Kondensmilch (oder Sahne) verfeinern.

Dazu passen: Eier (hartgekocht, Spiegel-), Omelett, Salzkartoffeln, Bratkartoffeln, Kartoffelgratin

TIP: Schmeckt der Spinat etwas bitter, den Dünstsaft weggießen und durch Milch ersetzen (mildert).

Spinat

Kartoffelspinat

Beilage

1 kg	Blattspinat
900 g	Kartoffeln
2 TL	Senf, scharf
150 g	Sahnejoghurt
	Jodsalz
	Pfeffer
	Muskat
50 g	Mandeln (Blättchen)

So wird's gemacht:

Die Kartoffeln als Pellkartoffeln kochen. Den Blattspinat verlesen, waschen und ca. 5 min blanchieren. Gut abtropfen lassen. Kartoffeln, Spinat, Joghurt und Senf zusammen pürieren. Eventuell mit den angegebenen Gewürzen, oder auch etwas mehr Senf kräftig würzen. Die Mandelblättchen in einer beschichteten Pfanne trocken goldbraun rösten. Über den Kartoffelspinat streuen.

Dazu paßt: Als Beilage eignet sich gedünstetes Fischfilet mit Schmortomaten, aber auch verlorene Eier und einfach hartgekochte Eier.

TIP: Anstelle der Mandelblättchen können auch sehr gut geröstete Sonnenblumenkerne oder Sesam verwendet werden.

Spinat

Hauptgericht — Spinat mit Fleischklößchen

1,5 kg	Spinat
5	Zwiebeln
400 g	Hackfleisch, gemischt
1 TL	Senf
1 EL	Pflanzenöl
2 EL	Butter
1	Knoblauchzehe
	Jodsalz
	Pfeffer
300 g	Sahnejoghurt
	Cayennepfeffer

So wird's gemacht:

Spinat verlesen und waschen. Zwiebeln abziehen und hacken. Hackfleisch mit Salz und Pfeffer und dem Senf würzen und kleine Fleischklößchen formen. Öl erhitzen und die Fleischklößchen darin anbraten. Die Butter erhitzen und die Zwiebeln darin glasig werden lassen. Die Knoblauchzehe hineinpressen und den tropfnassen Spinat dazugeben. Zum Kochen bringen und die Fleischklößchen hineingeben. Ca. 10 min garen. Das Gericht herzhaft würzen. Den Joghurt mit Pfeffer und Salz verühren. Jeweils einen großen Klacks Joghurt auf den gefüllten Teller geben und mit etwas Cayennepfeffer bestreuen.

Dazu paßt: Als Beilage eignen sich Brot, Baguette oder kleine, frisch gebackene Vollkornbrötchen.

TIP: Anstelle von Hackfleisch kann auch Schweinemett verwendet werden, dieses aber nicht noch zusätzlich würzen. Wer es etwas cremiger mag, nimmt anstelle des Sahnejoghurt Schmand oder Crème fraiche.

Spinat

Spinat-Seelachs-Auflauf

Backofengericht

1 kg	Spinat
750 g	Seelachsfilet
125 ml	Saure Sahne (10 % Fett)
4 EL	Weizenvollkornmehl
100 g	Käse, gerieben
2 EL	Vollkorngrieß
1 EL	Butter
	Jodsalz
	Edelsüßpaprika
	Muskat

So wird's gemacht:

Den Spinat verlesen und entsprechend dem Rezept „Spinat naturell" dünsten. Das Fischfilet säubern und in große Stücke teilen. Anschließend säuern und salzen, 30 min warten. Den Fisch in eine gefettete Auflaufform legen. Saure Sahne, die Hälfte des Mehls, Gewürze und einen EL geriebenen Käse miteinander verrühren. Über den Fisch geben. Den fertig gedünsteten Spinat mit Grieß binden und über den Fisch geben. Mit etwas Muskat bestreuen. Das restliche Vollkornmehl über den Auflauf streuen, den geriebenen Käse darübergeben und Butterflöckchen auf die Spinatmasse setzen. Bei 225 - 250 °C auf der mittleren Schiene 25 - 30 min garen.

TIP: Anstelle von Vollkorngrieß können auch Semmelbrösel zum Binden des Spinats verwendet werden.

Spinat

(Vor)Suppe — Spinatcremesuppe — 3 Portionen

500 g	Spinat
1	Zwiebel
1	Knoblauchzehe
2 EL	Butter
500 ml	Wasser
250 ml	Milch
2 TL	Körnige Brühe
	Muskat
2 EL	Weizenvollkornmehl
2 EL	Schmand

So wird's gemacht: Spinat verlesen und waschen, grob hacken. Zwiebel und Knoblauchzehe abziehen und fein hacken. Butter erhitzen, beides darin andünsten. Den Spinat dazugeben, kurz mitdünsten und dann mit dem Wasser ablöschen. Die Milch zugeben und die Suppe zum Kochen bringen. Mit der körnigen Brühe und etwas Muskat würzen. Ca. 10 min köcheln lassen. Nach Geschmack die Suppe pürieren. Das Vollkornmehl in die kochende Suppe geben, dabei gut rühren. Die Menge sollte entsprechend der gewünschten Sämigkeit dosiert werden. Zuletzt den Schmand in die Suppe rühren und noch einmal abschmecken.

Vorspeise — Blattspinat mit Parmesan

250 g	Spinat
	Muskat
	Pfeffer
80 g	Parmesan (am Stück)

So wird's gemacht: Den Spinat verlesen, waschen und etwa 3 min in Salzwasser blanchieren. Abtropfen lassen. Mit etwas Pfeffer und Muskat würzen. Auf heißen Tellern anrichten und mit frisch geriebenem Parmesan überstreuen.

Dazu passen: 1 - 2 kleine Blinis aus Buchweizenmehl pro Person; am besten aber pur zu genießen

Ihre Vorteile:

- **Lieferung nur ab Werk**
- **Wärmespeichernder Schamottekern**
- **langes Nachheizen ohne Strom**
- **Unübertroffen Sparsam**
- **Für jede Schukosteckdose geeignet**
- **Thermostatisch gesteuert**
- **Langjährige Garantie**

Als Hersteller liefern wir Elektro-Heizungen in unterschiedlichen Größen die Ihren Bedürfnissen und Raumgrößen optimal angepaßt werden. Sparsamer Stromverbrauch durch automatische Einstellung. Kein Ruß, kein Staub, keine Allergieprobleme. Überall aufstellbar, ob Einzelräume, Wohnzimmer, Kinderzimmer, Bad, Alt- oder Neubau. Auch fahrbar lieferbar.

Nicht im Fachhandel erhältlich!

Spinat

Spinat-Schinken-Salat mit Aprikosen

Salat

150 g	Spinat
250 g	Weizenkörner
150 g	Aprikosen (Trockenobst)
650 ml	Gemüsebrühe
1 EL	Butter
120 g	Kochschinken
1 EL	Petersilie, gehackt
2 TL	Senf
2 EL	Essig
1 EL	Weißwein
2 EL	Crème fraiche
1 Prise	Zucker
	Pfeffer
	Jodsalz

So wird's gemacht:

Weizen und Aprikosen waschen. Zusammen mit der Brühe im Schnellkochtopf zum Kochen bringen und etwa 40 min garen. Weizen und Aprikosen aus der Brühe heben und gut abtropfen lassen. Aprikosen in kleine Stücke schneiden. Spinat verlesen, waschen und trocken schleudern. Den trockenen Weizen in der Butter etwas anrösten, danach abkühlen lassen. Den Spinat klein zupfen und mit den Aprikosenstückchen, dem in kleine Würfel geschnittenen Schinken und dem Weizen vermengen. Ein Fünftel der ursprünglichen Menge Weizenbrühe mit dem Senf, dem Essig, dem Wein, der Petersilie und der Crème fraiche verrühren. Mit Salz, Pfeffer und Zucker abschmecken. Das Dressing über den Salat gießen und noch etwas ziehen lassen.

Dazu paßt: Brot

TIP: Wer keinen Schnellkochtopf hat, sollte den Weizen und die Aprikosen über Nacht einweichen, das Brühpulver (zur Herstellung der Gemüsebrühe) wird erst beim Kochen (ca. 20 min) beigegeben.

Sprossen

Jan	Febr	Mrz	Apr	Mai	Juni	Juli	Aug	Sep	Okt	Nov	Dez

Beilage

Sprossenpuffer

8 EL	Mungobohnensprossen („Soja")
1	Zwiebel
3 EL	Weizenvollkornmehl
2	Eier
1 EL	Kräuter, gehackt (nach Wunsch)
	Pfeffer
	Jodsalz
	Pflanzenöl (zum Braten)

So wird's gemacht:

Die Mungobohnensprossen sehr gut abbrausen, eventuell etwas klein schneiden. Die Zwiebel schälen und fein hacken. Eier und Mehl kräftig verschlagen, würzen. Sprossen, Zwiebelwürfel und Kräuter unterrühren, würzen. Das Öl erhitzen, etwas Teig hineingeben und etwa handtellergroße Puffer auf beiden Seiten goldgelb braten.

Dazu paßt: Je nach persönlichem Geschmack Kräuterquark, Räucherlachs, Zwiebelrelish, Apfelmus oder sonstiges Kompott.

Beilage

Mildes Sprossen-Ei

300 g	Weizensprossen
200 g	Luzernesprossen
50 g	Kressesprossen
1	Zwiebel
8	Eier
300 ml	Milch
2 EL	Butter
	Jodsalz, Pfeffer
	Muskat

So wird's gemacht:

Alle Sprossen gut waschen und abtropfen lassen. Zwiebel abziehen und fein hacken. Eier mit Milch und Gewürzen verschlagen. Butter erhitzen, Zwiebelwürfel darin glasig andünsten. Die Weizensprossen 3 min mitdünsten lassen. Dann die

Eiermilch zugießen und unter Rühren leicht stocken lassen. Während des Stockens die restlichen Sprossen unterrühren. Rührei nicht zu fest werden lassen.

Dazu passen: Bratkartoffeln, Salat der Saison

TIP: Im Sommer können auch gehackte Tomatenstückchen hineingegeben werden.

Sprossenklöße

Hauptgericht

130 g	Sprossen (Linsen, Rettich)
750 g	**Kartoffeln**
50 g	**Weizenvollkornmehl**
2	**Eier**
1 TL	**Jodsalz**
1 Msp.	**Muskat**
	Wasser, gesalzen

So wird's gemacht:

Kartoffeln als Pellkartoffeln kochen. Die Schale noch heiß abziehen und die Kartoffeln sofort durch die Kartoffelpresse drücken. Die Kartoffelmasse abgekühlt würzen und mit Mehl bestreuen. Eier verrühren, zufügen und alles gut verkneten. Den Kloßteig zu einer Rolle formen und bis zum nächsten Tag ruhen lassen. Am nächsten Tag die Rolle in doppelt soviele Scheiben schneiden, wie Portionen vorgesehen sind. In die Mitte jeder Scheibe eine Portion Sprossen geben und mit feuchten Händen glatte Klöße formen. In einem großen, flachen Topf reichlich Salzwasser zum Kochen bringen. Die Klöße vorsichtig hineingleiten und etwa 30 min ziehen lassen. Das Wasser darf dabei nur eben sieden. Die garen Klöße schwimmen an der Oberfläche.

Dazu paßt: Specksoße, Käsesoße, gedünsteter Fisch (z. B. Lachs) in heller Soße, Rohkostsalat

TIP: Achtung: der Kartoffelteig muß einen Tag vorher zubereitet werden!

Sprossen

Hauptgericht | **Sprossen-Pilz-Omeletts mit Blattgemüse** | **2 Portionen**

100 g	Sprossen (Alfalfa, Mungobohne)
250 g	Champignons
1 Kopf	Blattsalat (nach Wunsch)
2	Zwiebeln
2 EL	Pflanzenmargarine
2 EL	Petersilie, gehackt
4	Eier
4 EL	Mineralwasser, mit Kohlensäure
	Jodsalz, Pfeffer
1 EL	Butter
1	Knoblauchzehe

So wird's gemacht: Die Sprossen gründlich abbrausen und gut abtropfen lassen. Die Pilze putzen und in Scheiben schneiden. Zwiebeln abziehen und in Ringe schneiden. Zwei beschichtete Pfannen vorbereiten und jeweils die Hälfte der Margarine darin zerlassen und parallel zwei Omeletts in halbierten Mengen zubereiten: Die Zwiebelringe andünsten, dann die Pilze zugeben und mitdünsten lassen. Die entstehende Flüssigkeit muß dabei verdampfen. Die Sprossen zufügen und heiß werden lassen. Petersilie und Gewürze dazugeben und kräftig abschmecken. Die Eier mit dem Mineralwasser schaumig aufschlagen und über das Gemüse gießen. Die Omeletts bei mittlerer Hitze stocken lassen. Inzwischen den ausgewählten Blattsalat waschen und gut abgetropft in kleine Streifen schneiden und in einem eigenen Topf in etwas Butter und der zerdrückten Knoblauchzehe für wenige Minuten dünsten, bis er zusammengefallen ist. Abschmecken. Gedünsteten Salat zu den Omeletts servieren.

TIP: Anstelle von gedünsteten Blattgemüse paßt auch Spinat oder Mangold sehr gut zu den Omeletts. Das Gericht ist nur für zwei Personen geeignet, da Omeletts frisch aus der Pfanne gegessen werden sollten.

Sprossen

Bohnensprossensalat mit Tee-Eiern

Salat

400 g	Sprossen (Bohnen-)
125 ml	Essig (Balsamico)
1 EL	Olivenöl
2 TL	Jodsalz
1 EL	Zucker
1 Prise	Glutamat (oder Sojasoße)
4	Eier
2 TL	Teeblätter
1	Sternanis
1 TL	Zucker
1 EL	Sojasoße
750 ml	Wasser

So wird's gemacht:

Die Bohnensprossen in kochendem Wasser 2 - 3 min blanchieren. Anschließend kurz in sehr kaltes Wasser geben, danach gut abtropfen lassen. Essig, Öl, Salz, Pfeffer, Zucker und Glutamat verrühren und die abgetropften Sprossen dazugeben. Gut mischen und etwa zwei Stunden gut gekühlt ziehen lassen. Die Eier in 10 min hartkochen, anschließend abschrecken. Die Eier vorsichtig hin und her rollen, damit die Schale etwas brüchig wird. Wasser mit dem Anis, den Teeblättern (Teebeutel aufschneiden), Zucker, Salz und Eiern aufkochen und 60 min sieden lassen. Die Tee-Eier sollen mit der Flüssigkeit abkühlen. Abgekühlt werden sie sehr vorsichtig geschält, die Innenhaut soll sich nicht mitlösen. Zusammen mit dem Sprossensalat servieren.

Dazu passen: Frisch gebackene Vollkornbrötchen oder knuspriges Baguette. Stilecht wären Krabbenchips und Jasmintee.

TIP: Ungewöhnlich, aber lecker zu diesem Salat sind auch Soleier oder untergemischte, in feine Streifen geschnittene Bismarckheringe.

TIP: 1 TL Teeblätter entspricht übrigens einem Teebeutel.

Region: Asien

Sprossen

Salat

Weizensprossensalat mit Backpflaumen

80 g	Weizenkörner, gekeimt
200 g	Feldsalat
1	Zwiebel
150 g	Trockenpflaumen
75 g	Sonnenblumenkerne
2 EL	Zitronensaft
	Jodsalz
	Pfeffer
2 EL	Petersilie, gehackt
4 EL	Pflanzenöl (Sonnenblumen-)

So wird's gemacht:

Weizenkeime abspülen und in eine Schüssel geben. Feldsalat gut waschen und auseinanderzupfen. Zufügen. Zwiebel abziehen und fein hacken. Trockenpflaumen in feine Streifen schneiden. Sonnenblumenkerne grob hacken und in einer beschichteten Pfanne leicht rösten. Alles in die Schüssel geben. Zitronensaft mit Petersilie, Salz und Pfeffer verrühren. Dann das Öl unterschlagen. Marinade über den Salat gießen und gut vermischen. 5 min ziehen lassen, abschmecken und servieren.

Sprossen

Sprossenquark

Special

50 g	Radieschensprossen
2	Zwiebeln, rot
1 Bund	Schnittlauch
2 Zweige	Borretsch
250 g	Magerquark
4 EL	Milch
	Jodsalz
	Pfeffer

So wird's gemacht:

Sprossen waschen und gut trocken schleudern. Kräuter waschen, trocknen und fein hacken. Zwiebeln schälen und fein reiben. Quark mit Milch, Kräutern und Zwiebel cremig verrühren. 3/4 der Radieschensprossen unterrühren und den Quark mit Pfeffer und Salz abschmecken. Den Quark mit den restlichen Sprossen bestreut servieren.

Dazu paßt: Der Quark schmeckt gut auf Vollkornbrot, läßt sich aber auch zum Füllen von Gurken, Tomaten oder roten Paprikaschoten verwenden.

TIP: Achtung, Radieschensprossen sind meist schärfer als Radieschen!

Steckrübe

Jan	Febr	Mrz	Apr	Mai	Juni	Juli	Aug	Sep	Okt	Nov	Dez

Grundrezept — Steckrüben naturell

1	Steckrübe (ca. 1 kg)
2 EL	Pflanzenmargarine
250 ml	Wasser
	Jodsalz
	Zucker
	Mehl (oder Speisestärke)

So wird's gemacht: Steckrüben schälen und in kleinfingerdicke Stücke von etwa 3 - 4 cm Länge schneiden. Die Margarine erhitzen und die Steckrübenstreifen darin andünsten. Mit Wasser aufgießen und ca. 30 - 60 min dünsten lassen. (Die Garzeit richtet sich nach der gewünschten Rübenkonsistenz.) Mit Zucker und Salz abschmecken. Nach Geschmack kann das Dünstwasser mit etwas Mehl oder Speisestärke gebunden werden.

Dazu passen: Lammkoteletts, Bratwurst oder Frikadellen. Dazu gibt's dann Salz- oder Pellkartoffeln.

TIP: Auf althergebrachte Weise gekocht, werden die Steckrüben statt in Margarine in Hammelfett angedünstet.

(Vor)Suppe — Steckrübensuppe

500 g	Steckrüben
1	Zwiebel
2 EL	Butter
2 EL	Weizenvollkornmehl
800 ml	Gemüsebrühe
	Kräuterjodsalz, Pfeffer
	Ingwer
1 TL	Honig
2 EL	Kondensmilch
1 EL	Sonnenblumenkerne
1 EL	Petersilie, gehackt

So wird's gemacht: Steckrübe vorbereiten und in Würfel (ca. 2 cm) schneiden. Zwiebel abziehen und fein hacken. Die Butter erhitzen und die Zwiebelwürfel darin anschwitzen. Die Steckrübenwürfel zugeben und ca. 15 min dünsten lassen. Mit dem Mehl bestreuen und die Brühe aufgießen. Unter Rühren aufkochen lassen und noch etwas 5 min köcheln lassen. Die Steckrüben pürieren, mit den Gewürzen und Honig abschmecken und mit der Kondensmilch verfeinern. Die fertige Suppe mit den trocken angerösteten Sonnenblumenkernen und der gehackten Petersilie bestreut servieren.

Dazu paßt: Brot

TIP: Statt mit Ingwer mit Curry und mit etwas Zucker statt Honig würzen.

Helle Wruken

Beilage

1	**Steckrübe (ca. 1 kg)**
3 EL	**Butter**
1 TL	**Zucker**
1 Msp.	**Jodsalz**
1 Msp.	**Pfeffer**
125 ml	**Wasser**
1 EL	**Milch**
1 TL	**Speisestärke**
1 EL	**Petersilie, gehackt**

So wird's gemacht:

Die Steckrübe schälen, waschen und in Stifte von etwa 3 cm Länge schneiden. Die Butter zerlassen, den Zucker zufügen und etwas bräunen lassen. Die Steckrübenstifte zugeben und etwa 5 min dünsten lassen. Mit Salz und Pfeffer würzen und mit dem Wasser ablöschen. Etwa 30 min dünsten lassen. Garprobe machen und eventuell noch etwas weiter köcheln lassen. Milch und Speisestärke verrühren und die Wruken damit binden. Abschmecken und mit Petersilie bestreut servieren.

Dazu passen: Kartoffeln, Frikadellen

TIP: Anstelle von Butter Schmalz verwenden und eine Zwiebel darin andünsten.

Steckrübe

Hauptgericht

Steckrübenpüree mit Apfel-Geflügelleber

1	Steckrübe (ca. 1 kg)
500 ml	Wasser
0,5 TL	Jodsalz
1 EL	Joghurt
1 EL	Butter (für Püree)
	Pfeffer
	Muskat
2 EL	Butterschmalz
400 g	Geflügelleber
2	Zwiebeln
2	Äpfel
1 EL	Majoran, gerebelt
4 EL	Butter (für Brösel)
3 EL	Semmelbrösel

So wird's gemacht:

Wasser mit Salz zum Kochen bringen. Steckrübe schälen, in Würfel schneiden und etwa 20 - 25 min köcheln lassen. Ein Viertel des Kochwassers aufbewahren. Restliches Wasser abgießen. Die Steckrüben mit dem verwahrten Kochwasser pürieren. Den Joghurt und die Butter unterrühren, Püree mit Pfeffer und Muskat abschmecken. Inzwischen das Butterschmalz erhitzen und die Leber darin etwa 10 min braten. Die gare Leber mit etwas Salz und Pfeffer würzen. Die Leber herausheben und warm stellen. Die abgezogenen, in feine Ringe geschnittenen Zwiebeln im noch in der Pfanne befindlichen Butterschmalz andünsten. Die geschälten und in Spalten geschnittenen Äpfel zufügen und noch 3 min braten. Inzwischen in einer anderen Pfanne die Butter auslassen, Semmelbrösel und Majoran zugeben. Gut unterrühren und Semmelbrösel aufschäumen lassen. Die Brösel dabei leicht anbräunen lassen. Das Steckrübenpüree mit den Semmelbröseln begießen. Dazu die gebratene Leber und das Apfel-Zwiebel-Gemüse reichen.

Steckrübe

Steckrüben-Apfel-Eintopf | 6 Portionen | Hauptgericht

1	Steckrübe (ca. 1 kg)
500 g	Kartoffeln
1 EL	Pflanzenmargarine
2	Lorbeerblätter
1 l	Gemüsebrühe
4	Mettenden
1 EL	Majoran, gerebelt
600 g	Äpfel
2 EL	Essig
	Jodsalz
	Pfeffer

So wird's gemacht:

Steckrübe und Kartoffeln schälen, waschen und würfeln. Die Margarine erhitzen und die Steckrübenwürfel mit den Lorbeerblättern darin 3 min andünsten. Mit der Brühe aufgießen, aufkochen und 20 min köcheln lassen. Die Mettenden in Scheiben schneiden und zusammen mit den Kartoffeln und dem Majoran zur Brühe geben. Weitere 10 min garen. Inzwischen die Äpfel schälen und ebenfalls würfeln. Die Äpfel zum Eintopf geben und noch 10 -15 min garen, so daß Kartoffeln und Steckrüben gar sind. Eintopf mit Essig, Pfeffer und Salz abschmecken.

TIP: Anstelle von Mettenden kann man auch Räucherspeck, Kasseler oder Schweinerippchen verwenden.

Steckrübe

Hauptgericht

Deftiges Steckrüben-Kartoffel-Mus

1	Steckrübe (ca. 1 kg)
800 g	**Kartoffeln**
800 ml	**Wasser, gesalzen**
300 g	**Räucherwurst (oder Mettenden)**
200 ml	**Milch**
3 EL	**Butter**
	Muskat
	Pfeffer, Jodsalz

So wird's gemacht:

Steckrüben und Kartoffeln schälen, waschen und in Stücke schneiden. Beides im Salzwasser zum Kochen bringen und in ca. 25 min gar kochen lassen. Gemüse abgießen. Räucherwurst in Scheiben schneiden und in der Milch erhitzen. Die Wurst herausheben. Steckrüben und Kartoffeln mit Butter und der heißen Milch pürieren. Das Püree auf der Kochstelle solange schlagen, bis der Brei schaumig ist. Die Wurst unterheben. Püree mit Salz, Pfeffer und Muskat abschmecken.

Dazu paßt: Das Gericht benötigt keine Beilagen. Als Vorspeise wäre ein Rohkostsalat geeignet.

TIP: Je nach Geschmack könnten über das Püree auch gebräunte Zwiebelringe gegeben werden. In einigen Gegenden gibt es auch Apfelmus dazu.

Steckrübe

Gemüsebratlinge — 6 Portionen — Vorspeise

1 Teller	Steckrüben (und Gemüsereste)
4	**Kartoffeln, gekocht**
2	**Eier**
1	**Zwiebel**
1 TL	**Senf**
40 g	**Semmelbrösel**
	Fett (zum Braten)

So wird's gemacht:

Das Gemüse wird gehackt oder in der Küchenmaschine fein zerkleinert. Die Kartoffeln werden gerieben. Gemüse, Kartoffeln, Eier, fein gewürfelte Zwiebel, Senf und Semmelbrösel zu einem formbaren Teig verkneten. Flache Bratlinge formen und in heißem Fett braten.

Dazu paßt: Mit etwas Kräuterquark, roher Tomatensoße oder einigen Tomatenscheiben servieren. Kann auch als Hamburger garniert zwischen Brötchen gelegt werden.

TIP: Wenn die Gemüsereste nicht reichen, noch einiges rohes Gemüse, ganz fein gerieben, mit unter den Teig geben. Anstelle von Ei kann auch etwas Magerquark verwendet werden.

Tomaten

Jan	Febr	Mrz	Apr	Mai	Juni	Juli	Aug	Sep	Okt	Nov	Dez

Grundrezept

Tomaten naturell

750 g	Tomaten (mittelgroß)
2 EL	Butter
	Jodsalz
1 EL	Petersilie, gehackt

So wird's gemacht:

Tomaten waschen, trocknen, über Kreuz einschneiden. Butter in einem großen, flachen Topf zerlassen. Die Tomaten nebeneinander hineinstellen. Auf kleiner Flamme etwa 10 min dünsten lassen. Kurz vor dem Servieren leicht salzen und mit Petersilie bestreut servieren.

Dazu passen: Praktisch alle Fleisch- und Fischgerichte, aber auch Kartoffelgratin oder Bratkartoffeln.

TIP: Statt mit Petersilie mit Kresse bestreuen. Mit etwas Mozzarella oder Parmesan belegen und den Käse noch kurz schmelzen, nicht bräunen lassen.

Beilage

Gedünstete Tomaten

8	Tomaten, fest und mittelgroß
3 EL	Pflanzenmargarine
	Pfeffer
	Jodsalz
	Kräuter (nach Wunsch)

So wird's gemacht:

Die gewaschenen Tomaten kurze Zeit in kochendes Wasser legen, herausnehmen und kalt abschrecken. Die Schale abziehen und die Stengelansätze herausschneiden. Margarine in einem sehr gut schließenden, breiten Topf erhitzen, die Tomaten hineinsetzen, etwas salzen und pfeffern. Den Deckel schließen und die Tomaten bei geringer Hitze ca. 15 min garen.

Dazu passen: Reisgerichte, gegrilltes Fleisch (z.B. Lammkoteletts) oder Fisch.

Tomaten

TIP: Zum Bestreuen nach dem Garen eignen sich viele frische Kräuter, angefangen bei Petersilie bis hin zu Schnittlauch, Oregano, Basilikum, Thymian usw. Getrocknete Kräuter mitgaren!

Pikante Tomaten-Fleisch-Pfanne

Hauptgericht

1 kg	**Tomaten (Fleisch-)**
400 g	**Schweineschnitzel**
1 EL	**Olivenöl**
1 TL	**Edelsüßpaprika**
2 TL	**Estragon, getrocknet**
200 g	**Gewürzgurken (od. Cornichons)**
200 g	**Schlagsahne**
1 TL	**Meerrettich**
1 EL	**Kräuter, gemischt**
	Jodsalz, Pfeffer

So wird's gemacht:

Tomaten waschen, überbrühen und enthäuten. In kleine Stücke schneiden. Fleisch waschen, abtrocknen und in kleine dünne Scheibchen schneiden. Öl erhitzen, das Fleisch darin kräftig anbraten. Mit dem Paprika überstäuben. Die Tomatenstückchen und den fein zerriebenen Estragon dazugeben und etwa 5 min bei geschlossenem Deckel dünsten lassen. Die Gurken in kleine Scheiben oder Würfel schneiden. Den Meerrettich und die Sahne zu den Tomaten geben und bei offenem Deckel köcheln lassen, bis die Soße die gewünschte Sämigkeit erreicht hat. Die Gurkenstückchen zugeben und zwei Minuten ziehen lassen. Die Salatkräuter unterrühren und mit Pfeffer und Salz abschmecken.

Dazu passen: Nudeln

TIP: In Monaten, wo es keine Freilandtomaten aus heimischem Anbau gibt, kann man stattdessen Pizzatomaten aus der Dose verwenden. Hier ist aber etwas Bindung nötig, da diese auch Tomatensaft enthalten.

Tomaten

Backofengericht — Sommerkuchen

300 g	Tomaten
300 g	Zucchini
250 g	Mehl
1 Pck.	Hefe (Trocken-)
1 TL	Zucker
0,5 TL	Jodsalz
150 ml	Milch
60 g	Butterschmalz
100 g	Schmand
2	Eier
1 EL	Thymian
1 EL	Majoran
	Jodsalz, Pfeffer
100 g	Käse, gerieben

So wird's gemacht: Mehl, Hefe, Zucker und Salz mischen. Milch und Butterschmalz zusammen lauwarm erhitzen. Gemisch zum Teig geben und diesen schlagen, bis er Blasen wirft. Zugedeckt an einem warmen Ort zur doppelten Menge aufgehen lassen (ca. 20 min). Den Teig nochmals kneten und in Backblechgröße ausrollen. Das Blech mit (Dauer-)Backpapier auslegen, den Teig darauflegen und einen Rand hochdrücken. Den Boden mehrmals einstechen. Tomaten und Zucchini putzen und in Scheiben schneiden. Den Boden abwechselnd mit Tomaten- und Zucchinischeiben schuppenförmig belegen. Etwas pfeffern und salzen. Eier und Schmand miteinander verrühren, die Kräuter zugeben. Eiercreme gleichmäßig über das Gemüse geben. Bei 180 - 200 °C 40 min im Backofen garen. Dann den Käse überstreuen und alles noch 10 - 15 min weiterbacken lassen.

TIP: Die Kräuterzugabe läßt sich gut variieren. Wie wäre es z. B. mit Oregano, Basilikum oder Estragon?

Tomaten

Tomaten-Champignon-Eintopf mit Geflügel

(Vor)Suppe

300 g	Kirschtomaten
500 g	Champignons
2 Bund	Frühlingszwiebeln
400 g	**Geflügelbrust (Pute, Huhn)**
4	**Knoblauchzehen**
50 g	**Pflanzenöl**
600 ml	**Brühe**
500 ml	**Orangensaft**
100 g	**Grünkern, geschrotet**
	Pfeffer
	Jodsalz
	Ingwer, gemahlen
	evtl. Speisestärke (zum Andicken)

So wird's gemacht:

Pilze, Tomaten und Lauchzwiebeln putzen und waschen. Grünkern waschen und mit der Brühe aufkochen und ca. 20 min ausquellen lassen. Lauchzwiebeln halbieren, das Grün mitverwenden. Champignons und Tomaten halbieren. Fleisch in dünne Scheibchen schneiden. Das Öl erhitzen und das Fleisch darin ca. 5 min anbraten. Das Fleisch herausnehmen. Den Knoblauch in das Bratfett drücken und die Pilze zufügen. Etwas braten lassen, dann die Lauchzwiebeln und die Tomaten zugeben und noch ca. 3 min weiterdünsten. Das Fleisch und die Grünkernbrühe zufügen und noch etwa 5 min köcheln lassen. Mit Orangensaft auffüllen und pikant abschmekken. Evtl. mit etwas Speisestärke andicken.

Dazu paßt: Röstbrot

TIP: Es müssen nicht unbedingt Kirschtomaten sein. Das Gericht schmeckt auch mit ganz gewöhnlichen Tomaten lecker.

Tomaten

Vorspeise — Tomatensahne

300 g	Tomaten (Fleisch-)
100 g	Schlagsahne
3 Tropfen	Zitronensaft
30 g	Parmesan
	Pfeffer
	Jodsalz

So wird's gemacht:

Die Tomaten waschen, mit kochendem Wasser überbrühen und die Haut abziehen. Den Stengelansatz herausschneiden und das Fleisch fein hacken. Die Schlagsahne mit einem Spritzer Zitronensaft steif schlagen. Den Parmesankäse hineinreiben und mit den Tomatenstückchen unterziehen. Mit Salz und Pfeffer abschmecken.

Dazu passen: geräucherte Forellenfilets, Röstbrot, Petersiliensträußchen

TIP: Wenn die Sahne etwas länger halten soll, etwas sofort (kalt) lösliche Gelatine hineinrühren. Im Gegensatz zu Sahnesteif gibt das keine Süße. Pikant wird die Sahne mit Meerrettich statt Parmesan.

Salat — Tomaten-Spinat-Salat

800 g	Tomaten
300 g	Blattspinat
1 EL	Sonnenblumenöl
1	Knoblauchzehe
3 EL	Zitronensaft
	Pfeffer
1	Zwiebel
1 EL	Olivenöl
4 EL	Balsamico-Essig
1 EL	Mineralwasser (mit Kohlensäure)
1 TL	Basilikum, fein gehackt
4 EL	Knoblauchcroutons (fertig)

Tomaten

So wird's gemacht:

Tomaten waschen. Spinat vorbereiten und 2 min blanchieren, abschrecken und trockenschleudern. Die Spinatblätter auf soviele Mittelteller wie Personen verteilen. Aus Sonnenblumenöl, zerdrückter Knoblauchzehe und Zitronensaft eine Marinade rühren und mit etwas Pfeffer abschmecken. Über den Spinat geben. Die Tomaten in mundgerechte Stücke schneiden. Zwiebel abziehen und fein würfeln. Aus Olivenöl, Balsamico, etwas Pfeffer und dem gehackten Basilikum eine zweite Salatsoße rühren. Tomaten und Zwiebeln darunter heben und auf die Teller verteilen. Mit Knoblauchcroutons bestreut servieren.

TIP: Dieser Salat eignet sich auch hervorragend als Vorspeise oder aber mit etwas Käse als kleine Mittags- oder Abendmahlzeit.

Scharfe mexikanische Soße — 1 Portion — Special

500 g	**Tomaten**
100 g	**Zwiebeln**
2	**Knoblauchzehen**
3	**Chilischoten, grün**
0,5 TL	**Oregano**
0,5 TL	**Kreuzkümmel (Kumin)**
1 TL	**Jodsalz**

So wird's gemacht:

Tomaten kurz überbrühen und die Haut abziehen. Sehr fein hacken. Die Zwiebeln und Knoblauchzehen abziehen, Zwiebeln ebenfalls fein hacken, Knoblauchzehen dazupressen. Die Chilischoten sehr fein schneiden. Alle Gemüse mit den Gewürzen verrühren und scharf abschmecken.

Dazu passen: Alle Arten von Grilladen und Bratlingen. Die Soße kann auch gut zum Schärfen von Chili con carne verwendet werden.

TIP: Nehmen Sie statt normaler Zwiebeln rote Essigzwiebeln!

Region: Mexiko. Dort wird sie Salsa picante genannt und z. B. zu neutral schmeckenden Chips serviert.

Tomaten

Special

Grüne Tomatenmarmelade — 1 Portion

1 kg	Tomaten (grüne)
1 kg	Gelierzucker
1	Vanillestange

So wird's gemacht:

Die Tomaten waschen, den Stielansatz herausschneiden und würfeln. Die Würfel mit einem Passierstab sehr gut zerkleinern. Das Tomatenpüree mit dem Gelierzucker mischen. Die Vanillestange halbieren, das Mark herauskratzen und zufügen. Alles zusammen zum Kochen bringen und etwa 4 min kochen lassen. Gelierprobe machen! Heiß in Gläser füllen und sofort verschließen.

TIP: Die einfache Rezeptmenge ergibt etwa 4 Gläser. Anstelle von Vanille kann man die Marmelade auch mit Zimt und Nelken würzen. Angst vor Solanin wegen der grünen Tomaten brauchen Sie keine haben!

Jan	Febr	Mrz	Apr	Mai	Juni	Juli	Aug	Sep	Okt	Nov	Dez

Weiße Rübe

Weiße Rüben naturell

Grundrezept

500 g	Weiße Rüben (Mai-, Teltower)
250 ml	Wasser
0,5 TL	Jodsalz
1 EL	Butter
1 EL	Petersilie, gehackt

So wird's gemacht:

Die Rübchen vorbereiten und je nach Wunsch in Scheiben, Streifen oder Würfel schneiden. Das Wasser mit dem Salz zum Kochen bringen. Die Rübchenstücke hineingeben und je nach Größe in 10 - 20 min gar köcheln. Die fertig gegarten Stücke herausheben, abtropfen lassen. In einem Topf die Butter zerlassen und das Gemüse darin schwenken. Mit Petersilie bestreut servieren.

Dazu paßt: Jede Art von kurzgebratenem Fleisch, Braten und Geflügel, aber auch gut neue Kartoffeln und Bratlinge o.ä.

TIP: Anstelle von Petersilie können die Rübchen auch mit Dill, Schnittlauch oder Kerbel serviert werden.

Teltower Rübchen

Beilage

750 g	Weiße Rüben, klein
2 EL	Butter
2 TL	Zucker
125 ml	Gemüsebrühe
1 EL	Milch
1 TL	Speisestärke
	Jodsalz, Pfeffer
	Zucker

So wird's gemacht:

Rübchen waschen und sorgfältig schaben/schälen. Butter erhitzen, den Zucker zugeben und bräunen lassen. Die ganzen Rübchen zugeben, kurz andünsten lassen und mit der Brühe aufgießen. Ca. 40 min dünsten lassen. Garprobe machen, u. U. bis zu 20 min weiter dünsten lassen. Speisestärke

Weiße Rübe

mit Milch anrühren und die Rübchen damit binden. Mit Pfeffer, Jodsalz und Zucker abschmecken.

Dazu paßt: Bereits sehr alte Kochbücher sehen als ideale Beilage diverse Fleischgerichte, speziell gegrillte oder gebratene Speisen.

TIP: Um den Rübchen die Farbe zu erhalten, wird empfohlen, sie direkt nach dem Schälen in Mehlwasser (1 EL Mehl je Liter) zu geben.

Region: Teltower Rübchen sind ursprünglich eine Spezialität aus der Mark Brandenburg, werden aber in ganz Deutschland von Genießern geschätzt.

Beilage

Sahne-Rübchen

500 g	Weiße Rüben (Mai-, Teltower)
3 EL	**Butter**
4 EL	**Weißwein**
0,5 TL	**Jodsalz**
100 g	**Sahne**
1EL	**Zitronensaft**
	Pfeffer, weiß

So wird's gemacht:

Rüben vorbereiten und in Streifen schneiden. Die Butter zerlassen, die Rübenstreifen zufügen und 5 min dünsten. Dann Wein und Salz zufügen und alles 10 - 15 min leicht köcheln lassen. Die Sahne und den Zitronensaft zufügen, aufkochen lassen, mit Pfeffer abschmecken und sofort servieren.

Dazu paßt: Eine weitere Gemüsebeilage oder ein Rohkostsalat ist sinnvoll, da die Rübchen-Menge relativ klein (125 g pro Person) ist.

TIP: Die Sahne-Rübchen nicht wieder erkalten lassen oder warm halten, sie müssen möglichst sofort gegessen werden. Bei der relativ kleinen Menge sind Reste nicht zu befürchten.

Weiße Rübe

Elsässer Rübeneintopf

Hauptgericht

1,5 kg	Weiße Rüben (Sauerrüben)
3	Zwiebeln
150 g	Schmalz
2	Knoblauchzehen
400 g	Schweineschulter, geräuchert
2	Schweinshaxen, gesalzen
250 ml	Weißwein
250 ml	Wasser
1 kg	Kartoffeln
	Jodsalz, Pfeffer

So wird's gemacht:

Die Rüben waschen und abtropfen lassen. Dann werden sie gut ausgedrückt. Die Zwiebeln abziehen, in Ringe schneiden und in einem großen, backofengeeigneten Topf im Schmalz 5 min anschwitzen. Dann die Hälfte der Rüben daraufgeben. Die Knoblauchzehen abziehen und zerdrücken, ebenfalls zugeben. Das Fleisch waschen, abtrocknen und auf die Rüben legen. Die restlichen Rüben werden darüber geschichtet. Alles mit Wein und Wasser aufgießen und einmal aufkochen lassen. Dann die Form in den Backofen setzen und bei 200 °C noch etwa 90 min garen. Nach etwa der Hälfte der Zeit sauber gebürstete Kartoffeln mit in den Backofen geben und backen lassen. Den fertigen Rübentopf aus dem Backofen nehmen. Das Fleisch und die Haxen aus dem Gemüse heben und aufschneiden. Gemüse kräftig abschmecken. Das Rübengemüse in eine große Schüssel füllen und mit dem Fleisch belegen. Dazu die Kartoffeln auf einer großen Platte servieren.

Dazu paßt: Knoblauchbutter, Kräuterbutter, Blattsalat, Weißwein (trockener Edelzwicker)

TIP: Die Sauerrüben sind eingesalzene, milchsauer vergorene Herbstrüben, die ähnlich wie Sauerkraut hergestellt werden (s. Rezept 'Sauerrüben').

Region: Elsaß, speziell die Region um Colmar, ein traditionelles Rübenanbaugebiet. Das Gericht heißt hier „Süri Ruewe".

Weiße Rübe

Backofengericht | Überbackene Mornay-Rübchen

1 kg	Weiße Rüben (Mai-, Teltower)
100 g	Butter
8 EL	Weißwein
1 TL	Jodsalz
	Pfeffer, weiß
2 EL	Butter (für die Soße)
40 g	Schinken, gewürfelt
1	Zwiebel
2 EL	Mehl
250 ml	Gemüsebrühe
250 ml	Milch
3	Eigelb
3 EL	Sahne
100 g	Käse, gerieben (Emmentaler)
	Muskat

So wird's gemacht:

Weiße Rüben vorbereiten und in Scheiben schneiden. Die Butter zerlassen und die Rüben darin 5 min andünsten. Wein und Salz zufügen und zugedeckt bei kleiner Hitze etwa 10 - 15 min garen lassen. Mit Pfeffer abschmecken. Inzwischen die Butter für die Soße erhitzen, feingewürfelte Zwiebel und Schinken darin 5 min goldgelb dünsten. Mit dem Mehl bestreuen, kurz durchschwitzen lassen und mit Gemüsebrühe und Milch aufgießen. Soße 5 min köcheln lassen und mit Jodsalz, Pfeffer und Muskat abschmecken. Soße vom Herd nehmen. Das Eigelb mit der Sahne verrühren und in die Soße geben. Ein Drittel des geriebenen Hartkäses zufügen und schmelzen lassen. Fertig gegarte Rüben in eine Auflaufform geben, mit der Soße übergießen und mit dem restlichen Reibkäse bestreuen. Wer es noch kalorienreicher mag, kann weitere Butterflöckchen auf den Käse setzen. Bei Oberhitze kurz überbacken, bis der Käse geschmolzen ist. Er sollte nicht braun werden.

Dazu passen: Kartoffeln, frische Pellkartoffeln o.ä. Kein Fleisch oder Fisch, das Gericht ist sehr mächtig! Gut paßt auch ein frischer Rohkostsalat.

Weiße Rübe

TIP: Bei der echten Sauce Mornay werden die Zwiebel- und Schinkenwürfel vorher durch das Passieren durch ein Sieb entfernt. Es wäre aber schade darum und sie passen sehr gut zu den Rüben.

Region: Frankreich. Die verwendete Käsesoße „Sauce Mornay" ist nach dem französischen Staatsmann Philippe de Mornay benannt.

Sauerrüben — 1 Portion — Special

5 kg Weiße Rüben (Herbstrüben)
100 g Jodsalz

So wird's gemacht:

Die Rüben werden vorbereitet, geschält und fein gehobelt. Das geht sehr gut mit der groben Reibe der Küchenmaschine. Die Rübenschnitze werden dann abwechselnd mit dem Salz in einem Steintopf fest gestampft. Dabei muß nach jedem Stampfen die Lake über den Rüben stehen. Zuoberst kommen einige sauber gewaschene Rübenblätter. Dann folgt ein genau passendes Brett, welches mit einem Feldstein oder schweren Ziegel beschwert wird. Der Topf wird mit einem Tuch zugebunden und 3 - 4 Tage in einen warmen Raum aufbewahrt. Danach wird er in einen kühlen Raum (Keller) gestellt. Die Gärdauer beträgt 5 - 6 Wochen. Brett und Stein müssen alle 14 Tage sauber gespült werden. Die fertigen Sauerrüben sind ca. 4 Monate haltbar.

TIP: Sauerrüben lassen sich gut für Eintopfgerichte wie den Elsässer Rübeneintopf verwenden, können aber auch roh gegessen werden.

Weißkohl

Jän	Febr	Mrz	Apr	Mai	Juni	Juli	Aug	Sep	Okt	Nov	Dez

Grundrezept

Weißkohl naturell

1 kg	Weißkohl
1	Zwiebel
75 g	Pflanzenmargarine
125 ml	Wasser
	Jodsalz
1 TL	Kümmel (evtl. gemahlen)

So wird's gemacht: Weißkohl vorbereiten und hobeln. Die Zwiebel abziehen und fein hacken. Margarine zerlassen und die Zwiebelwürfel darin glasig dünsten lassen. Den Weißkohl zufügen, ca. 5 min andünsten lassen und dann das Wasser, etwas Salz und Kümmel zugeben. Den Topf gut schließen, damit möglichst kein Wasserdampf entweicht und der Kohl ansetzt. Den Weißkohl in 50 - 60 min gar dünsten lassen. Älterer Weißkohl benötigt bis zu 90 min, zwischendrin öfter probieren.

Dazu passen: Kartoffeln, Fleisch oder Wurst, Fisch, Frikadellen, Mettklößchen

TIP: Die Garflüssigkeit mit etwas Speisestärke oder Sahne binden und den Weißkohl in einer weißen Soße servieren.

Beilage

Jägerkohl

1 kg	Weißkohl
100 g	Speck (oder Schmalz)
250 ml	Wasser (kochend)
1 TL	Kümmel
2	Äpfel
2 EL	Zitronensaft
	Zucker
	Jodsalz
1 TL	Speisestärke

So wird's gemacht: Den Kohl vorbereiten und fein hobeln. Den Speck auslassen, die Kohlspäne darin gut schwenken. Mit kochendem Wasser ablöschen und den Kümmel zugeben. Ca. 30 min dünsten

Weißkohl

lassen. Inzwischen die Äpfel waschen, schälen und kleinschneiden. Die Äpfel zufügen und weitere 30 min dünsten lassen. Den Jägerkohl mit den Gewürzen abschmecken und mit in etwas Wasser angerührter Speisestärke binden.

Dazu passen: Kartoffeln, Bratwurst

TIP: Anstelle der Stärkebindung kann man auch etwas Püreepulver einstreuen oder eine sehr fein geriebene, rohe Kartoffel die letzten 5 - 10 min mitköcheln lassen.

Große Frühlingsrolle

Backofengericht

0,5 Kopf	Weißkohl, klein
1 Stange	Porree
150 g	Champignons
25 g	Pflanzenmargarine
2	Zwiebeln
1	Knoblauchzehe
100 g	Beefhack
100 g	Hackfleisch (Rind)
	Jodsalz
	Pfeffer
	Edelsüßpaprika
	Curry
	Sojasoße
2	Eigelb
450 g	Tiefkühlblätterteig
200 g	Käse (Gouda), geraspelt
	evtl. Milch zum Bestreichen

So wird's gemacht:

Weißkohl und Porree putzen und in Streifen schneiden. Fett erhitzen. Zwiebeln würfeln, Knoblauch zerdrücken und und beides im Fett andünsten. Das Fleisch zugeben und darin anbraten. Die Gemüsestreifen zufügen und weiterdünsten. Die geputzten Champignons scheibeln und ebenfalls zufügen. Mit den Gewürzen abschmecken. Die Gemüsemasse mit den Eigelb legieren, abkühlen lassen. Den Blätterteig nach

Anweisung auftauen lassen und messerdick zu einem Rechteck ausrollen. Den Gouda auf den Teig verteilen. Die Füllung daraufgeben, dabei aber rundherum ca. 3 cm Rand lassen. Die Ränder auf die Füllung schlagen und den Teig aufrollen. Die Frühlingsrolle auf ein leicht gefettetes Blech geben und eventuell mit etwas Milch bestreichen. Bei 200 °C 35 - 40 min backen, danach noch etwa 5 - 10 min im Ofen lassen.

TIP: Mit dem verbliebenen Eiklar Baiser bzw. Makronen backen.

Hauptgericht

Weißkohl mit Erbsen

500 g	**Weißkohl**
250 g	**Kartoffeln, festkochend**
0,5 Dose	**Pizza-Tomaten**
150 g	**Erbsen (TK od. Dose)**
4 EL	**Olivenöl**
3	**Lorbeerblätter**
0,5 TL	**Kreuzkümmel (Kumin)**
	Jodsalz
0,5 TL	**Zucker**
1 TL	**Kurkuma, gemahlen**
0,5 TL	**Chilipulver**
50 ml	**Wasser**

So wird's gemacht:

Den Weißkohl und die Kartoffeln putzen bzw. schälen. Den Kohl fein hobeln, die Kartoffeln würfeln. Das Öl erhitzen, die Lorbeerblätter und den Kreuzkümmel in das heiße Fett geben, Kohl und Kartoffeln zufügen und 4 - 5 min braten. Die Pizza-Tomaten und die Gewürze zufügen. Den Kohl zum Kochen bringen und etwa 15 min zugedeckt bei schwacher Hitze köcheln lassen. Zum Schluß die Erbsen zufügen und weitere 5 min garen lassen. Bei Bedarf etwas Wasser zufügen. Nochmals kräftig abschmecken und heiß servieren.

Region: Indien

Weißkohl

Bauernsuppe — (Vor)Suppe

600 g	Weißkohl
1	Möhre
2 l	Wasser
750 g	Kartoffeln
100 g	Schinken, geräuchert
	Pfeffer
	Muskat
	Jodsalz
125 ml	Milch
1 EL	Petersilie, gehackt
2	Zwiebeln
1 EL	Pflanzenmargarine

So wird's gemacht:

Den Weißkohl vorbereiten, den Kopf in Scheiben schneiden und in kochendem Wasser 20 min garen. Inzwischen Kartoffeln und Möhre schälen und in Würfel schneiden. Zum Kohl geben. Den Schinken fein würfeln, zur Suppe geben und alles noch etwa 25 min garen. Die Suppe mit Pfeffer, Muskat und eventuell Salz abschmecken, mit Milch und Petersilie verfeinern. Zwiebeln abziehen und in Ringe schneiden. In einer beschichteten Pfanne in etwas Margarine leicht rösten. Die Zwiebelringe über die Suppe geben.

Dazu paßt: Bauernbrot

TIP: Der Geschmack der Suppe wird noch sehr viel intensiver, wenn man sie im Römertopf zubereitet. Anstelle von Schinken kann man auch Geselchtes nehmen.

Fritierte Weißkohlbällchen — Vorspeise

300 g	Weißkohl
1	Zwiebel
2 TL	Schmalz (od. Margarine)
1	Ei
2 EL	Vollkorngrieß

Weißkohl

Jodsalz
Pfeffer
Kümmel, gemahlen
Semmelbrösel (zum Panieren)
Fett (zum Fritieren)

So wird's gemacht: Den Weißkohl putzen, in einzelne Blätter teilen und 3 min blanchieren. Gut abtropfen lassen. Anschließend fein hacken oder durch den Fleischwolf geben. Zwiebel abziehen, fein würfeln und in Schmalz goldgelb andünsten. Zwiebel, Ei, Grieß, Gewürze und Wirsing zu einem Teig vermengen und abschmecken. Aus dem Teig kleine Klöße (2 - 3 cm Durchmesser) formen und in Semmelbröseln wälzen. Die Panade gut andrücken und die Bällchen bei 180 °C etwa 3 min fritieren.

Dazu paßt: Schmeckt gut auf einem Bett aus gehackten Tomaten mit vielen Kräutern.

TIP: Die Klößchen lassen sich gut vorbereiten und das Fritieren der relativ kleinen Portionen (für jeden 3 - 4 Bällchen) ist dann schnell gemacht.

Salat

Krautsalat

600 g Weißkohl
2 EL Pflanzenöl
4 EL Mineralwasser, mit Kohlensäure
4 EL Essig
1 TL Senf
4 EL Kräuter, gemischt u. gehackt
2 Zwiebeln
1 Knoblauchzehe (n. Geschmack)
Jodsalz
Pfeffer
Kümmel

So wird's gemacht: Weißkohl putzen, waschen und den harten Strunk herausschneiden. Das Kraut in feine Streifen hobeln und kurz

Weißkohl

stampfen. Aus Öl, Mineralwasser und Essig eine Marinade rühren. Den Senf und die Kräuter zugeben. Die Zwiebeln abziehen und hacken und ebenfalls zur Salatsoße geben. Mit den Gewürzen abschmecken. Die Soße über den Weißkohl geben und ca. 15 min ziehen lassen.

Dazu passen: Vollkornbrötchen

Hausmacher-Sauerkraut — 1 Portion — Special

5 kg Weißkohl
100 g Jodsalz

So wird's gemacht:

Möglichst feste, frische Weißkohlköpfe werden von den äußeren Blättern befreit und fein gehobelt. Das geht sehr gut mit der groben Reibe der Küchenmaschine. Das Kraut wird dann abwechselnd mit dem Salz in einem Steintopf fest gestampft. Dabei muß nach jedem Stampfen die Lake über dem Kraut stehen. Zuoberst kommen einige Kohlblätter. Dann folgt ein genau passendes Brett, welches mit einem Feldstein oder schweren Ziegel beschwert wird. Der Topf wird mit einem Tuch zugebunden und 3 - 4 Tage in einem warmen Raum aufbewahrt. Danach wird er in einen kühlen Raum (Keller) gestellt. Die Gärdauer beträgt 5 - 6 Wochen. Brett und Stein müssen alle 14 Tage sauber gespült werden. Das fertige Sauerkraut ist den ganzen Winter haltbar.

Dazu paßt: Sauerkraut läßt sich sowohl roh als auch gegart essen. Die Möglichkeiten sind sehr vielfältig (s. Sauerkraut-Rezepte).

TIP: Um das Sauerkraut geschmacklich zu verändern, können auch Weinblätter, Apfelschnitzel (ca. 500 g) oder Wacholderbeeren zugesetzt werden.

Wirsing

Jan Febr Mrz Apr Mai Juni Juli Aug Sep Okt Nov Dez

Grundrezept

Wirsing naturell

1 kg	**Wirsing**
1	**Zwiebel**
75 g	**Pflanzenmargarine**
125 ml	**Wasser**
	Jodsalz
	Pfeffer

So wird's gemacht:

Wirsing vorbereiten und in Streifen schneiden. Die Zwiebel abziehen und fein hacken. Margarine zerlassen und die Zwiebelwürfel darin glasig dünsten lassen. Den Wirsing zufügen, ca. 5 min andünsten lassen und dann das Wasser, etwas Salz und Pfeffer zugeben. Den Topf gut schließen, damit möglichst kein Wasserdampf entweicht und der Kohl ansetzt. Den Wirsing in ca. 45 min gar dünsten lassen. Älterer Wirsing benötigt bis zur doppelten Garzeit, zwischendrin öfter probieren.

Dazu passen: Kartoffeln, Fleisch oder Wurst, Fisch, Spiegeleier

TIP: Die Garflüssigkeit mit etwas Speisestärke oder Sahne binden und den Wirsing in einer weißen Soße servieren.

Beilage

Nuß-Wirsing

1 Kopf	**Wirsing**
2 EL	**Butter**
50 g	**Haselnüsse**
150 ml	**Weißwein**
	Jodsalz
	Pfeffer

So wird's gemacht:

Wirsing putzen, waschen und in acht gleichmäßige Stücke schneiden. Die Butter in einem großen, flachen Topf erhitzen und die Haselnüsse darin etwa 1 min anrösten. Die Wirsingstücke zugeben und rundherum ebenfalls andünsten. Den Wein zugeben, den Topf gut verschließen und alles etwa

Wirsing

20 min köcheln lassen. Würzen. Zum Servieren die Kochflüssigkeit als Soße über den fertig gegarten Wirsing geben.

Dazu passen: Pellkartoffeln, Kartoffelklöße, Schnitzel

TIP: Etwas Fischfilet (z. B. Seelachs) mitgaren lassen.

Käserouladen

Hauptgericht

12 Blätter	**Wirsing (groß)**
200 g	**Käse (z.B. Holländer)**
1	**Zwiebel**
80 g	**Schinken, roh**
4 TL	**Pflanzenöl**
1 Dose	**Tomaten, geschält (à 425 g)**
1 Dose	**Tomatenmark (à 70 g)**
1 TL	**Oregano**
1 TL	**Basilikum**
	Pfeffer
	Zucker
1 kg	**Kartoffeln**
1 Bund	**Petersilie**

So wird's gemacht:

Wirsingblätter waschen, gut abtropfen lassen und in etwas kochendem Wasser bißfest dünsten. Jeweils 3 Blätter auf der Arbeitsfläche übereinanderlegen. Den Käse in grobe Würfel schneiden (oder dünne Käsescheiben aufrollen) und auf die Blätter legen. Die Blätter wie bei Kohlrouladen zusammenschlagen und zu Rouladen 'packen'. Die Zwiebel fein hacken, den Schinken würfeln. Pflanzenöl erhitzen und die Zwiebel darin anschwitzen. Die geschälten Tomaten hinzugeben und etwas zerdrücken. Tomatenmark hineinrühren. Die Soße aufkochen und mit den Gewürzen abschmecken. Den Schinken hinzugeben. Die Soße, sie kann ruhig noch dünnflüssig sein, in eine Auflaufform geben. Die Wirsingrouladen hineinlegen und bei 180 - 200 °C im Backofen etwa 20 min schmoren lassen. Kartoffeln als Beilage kochen. 1 - 2 gekochte Kartoffeln abnehmen, und sehr fein stampfen oder pürieren. Fertige

Wirsing

Wirsingrouladen aus der Soße nehmen und die Soße mit dem Kartoffelpüree andicken. Nochmals abschmecken. Petersilie waschen und hacken. Die Kohlrouladen auf einer tiefen Platte anrichten, mit der Soße überziehen und mit der Petersilie bestreuen. Dazu die Kartoffeln reichen.

Backofengericht

Wirsing-Mais-Auflauf

1 kg	Wirsing
1 Stange	Porree (groß)
1 l	Wasser
3 TL	Gemüsebrühe (gekörnt)
50 g	Maiskörner (getrocknet)
1	Knoblauchzehe
3	Eier
1 EL	Butter
3 EL	Kräuter, gemischt
150 g	Käse, gerieben
0,5 TL	Curry
0,5 TL	Pfeffer
1 EL	Parmesan
2 EL	Cornflakes
	Muskat
	Jodsalz

So wird's gemacht:

Wirsing waschen, putzen und in einzelne Blätter teilen. Das Wasser mit einem Drittel des Brühpulvers aufkochen. Die Wirsingblätter hineingeben, gar kochen und herausnehmen. Gut abtropfen lassen, die Brühe auffangen. Knapp die Hälfte der Brühe mit dem restlichen Brühpulver und den Maiskörnern zu einem dicken Brei kochen. Diesen etwas abkühlen lassen und Eier und Butter unterrühren. Knoblauch zerdrükken, dazugeben. Den Porree putzen und in feine Ringe schneiden, die Kräuter hacken. Beides zusammen mit zwei Drittel des geriebenen Käses unter den Maisbrei heben und mit Curry und etwas Pfeffer abschmecken. Den Boden einer Auflaufform mit ca. einem Drittel der Wirsingblätter auslegen und mit Muskat würzen. Eventuell noch salzen. Die Hälfte des Maisbreis darauf geben. Es folgen eine weitere gewürzte Wirsingschicht (zweites Drittel) und erneut Maisbrei. Die letzte Schicht besteht nochmals aus Wirsingblättern. Der restliche Reibkäse wird mit dem Parmesan und den fein zerkrümelten Cornflakes gemischt und auf den Auflauf gestreut. Er wird bei 200 - 225 °C 25 - 30 min gebacken.

TIP: Getrocknete Maiskörner kann man am einfachsten als sogenannten Popcornmais kaufen. Dieser Mais ist kein Gemüse- oder Zuckermais! Das Gericht läßt sich aber auch aus Maisgrieß (Polenta) herstellen.

Cremige Kohlsuppe mit Apfel

(Vor)Suppe

800 g	Wirsing
1	Zwiebel
1	Apfel
1,2 l	Wasser
4 EL	Reiskleie (od. Vollkornmehl)
	Pfeffer

So wird's gemacht:

Den Kohl vorbereiten und fein hobeln. Zwiebel abziehen und in dünne Scheiben schneiden. Apfel schälen, entkernen und in kleine Stücke schneiden. Kohl, Zwiebel und Apfel in einen Topf geben, mit dem Wasser auffüllen und bei milder Hitze zugedeckt 60 min köcheln lassen. Dann die Suppe etwa 10 min abkühlen lassen. Die Kleie (oder ersatzweise Vollkornweizenmehl) zufügen und alles pürieren. Die Suppe sollte eine cremige Konsistenz haben. Noch einmal erwärmen und mit Pfeffer würzen.

TIP: Diese Suppe läßt sich auch mit Rotkohl oder Weißkohl herstellen. Bei Rotkohl ein Lorbeerblatt mitkochen lassen.

Wirsing

Vorspeise

Überbackene Wirsingröllchen

400 g	Wirsing
100 g	Speck, geräuchert u. durchwachsen
1 EL	Pflanzenmargarine
2 EL	Weizenvollkornmehl
2 EL	Sahne
	Jodsalz
	Pfeffer
200 ml	Milch
2	Eier
1 Prise	Jodsalz
1 Prise	Zucker
100 g	Mehl
	Butter(schmalz zum Ausbacken)
50 g	Käse, gerieben
1 Pck.	Kräuter, gemischt (TK)

So wird's gemacht:

Den Wirsing putzen, waschen und in feine Streifen schneiden. Den Speck fein würfeln und in einem Topf auslassen. Den Wirsing mit etwas Wasser dazugeben und in ca. 10 - 15 min weich dünsten. Margarine und Mehl gut miteinander verkneten und unter den Wirsing rühren. Aufkochen lassen, die Sahne zufügen und gut abschmecken. Die Wirsingmasse sollte pastös sein, eventuell noch etwas einkochen lassen. Inzwischen Milch und Eier mit Zucker und Salz gut verquirlen und mit dem Mehl zu einem Pfannkuchenteig rühren. 5 min quellen lassen. Inzwischen in einer Pfanne etwas Butter erhitzen und darin sehr dünne Pfannkuchen backen. Jeden Pfannkuchen etwa 1 cm dick mit dem Wirsing bestreichen und vorsichtig aufrollen. Eine feuerfeste, flache Form ausfetten und die Wirsingrollen vorsichtig hineinlegen. Mit dem Käse bestreuen und bei 200 °C ca. 10 min überbacken. Als Vorspeise auf einem Bett aus gehackten Kräutern anrichten.

TIP: Anstelle von Pfannkuchen kann man fast noch besser Crepes verwenden, vorausgesetzt, man hat ein entsprechendes Crepes-Eisen.

Region: Bayern

Wirsing

Wirsingsalat

Salat

400 g	Wirsing
3	Möhren
1	Apfel
1 EL	Meerrettich
100 ml	Buttermilch
1 EL	Zitronensaft
1 Prise	Zucker
0,5 TL	Jodsalz
0,5 TL	Pfeffer
	Muskat
	Kümmel, gemahlen
2 EL	Walnüsse, gehackt

So wird's gemacht:

Wirsing, Möhren und Apfel putzen und waschen. Den Wirsing in sehr feine Streifen schneiden, die Möhren fein raspeln. Meerrettich und Buttermilch verrühren. Den Apfel reiben, mit Zitrone beträufeln und in die Salatsoße rühren. Mit den Gewürzen abschmecken. Wirsing und Möhren mit der Soße mischen, mindestens 30 min ziehen lassen und nochmals abschmecken. Kurz vor dem Servieren die gehackten Walnüsse unterheben.

TIP: Anstelle von Walnüssen kann man auch geröstete Sonnenblumenkerne oder salzige Erdnußkerne (Soße nicht mehr salzen!) verwenden.

Wurzelpetersilie

Jan	Febr	Mrz	Apr	Mai	Juni	Juli	Aug	Sep	Okt	Nov	Dez

(Vor)Suppe

Petersiliensuppe

300 g	Wurzelpetersilie
750 g	Kartoffeln
750 ml	Gemüsebrühe
1 EL	Pflanzenmargarine
200 ml	Wasser
1 Bund	Petersilie
3 EL	Sahnejoghurt
0,5 TL	Jodsalz
1 Prise	Cayennepfeffer
0,5 TL	Pfeffer, weiß
0,5 TL	Edelsüßpaprika

So wird's gemacht:

Kartoffeln schälen, waschen und würfeln. Die Brühe zum Kochen bringen, die Kartoffeln zufügen und 15 min garen. Inzwischen die Wurzelpetersilie schälen und in dünne Scheiben schneiden. Die Margarine erhitzen und die Wurzelstückchen darin andünsten. Mit dem Wasser ablöschen und 6 min köcheln lassen. Die Petersilie waschen und trocknen. Mit etwas Wurzelpetersiliensud pürieren. Wurzelpetersilie zu den Kartoffeln geben und zusammen ebenfalls pürieren. Den Joghurt, das Petersilienpüree und die Gewürze (außer Edelsüßpaprika) darunterrühren und abschmecken. Die Suppe in Tassen oder Teller geben und mit einem kleinen Klecks Joghurt verzieren. Edelsüßpaprika darüber stäuben.

Dazu paßt: Heißes, knusprig gebackenes Baguette, eventuell mit Knoblauch- oder Pfefferbutter bestrichen.

Wurzelpetersilie

Luftige Wurzelpetersilienspeise

Vorspeise

400 g	Wurzelpetersilie
100 ml	Wasser, gesalzen
50 g	Butter
2 Bund	Petersilie, fein gehackt
3	Eier
	Pfeffer
	Muskat
	Jodsalz

So wird's gemacht:

Wurzelpetersilie waschen, schälen und klein schneiden. Das Salzwasser zum Kochen bringen, die Wurzelstücke hineingeben und in 5 - 10 min weich dünsten. Das Wasser abgießen, die Wurzelstückchen abdämpfen lassen und durch ein Sieb passieren. Den Backofen auf 200 °C vorheizen. Einen großen flachen Bräter etwa 2 cm hoch mit heißem Wasser füllen und hineinstellen. Eine ausreichende Anzahl Soufflé-Portionsförmchen am Boden gut fetten. Passierte Wurzelpetersilie mit der Hälfte der gehackten Petersilie und Butter verrühren. Eier trennen und das Eigelb unter das Püree ziehen. Mit Pfeffer, Salz und Muskat würzen. Das Eiklar zu festem Schnee schlagen. Einen kleinen Teil zur ersten Lockerung kräftig unter das Püree schlagen, den Rest vorsichtig unterheben. Die Soufflèförmchen mit der Masse füllen und in das Wasserbad stellen. Die luftige Speise etwa 20 min garen. Für die ersten 15 min die Backofentür nicht öffnen, da die Speise sonst zusammenfällt. Die gebräunten, gut aufgegangenen Soufflés am Rand lösen, stürzen und auf einem Bett aus gehackter Petersilie servieren.

TIP: Interessante Geschmacksvarianten ergeben sich durch das Zufügen von 1 EL Parmesan, etwas abgeriebener Zitronenschale oder zerriebenen Röstzwiebeln. Das Kochwasser für eine Soße verwenden!

Wurzelpetersilie

Salat

Gekochter Petersilienwurzelsalat

400 g	Wurzelpetersilie
2 EL	Zitronensaft
1 TL	Senf
	Jodsalz
	Pfeffer
1	Knoblauchzehe
6 EL	Olivenöl
1 TL	Pfefferkörner, grün

So wird's gemacht:

Petersilienwurzeln schälen und in wenig Salzwasser in etwa 20 min gar dünsten. Inzwischen aus Zitronensaft, Senf, mit etwas Salz fein zerdrücktem Knoblauch und Pfeffer eine Soße rühren. Dann das Olivenöl unter ständigem Rühren zugeben, bis sich alle Zutaten der Vinaigrette gut miteinander verbunden haben. Die garen Petersilienwurzeln herausheben, abtropfen lassen und in dünne Scheiben schneiden. Die Scheiben auf einer Platte arrangieren und noch warm mit der Vinaigrette beträufeln. Das Kraut der Petersilienwurzeln waschen und fein hacken. Pro Person einen TL über den Salat streuen. Sind die Wurzeln ohne Kraut, kann auch normale Petersilie, am besten glatte, verwendet werden. Anschließend noch die Pfefferkörner über alles geben und 60 min ziehen lassen. Den Salat dabei nicht in den Kühlschrank stellen.

Region: England

Wurzelpetersilie

Englischer Petersilienwurzelsalat mit Minze

Salat

150 g	Wurzelpetersilie
1	Möhre
1	Zwiebel (klein)
100 g	Minze (Blättchen)
3 EL	Zitronensaft
	Jodsalz
	Pfeffer

So wird's gemacht:

Petersilienwurzel und Möhre vorbereiten und raspeln. Zwiebel abziehen und zusammen mit den gewaschenen und trockenen Minzeblättern sehr fein hacken. Dann die Gemüseraspeln zufügen und alles gut vermengen. Den Zitronensaft zufügen und den Salat mit Salz und Pfeffer abschmecken.

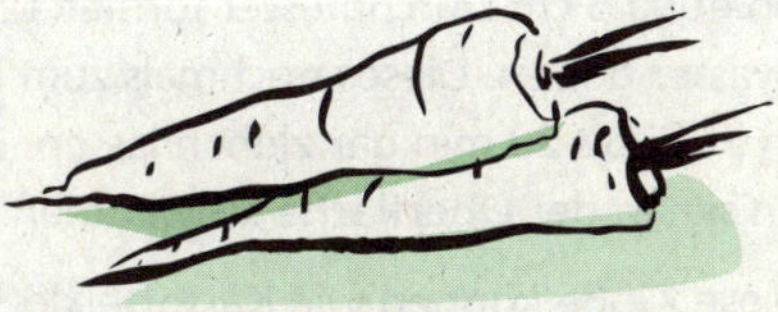

Zucchini

Jan Febr Mrz Apr Mai Juni Juli Aug Sep Okt Nov Dez

Beilage

Zucchini-Kartoffel-Klöße

300 g	Zucchini
600 g	Kartoffeln, gekocht
500 g	Kartoffeln
	Zitronensaft
1	Ei
65 g	Mehl
1 TL	Jodsalz
	Salzwasser

So wird's gemacht:

Die gekochten Kartoffeln sollten vom Tag zuvor sein und bereits mit der Kartoffelpresse oder einem Mixer zerkleinert worden sein. Die anderen Kartoffeln werden geschält und in eine Schüssel mit Wasser und etwas Zitronensaft hineingerieben. Dann werden sie mit einem Geschirrtuch fest ausgedrückt und zu den gekochten Kartoffeln gegeben. Zucchini waschen und ebenfalls reiben. Zu den Kartoffeln geben. Ei, Mehl und Salz zufügen und alles gut verkneten. Aus dem Teig Klöße von etwa 5 cm Durchmesser formen und in kochendes Salzwasser geben. Dieses nochmals zum Kochen bringen, dann in 15 bis 20 min gar ziehen lassen. Die Klöße sind gar, wenn sie an der Oberfläche schwimmen.

Dazu paßt: Diese Klöße können wie Kartoffelklöße als Beilage verwendet werden.

TIP: Zusätzlich auch Möhrenraspeln in die Klöße geben und zu einem hellen Fischragout servieren.

Zucchini

Zucchiniragout

Hauptgericht

750 g	Zucchini
6	Zwiebeln
500 g	Kartoffeln
1 EL	Pflanzenmargarine
2 EL	Mehl
500 ml	Gemüsebrühe
150 g	Joghurt
1 TL	Speisestärke
3	Würstchen (z. B. Frankfurter)
2 TL	Senf
	Pfeffer
	Jodsalz
1 Bund	Schnittlauch

So wird's gemacht:

Zucchini und Kartoffeln vorbereiten und in 1 cm große Würfel schneiden. Zwiebeln abziehen und in Ringe schneiden. Die Margarine im Topf erhitzen, das Gemüse darin andünsten. Das Mehl darüberstäuben, etwas mitschwitzen lassen und mit der Brühe ablöschen. Bei milder Hitze zugedeckt 20 min garen. Joghurt mit Speisestärke verrühren und zum Ragout geben. Die Würstchen in Scheiben schneiden und in den letzten 5 min im Ragout heiß werden lassen. Kräftig mit Senf, Pfeffer und eventuell Salz würzen. Den Schnittlauch waschen, trocknen und hacken und vor dem Servieren über das Ragout streuen.

Dazu paßt: Getoastetes Vollkornbrot

Zucchini

Backofengericht | Zucchini carbonara

4	Zucchini (à 200 g)
1 EL	Zitronensaft
	Jodsalz
250 g	Kochschinken
	Pfeffer, schwarz
2 EL	Petersilie, gehackt
75 g	Käse (Emmentaler)
200 g	Kondensmilch (7,5 %)
2	Eier

So wird's gemacht:

Zucchini vorbereiten und längs halbieren. Mit einem Löffel vorsichtig aushöhlen. Die Hälften sollten stabil stehen können. Hälften mit dem Zitronensaft marinieren und ganz leicht salzen. Das herausgelöste Zucchinifleisch fein würfeln, ebenso den Schinken. Alle Würfel mit der gehackten Petersilie mischen und gut mit Pfeffer würzen. Die Mischung in die Zucchinihälften füllen und diese in eine längliche Auflaufform stellen. Den Käse fein reiben und mit Kondensmilch und Eiern gut verquirlen. Die Eiermilch vorsichtig über die Zucchinihälften gießen. Auf mittlerer Schiene bei 200 °C ca. 35 min backen lassen. In der Form servieren.

Dazu passen: Nudeln, kleine Pellkartoffeln

TIP: Probieren Sie anstelle von Petersilie auch einmal andere Kräuter aus. Interessant wird es mit Minze, aber auch Basilikum schmeckt gut.

Region: Italien

Zucchini

Zucchini-Kartoffel-Suppe mit Croutons

(Vor)Suppe

600 g	Zucchini
600 g	Kartoffeln
1 Bund	Suppengemüse
2 l	Gemüsebrühe
1 EL	Pflanzenmargarine
1	Lorbeerblatt
1 TL	Majoran, gerebelt
1	Knoblauchzehe
150 g	Speck, mager
6 Sch.	Vollkorntoast
100 g	Schmand
	Jodsalz, Pfeffer

So wird's gemacht:

Zucchini, Kartoffeln und Suppengrün putzen und vorbereiten. Alles fein würfeln. Die Margarine erhitzen, das Suppengrün darin anrösten. Mit der Brühe aufgießen. Das Lorbeerblatt dazugeben und zum Kochen bringen. Die Hälfte der Zucchini und der Kartoffeln hineingeben und 20 min köcheln lassen. Das Lorbeerblatt herausnehmen und die gesamte Suppe pürieren. Restliche Zucchini und Kartoffeln sowie den Majoran und die zerdrückte Knoblauchzehe zufügen und noch 10 min garen. In der Zeit den Speck in feine Streifen schneiden, auslassen und knusprig braten. Den Vollkorntoast in kleine Würfel schneiden. Den kroß gebratenen Speck aus dem Fett nehmen. Die Brotwürfel im Fett goldbraun rösten. Die fertige Suppe mit Salz und Pfeffer abschmecken, die Speckstreifen und den Schmand unterrühren, eventuell noch nachwürzen. Die Suppe mit den Croutons bestreut servieren.

TIP: Anstelle des Schmand kann man auch eine Ecke Kräuterschmelzkäse in der Suppe schmelzen lassen.

Zucchini

Vorspeise — Mittelmeer-Kaltschale

2	Zucchini
1	Fenchelknolle
1	Zwiebel
1 EL	Olivenöl
1	Knoblauchzehe
250 ml	Brühe (Gemüse-)
0,5 Bund	Estragon
1 Bund	Dill
250 g	Dickmilch
250 g	Kefir
100 g	Schlagsahne
	Pfeffer
	Jodsalz
	Zucker
2 EL	Zitronensaft

So wird's gemacht: Zucchini und Fenchel waschen und putzen. Zwiebel schälen und fein würfeln. Öl erhitzen, die Zwiebelwürfel und den sehr feingehackten oder durchgepreßten Knoblauch andünsten. Fenchel und Zucchini ebenfalls fein würfeln. Die Fenchelwürfel zur Zwiebel geben, ca. 2 min mitdünsten, dann die Zucchiniwürfel zugeben. Mit Brühe aufgießen, aufkochen und 4 min leicht kochen lassen. Die Suppe auf Zimmertemperatur erkalten lassen. Die Kräuter hacken und mit der Dickmilch und dem Kefir mischen. Diese Mischung unter die kalte Brühe ziehen. Sehr kräftig mit Pfeffer, Salz, Zucker und Zitronensaft abschmecken. Die Schlagsahne steif schlagen unter unter die Kaltschale heben. Für ca. 2 Stunden in den Kühlschrank stellen.

Dazu passen: Knuspriges Baguette, frisch gebackene Vollkornbrötchen

TIP: Die Kaltschale ist besonders für heiße Augusttage geeignet. Sie kann aber auch als Beilage zum Grillen dienen.

Zucchini

Marinierte Zucchini

Vorspeise

4	Zucchini (klein)
3 EL	Olivenöl
	Jodsalz
50 ml	Essig
2	Lorbeerblätter
1	Knoblauchzehe
1 TL	Rosmarin, getrocknet
1 TL	Thymian, getrocknet

So wird's gemacht:

Zucchini waschen, die Enden abschneiden und die Früchte längs in Scheiben schneiden. Die Scheiben leicht salzen. Knoblauch abziehen. Essig mit Rosmarin, Thymian und Lorbeer aufkochen und 2 min köcheln lassen. Sud abkühlen lassen, Knoblauchzehe hineinpressen. Die Zucchinischeiben u. U. abtrocknen und in heißem Olivenöl von beiden Seiten braten. In eine längliche Schüssel geben und mit dem Sud marinieren. Mindestens eine Stunde durchziehen lassen.

Dazu paßt: Paßt gut zu kalten Buffets und Grillfesten.

Region: Marinierte Zucchini zählen zu den typischen italienischen Antipasti.

Zucchini-Salat

Salat

400 g	Zucchini
1	Kopfsalat (klein)
1,5 l	Wasser
4 EL	Estragonessig
	Jodsalz
	Zitronenpfeffer
1 Prise	Zucker
3 EL	Olivenöl
1 EL	Dill, gehackt
	Zitronenschale, abgerieben

Zucchini

So wird's gemacht:

Die Zucchini waschen und in Scheiben schneiden. Das Wasser zum Kochen bringen, einen EL Essig, etwas Salz und Zitronenpfeffer zufügen. Die Zucchinischeiben darin 3 min blanchieren, herausheben und gut abtropfen lassen. Den Kopfsalat waschen, trockenschleudern und in kleine Stücke zupfen. Aus dem restlichen Essig, Öl, Gewürzen, Zitronenschale und gehacktem Dill eine Salatsoße rühren. Zucchini und Salat mischen und mit der Marinade übergießen. Ca. 15 min durchziehen lassen.

TIP: Zucchini kann man auch roh verwenden, blanchiert oder fritiert schmecken sie jedoch intensiver. Ein Top-Dressing zu Zucchini: italienische Vinaigrette mit fein gehackten Anchovis und Basilikum.

Special

Zucchinikuchen

300 g	Zucchini
150 g	Sonnenblumenöl
4	Eier
300 g	Zucker
1 Pck.	Vanillezucker
1 TL	Jodsalz
400 g	Mehl
1,5 TL	Backpulver
1 TL	Haselnüsse, gemahlen
	Zitronenschale, abgerieben

So wird's gemacht:

Zucchini waschen und raspeln. Zucker und Öl mit den Eiern gut aufschlagen. Mehl mit Salz und Backpulver mischen und hinzufügen. Zuletzt die Zucchiniraspeln und etwas abgeriebene Zitronenschale unterrühren. Eine Backform ausfetten und mit Haselnußmehl ausstreuen. Den Teig in eine große Kastenform oder eine Kranz-Springform füllen. Bei 175 °C ca. 60 - 65 min backen. Kurz vor Ablauf der Garzeit Garprobe mit einem Holzstäbchen machen.

Dazu paßt: Schlagsahne

TIP: Wem die grüne Schale im Kuchen zu auffällig erscheint, kann die Zucchini natürlich vor dem Raspeln schälen. Beim Mehl läßt sich mindestens die Hälfte sehr gut durch Vollkornmehl ersetzen.

Zucchini-Relish — 1 Portion — Special

1 kg	Zucchini
5	Ingwer (in Sirup eingelegt)
4 EL	Essig (Himbeer-)
1 kg	Gelierzucker
1 Prise	Chilipulver
1 TL	Rum

So wird's gemacht:

Zucchini waschen, schälen und in feine Würfel schneiden. Die Ingwerstücke aus dem Sirup nehmen und ebenfalls fein würfeln. Beides in einen Topf geben. Zucker, Essig und Chilipulver zufügen, gut verrühren und zum Kochen bringen. 3 min sprudelnd kochen lassen, dann den Rum zufügen und noch eine weitere Minute sprudeln kochen. In Twist-off-Gläser füllen und sofort verschließen. Das Relish hält sich bei kühler, dunkler Lagerung ca. 1 Jahr.

Dazu passen: Ideal im Winter zu kalten Platten, Braten, Steaks oder Geflügel.

TIP: Möglichst kleine Twist-off-Gläser verwenden, damit die Menge möglichst auf einmal aufgebraucht werden kann.

Zwiebeln

Jan	Febr	Mrz	Apr	Mai	Juni	Juli	Aug	Sep	Okt	Nov	Dez

Grundrezept

Zwiebeln naturell

750 g	Zwiebeln
2 EL	Butter
2 TL	Zucker
125 ml	Wasser
	Jodsalz
	Zitronensaft

So wird's gemacht:

Die Zwiebeln abziehen und waschen. In einem flachen, breiten Topf die Butter zerlassen und den Zucker darin leicht anbräunen. Die Zwiebeln nebeneinander hineinsetzen. Mit dem Wasser aufgießen, etwas Salz und Zitronensaft zugeben und knapp 25 min dünsten lassen. Die Zwiebeln herausheben, das Kochwasser für weitere Verwendung (z. B. als Soße) aufheben.

Dazu paßt: Mit gehackten Kräutern bestreut servieren, mit Käse überbacken oder mit in Butter gebräunten Semmelbröseln übergießen. Vielseitige Beilage zu Fleischgerichten, Bratkartoffeln, Bratheringen o.ä.

TIP: In den letzten 10 min drei halbierte Tomaten mitgaren lassen.

Beilage

Zwiebeln in Weincreme

800 g	Gemüsezwiebeln
2 EL	Pflanzenmargarine
125 ml	Gemüsebrühe
125 ml	Weißwein
3 EL	Schmand
1 EL	Petersilie, gehackt
	Jodsalz, Pfeffer

So wird's gemacht:

Gemüsezwiebeln abziehen und in etwa 0,5 cm dicke Scheiben schneiden. Die Margarine in einem großen, flachen Topf zerlassen und die Zwiebelscheiben darin goldgelb andünsten. Mit der Brühe ablöschen und 10 min köcheln lassen. Dann den Weißwein zugießen und weitere 20 min dünsten lassen. Die Zwiebeln mit Salz und Pfeffer abschmecken. Schmand und gehackte Petersilie verrühren und unter die Zwiebeln geben.

Dazu paßt: Reis, Fischfilet oder gebratener Fisch

Zwiebelrostbraten

Hauptgericht

600 g	**Zwiebeln**
4 EL	**Pflanzenöl**
4 Sch.	**Rumpsteak (à 175 g)**
2 EL	**Weizenvollkornmehl**
125 ml	**Weißwein**
1 EL	**Sojasoße**
	Jodsalz, Pfeffer

So wird's gemacht:

Zwiebeln abziehen und würfeln. Das Öl erhitzen und die Zwiebelwürfel darin 5 min dünsten lassen. Die Zwiebelwürfel herausheben und dabei gut abtropfen lassen. Die Rumpsteaks waschen, trocknen und den Fettrand mehrmals mit einem scharfen Messer senkrecht einschneiden. Die Steaks in Mehl wenden und in der Pfanne beidseitig kräftig braun anbraten. Beide Seiten leicht pfeffern. Die Zwiebeln auf die Steaks geben, den Wein angießen, Sojasoße zufügen und alles in der geschlossenen Pfanne 15 min schmoren lassen. Die Soße mit Salz und Pfeffer abschmecken. Das Fleisch herausheben und auf einer tiefen Platte anrichten. Die Zwiebelsoße darübergeben.

Dazu passen: Spätzle, Kartoffelklöße, Rotkohl, Rosenkohl, Rohkostsalat

TIP: Geben Sie zu den Zwiebeln auch noch einige Pilze, z. B. Champignons oder Pfifferlinge, und verwenden Sie dann anstelle von weißem einen Rotwein.

Zwiebeln

(Vor)Suppe

Zwiebelsuppe Kölsche Art

6	Zwiebeln
1 TL	Butter
800 g	Kartoffeln (mehlig)
1 l	Gemüsebrühe
2 Sch.	Schwarzbrot
500 ml	Milch (fettarm)
	Jodsalz
	Pfeffer

So wird's gemacht:

Zwiebeln abziehen und in feine Ringe schneiden. Die Kartoffeln schälen und kleinschneiden. Butter erhitzen, die Zwiebelringe darin goldgelb andünsten (nicht zu dunkel werden lassen). Mit der Brühe ablöschen, aufkochen und die Kartoffeln zufügen. Etwa 10 min köcheln lassen. Die Kartoffeln sollten dann noch nicht ganz gar sein. Das Schwarzbrot zerbröseln und zur Suppe geben. Weiterköcheln lassen, bis die Kartoffeln ganz gar sind. Dann die Suppe mit einem Kartoffelstampfer pürieren. Die Milch zufügen und die Suppe noch einmal aufkochen lassen. Die Zwiebelsuppe kräftig mit Salz und Pfeffer abschmecken.

Dazu paßt: In Köln ißt man zu dieser Zwiebelsuppe Reibekuchen. Der Phantasie sind aber keine Grenzen gesetzt...

TIP: Mit etwas Knoblauch bekommt die Suppe ein gewisses südländisches Aroma.

Region: Rheinland

Zwiebeln

Indische Zwiebelbeignets

Vorspeise

3	Zwiebeln (groß)
3	Knoblauchzehen
100 g	Kichererbsenmehl
50 g	Mehl
1	Ei
1 TL	Backpulver
1 TL	Cayennepfeffer
	Pflanzenöl (zum Braten)

So wird's gemacht:

Zwiebeln abziehen und in feine Scheiben schneiden. Die Knoblauchzehen ebenfalls abziehen und fein hacken. Kichererbsenmehl, Mehl und Backpulver mit Ei und Cayennepfeffer vermischen. Soviel kaltes Wasser zufügen, daß sich ein glatter, nicht zu flüssiger Teig ergibt. Zwiebeln und Knoblauch unterrühren. Das Öl in einer Pfanne erhitzen und den Zwiebelteig mit einem EL hineingeben. Etwas auseinanderdrücken, so daß die Form kleiner Reibekuchen entsteht. Von beiden Seiten goldbraun braten. Auf Küchenpapier etwas abtropfen lassen und schnell servieren.

Dazu paßt: eine scharfe rote Soße, wie Chilisoße oder Zigeunersoße, Zwiebelrelish, Mangochutney oder, als interessanter Kontrast, Tsatziki, Rettich

TIP: Als Vorspeise sind pro Person etwa 4 Beignets vorgesehen. Als kleines Hauptgericht passen dazu der Oktober-Salat mit Porree oder der scharfe Chinakohlsalat.

Region: Indien

Zwiebeln

Salat

Zwiebel-Ananas-Salat

4	Zwiebeln
500 ml	Wasser, kochend
1 Dose	Ananas
50 g	Mayonnaise
4 Tropfen	Tabasco
2 EL	Zitronensaft
3 TL	Edelsüßpaprika
1 TL	Curry
0,5 TL	Pfeffer
0,5 TL	Jodsalz
4 EL	Ananassaft (aus der Dose)
4 EL	Kresse

So wird's gemacht:

Zwiebeln schälen und in Ringe schneiden. In einer Schüssel mit dem kochenden Wasser übergießen und 2 min ziehen lassen. Wasser abgießen. Die Ananasstücke abtropfen lassen (Saft zurückbehalten). Die Mayonnaise mit dem Ananassaft, dem Zitronensaft, dem Tabasco und den Gewürzen verrühren und abschmecken. Die Kresse abspülen, trockentupfen und mit den Zwiebelringen und den noch einmal durchgeschnittene Ananasstückchen vermengen. Die Salatsoße eventuell noch mit etwas Mineralwasser verlängern und über den Salat geben. Gut untermengen und zugedeckt 2 Stunden im Kühlschrank ziehen lassen.

TIP: Dosen-Ananas gibt es übrigens auch als light-sirup-Version zu kaufen, d.h., es wurde weniger Zucker bei der Herstellung verwendet. Aber nicht mit Süßstoffprodukten verwechseln, die sind nicht gemeint!

Zwiebeln

Zwiebelrelish — 1 Portion — Special

600 g	Zwiebeln (rot)
2 EL	Butter
1 EL	Thymian, frisch u. gehackt
50 ml	Rotwein
3 TL	Honig

So wird's gemacht:

Die Zwiebeln abziehen und fein würfeln. Butter erhitzen und die Zwiebelwürfel darin anschwitzen. Thymian kurz mitdünsten lassen und mit dem Rotwein ablöschen. Das Relish einkochen lassen, bis kaum noch Flüssigkeit vorhanden ist. Den Honig einrühren. Das Relish ist ideal, wenn es etwas dicklich ist. Noch heiß in Gläser füllen und sofort verschließen. Im Kühlschrank aufbewahren und innerhalb eines Monats verbrauchen.

Dazu paßt: Paßt sehr gut zu Fleisch- oder Fischfondue, aber auch zu allem Kurzgebratenen.

TIP: Anstelle von Honig Kandis nehmen und mitkochen lassen. Besser kleine Gläser verwenden, da man doch eher kleinere Portionen verwendet. Das Relish hält sich auch geöffnet längere Zeit im Kühlschrank.

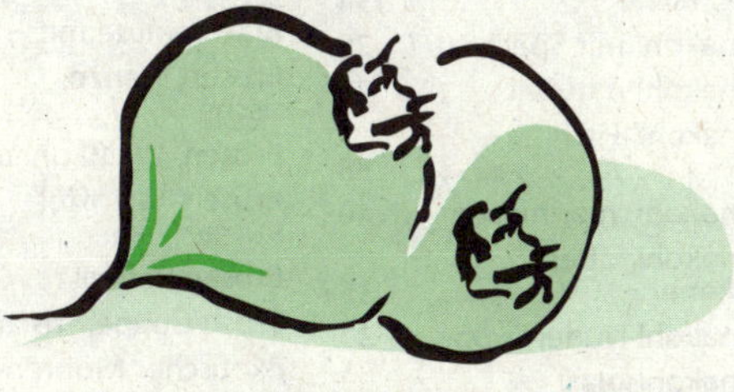

Rezeptregister

Die Abkürzungen bedeuten:
Fi= Gericht mit Fisch
Fl= Gericht mit Fleisch
K= Gericht mit Kartoffeln

A

B

C

D

E

Rezeptregister

Rezeptregister

Rezeptregister

S

Rezeptregister

T

U

W

Z

Gemüse à la Saison

Gemüseportraits

Verbraucher-Zentrale

Inhalt

Vorwort

Gesunde Ernährung wird verknüpft mit der Beschaffung, Verarbeitung und dem Verzehr mîglichst naturbelassener frischer Lebensmittel. Und hier nimmt unbestritten Gemüse einen vorderen Rang ein. Doch wer weiß angesichts des alltäglichen und allgegenwärtigen Angebotes von allem und dies zu jeder (Jahres-)Zeit, aus deutschen Landen und aus aller Welt, wann ein Gemüse natürlich gereift Saison hat bzw. hätte, wenn es aus dem Freiland geerntet in die Küche käme? Und wer kennt die Gemüsesorten, die bei uns heimisch sind und in unserem Klima gedeihen? Etliche Zeitgenossen, die sich frisches Gemüse per Kiste und Abo ins Haus kommen lassen, haben Unbekanntes erst mit Hilfe eines Bestimmungsbuches als Pastinake oder Wurzelpetersilie (wieder)entdeckt. Und wer beim Gang übern Wochenmarkt angesichts der „Schwemmen" von dicken Bohnen, Mangold oder Steckrüben Lust bekommt, auch Ungewohntes mal auszuprobieren, sieht sich ab und an mit der eigenen Unsicherheit konfrontiert, wie damit umzugehen. Oder der Aufwand, in Kochbüchern nach einem einfachen und leckerem Rezept zu wälzen, gestaltet sich häufig unergiebig.

Wenn man sich einmal bewußt macht, daß mehr als 40 verschiedene Gemüsearten auf heimischem Boden wachsen, dann erscheint die Frage berechtigt, wie notwendig ein ganzjähriges Angebot an Tomaten, Gurken, Paprika, Brokkoli, Möhren aus aller Welt tatsächlich ist. Ist doch der „Preis" für diese jederzeitige Verfügbarkeit hoch: Weite Transportwege, saisonunabhängiger oder -verlängernder Anbau in Treibhäusern, (Dauer-)Tiefkühlung zur Lagerung und Bevorratung verbrauchen Energie und belasten Umwelt und unser Klima. Hätten Sie gedacht, daß wir im Erntemonat Oktober prinzipiell die Wahl zwischen mehr als 30 verschiedenen Gemüsen aus einheimischen Freilandanbau haben? Selbst der gemüseärmste April wartet noch bzw. schon mit acht Frischgemüsearten auf. Eigentlich sehr hilfreich, wie die Natur selbst für

Abwechslung im Speiseplan sorgt. Der erste Spargel, der erste Spinat, die ersten Tomaten, der erste Grünkohl, wie köstlich und kostbar gerät Gemüse, wenn Vorfreude sich übers ganze Jahr verteilt.

„Warum in die Ferne schweifen, denn das Gute liegt so nah?" Mit „Gemüse à la saison" wollen wir „Nächstbestes" (wieder) nahebringen: den Blick darauf zu lenken, was in der Region, in der man lebt, an Gemüse wächst, angebaut wird und wann es Saison hat, Appetit machen auf unbekanntes, nicht so vertrautes Gemüse und Abwechslung für gängiges Gemüse bieten. Und dies in dem Bewußtsein, daß der Umgang mit Gemüse à la Saison stets praktischer und konkreter Beitrag zum nachhaltigen Konsum, zur Regionalisierung, zum Umwelt- und Klimaschutz bedeutet.

Der besseren Handlichkeit wegen haben wir den Ratgeber in zwei Bände aufgeteilt. In dem Band, den Sie gerade in der Hand haben, werden 44 einheimische bzw. einheimisch gewordene Gemüsearten vorgestellt, die in Deutschland gewerblich im Freiland angebaut werden, wenn vielleicht auch (noch) in geringem Umfang. Kartoffeln haben wir nicht berücksichtigt, weil sie zum einen als einheimisches Lebensmittel selbstverständlich sind und zum anderen ein eigenes Thema für sich darstellen (könnten); Paprika haben wir noch ausgegrenzt, weil er bislang im Freiland nur im Liebhaberanbau zu finden ist. Gartensalate und Pilze sind zusammengefaßt, auch wenn genauere Unterscheidungen durchaus gerechtfertigt wären. Aber wir wollten den Rahmen nicht sprengen. Sprossen und Sauerkraut haben insofern eine Sonderstellung, als erstere jederzeit zuhause selbst erzeugt werden können und Sauerkraut haltbar verarbeiteter Weißkohl ist, beide aber gerade die gemüsekargeren Wintermonate besser überbrücken helfen. Jedes Gemüse wird in einem eigenen Portrait vorgestellt. Jedes informiert jeweils über Botanik, Anbaugebiete, Handelsklassen, den (Nähr-)Wert für die menschliche Ernährung, gibt Hinweise zur Lagerung, Zubereitung und Haltbarmachung und plaudert ein wenig über Herkunft und Alter eines Gemüses. In einer eigenen Übersicht sind für jedes Gemüse die jeweiligen Gehalte der wichtigsten Nährstoffe aufgelistet. Bemerkenswert ist, daß über die grundsätzlich ausgesprochen günstige Nährstoffdichte hinaus eine schlichte normale Gemüseportion wesentliche Beiträge zum Tagesbedarf einzelner Vitamine und Mineralstoffe beisteuern kann und damit Vitaminpillen und Mineralstoffpräparate locker aussticht. In weiteren Kapiteln werden grundsätzliche Hinweise zum Einkauf und zur Beschaffung sowie geeignete Garmethoden für Gemüse gegeben. Und schließlich können Sie sich einen schnellen Überblick darüber verschaffen, was es wann und wann es was gibt.

In dem zweiten Band stellen sich die Gemüsearten in ihren vielfältigen Zubereitungsmöglichkeiten vor. Rund 300 Rezepte liefern Anregung zum Ausprobieren und Variieren, angefangen in „reiner" Form als Naturell-Rezept, über Suppen, Backofengerichte, als Salat bis hin zum Kuchen oder einer Bowle.

Häufig gibt es die CD-ROM vom Buch. Mit „Gemüse à la Saison" haben wir es anders gemacht. Da gab es die CD-ROM vor dem Buch. Wir haben uns schon sehr gefreut, daß unser multimedialer Ratgeber innerhalb eines halben Jahres seine Abnehmer und Abnehmerinnen gefunden hat und eine weitere Auflage notwendig wurde. Auch wenn unsere CD-ROM andere Möglichkeiten bietet, die auf ein Buch nicht übertragbar sind (Akustische Infos, Einstellmöglichkeiten unterschiedlicher Schriftgrößen, automatische Umrechnung der Zutaten bei unterschiedlichen Portionsmengen usw.), und mehr Rezepte enthält, denken wir, daß ein Ratgeber zum Thema in Buchform seinen eigenen Stellenwert hat.

Blumenkohl

Jan	Febr	Mrz	Apr	Mai	Juni	Juli	Aug	Sep	Okt	Nov	Dez

Weitere Namen

■ Karfiol, Karviol, Käsekohl, Italienischer Kohl, Blütenkohl, Traubenkohl, Brüsseler Kohl

Botanik

■ Blumenkohl (Brassica oleracea bortrytis) zählt zu den beliebtesten Kohlarten überhaupt. Gegessen wird die helle Blüte, er zählt daher auch zum Blütengemüse. Schneeweiß bleibt der Blumenkohl jedoch nur, wenn die Blüte durch Abdecken (eigene Blätter) vor Lichteinfall geschützt wird. Sonst wird der Kohl gelb, grün oder violett. Das hat auf Qualität und Nährwert keinen Einfluß. Eingefärbt ist er sogar etwas besser haltbar.

Anbaugebiete

■ Nordrhein-Westfalen (Großräume Bonn, Kempen, Neuss, Dortmund), Rheinland-Pfalz, Brandenburg, Hamburg (Vierlande), Niedersachsen, Thüringen

Normen

■ EU-weit: EG-Güteklassen Extra, I und II.

Historie

■ Blumenkohl stammt ursprünglich aus dem Nahen Osten. Erst ab dem 13. Jahrhundert wurde er auch in Europa angebaut, in Deutschland angeblich zuerst in Bamberg.

Blumenkohl mit seiner großen Vielfältigkeit in der Zubereitung wird oft auch als Aristokrat der Kohlfamilie bezeichnet.

Physiologie

■ Blumenkohl ist besonders reich an Vitamin K (300 mg/100g, für die Blutgerinnung wichtig), enthält aber auch verhältnismäßig viel Vitamin C. Er gehört zu den Gemüsesorten mit mittleren Nitratgehalten (ca. 500 - 1000 mg/kg). Aufgrund seiner leichten Verdaulichkeit wird Blumenkohl oft fälschlicherweise als reines Krankenkostgemüse angesehen. – Übrigens: Der aromatische Strunk ist gut eßbar!

Lagerhaltung

■ Blumenkohl läßt sich nicht sehr gut lagern. Vor allem schneeweiße Köpfe sollten möglichst sofort verbraucht werden. Im Keller oder im Gemüsefach des Kühlschranks kann man Blumenkohl 3 bis 4 Tage lagern. Ganz frisch in Röschen geteilt und mit etwas Zitronensäure 2 Minuten blanchiert, läßt er sich gut einfrieren und so für etwa 8 bis 10 Monate als Vorrat halten. Auch läßt er sich gut sauer einlegen.

Zubereitung

■ Um Schadstoffe zu entfernen, muß die rauhe Oberfläche des Blumenkohls besonders gründlich gewaschen werden. Die harten Blätter werden entfernt, ggf. auch der Strunk. Eventuell vorhandene Insekten und Raupen können entfernt werden, wenn der Blumenkohl vor der Zubereitung für ca. 30 Minuten in kaltes Salzwasser gelegt wird. Wird der Blumenkohlkopf im ganzen gegart, ist es sinnvoll, den Strunk kreuzweise einzuschneiden, damit er gleichzeitig mit den Röschen gar ist. Etwas Zitronensaft im Kochwasser mindert den Kohlgeruch und erhält die weiße Farbe.

■ Abfallquote: 38 %
■ Verzehrsfertige Portion pro Person: 200 g
■ Einkaufs-/Erntemenge pro Person: rund 300 g

Bohnen, dicke

Jan	Febr	Mrz	Apr	Mai	Juni	Juli	Aug	Sep	Okt	Nov	Dez
					■	■	■				

Weitere Namen ■ Acker-, Puff-, Sau-, Pferde-, Große Bohnen

Botanik ■ Dicke Bohnen (Vicia faba) zählen zu den Fabaceae (Leguminosae), sind also Schmetterlingsblütler. Küchentechnisch sind es Hülsengemüse, deren junge, milchreife Samen gegessen werden. Pro Hülse sind etwa 4 bis 6 weiße oder grüne Samen erheblicher Größe enthalten. Die fleischigen Hülsen selber sind nicht eßbar. Die Samen sollten nicht roh verzehrt werden.

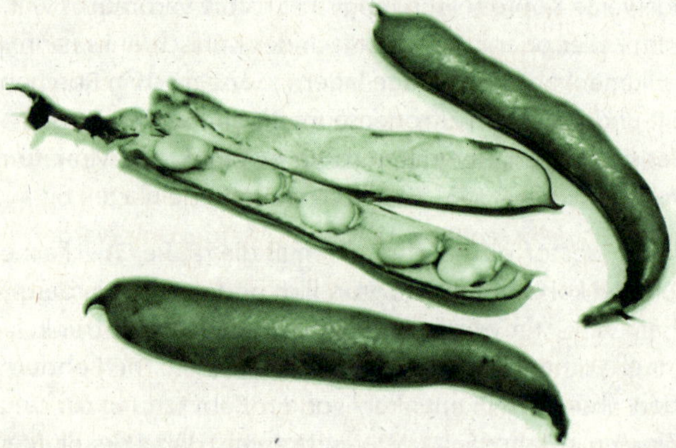

Anbaugebiete ■ Nordrhein-Westfalen, Niedersachsen

Normen ■ Die meisten dicken Bohnen werden für industrielle Verarbeitung angebaut. Im Frischmarkt: die deutschen Handelsklassen I und II.

Historie ■ Die dicke Bohne ist eine uralte Kulturpflanze. Bis zur Einführung von Kartoffeln und Gartenbohnen war sie eines der wichtigsten Grundnahrungsmittel in Deutschland. Ursprünglich stammt sie aus Vorder- oder Zentralasien, wurde aber wahrscheinlich in Nordafrika zur heutigen Form weiterentwickelt. Wie sich auch bei den Anbaugebieten zeigt, sind dicke Bohnen nicht besonders weit verbreitet. Entsprechende Gerichte (z. B. die rheinischen „Dicke Bohnen mit Speck") sind meist regionale Spezialitäten.

Physiologie

■ Dicke Bohnen zeichnen sich durch einen für Gemüse hohen Eiweißgehalt aus, sind also bestens für die vegetarische Ernährung geeignet. Als Hülsenfrucht sind sie reich an sogenannten Saponinen, welche cholesterinsenkend und antimikrobiell wirken. Dicke Bohnen haben eher niedrige Nitratgehalte. Sie enthalten kein giftiges Phasein (Phasin), aber viel Vitamin B_1 und Folsäure. Sie sind etwas schwer verdaulich.

Lagerhaltung

■ Dicke Bohnen sind im Gegensatz zur Gartenbohne nicht kälteempfindlich. Daher können sie auch bei Temperaturen um 1 °C bis zu drei Wochen gelagert werden. Wichtig ist dabei eine luftige Lagerung, da sie relativ viel Wärme abgeben. Sind die Bohnen ausgepalt, müssen sie binnen weniger Stunden zubereitet werden. Ausgepalt können sie nach 3 bis 4 Minuten Blanchieren 9 bis 12 Monate tiefgekühlt werden.

Zubereitung

■ Die Hülsen werden aufgebrochen und die Samen ausgepalt. Sie werden verlesen und gewaschen. Gut abtropfen lassen. Die Garzeit beträgt ca. 10 bis 15 Minuten. Die Bohnen können aber auch in entsprechend großem Topf in der Schale gegart werden; das Auspalen „flutscht" dann besser. Mit dicken Bohnen lassen sich praktisch dieselben Gerichte wie mit grünen Bohnen (Gartenbohnen) bereiten. Beachten Sie bitte, daß Sie für 750 g ausgepalte Bohnen etwa 3 kg dicke Bohnen in Hülsen benötigen (siehe Rezepte).

■ Abfallmenge: 75 %
■ Verzehrsfertige Portion pro Person: 150 g
■ Einkaufs-/Erntemenge pro Person: 600 g

Bohnen, Garten-

Jan	Febr	Mrz	Apr	Mai	Juni	Juli	Aug	Sep	Okt	Nov	Dez

Weitere Namen ■ BUSCHBOHNEN: Fisole, Kruppbohne, Strauchbohne
STANGENBOHNEN: Kletterbohne, Hochbohne

Botanik ■ Gartenbohnen (Phaseolus vulgaris) gehören zu den Fabaceae (Leguminosae), sind also Schmetterlingsblütler. Zu den hiesigen Gartenbohnen zählen die Stangenbohne, die Buschbohne (wichtigste Form) und die Feuerbohne (bei uns eher eine Zierpflanze). Bei Busch- und Stangenbohnen findet man sowohl grün- als auch gelbhülsige; letztere heißen Wachsbohnen. Gegessen werden die garen Hülsen mit (unreifen) Samen.

Anbaugebiete ■ BUSCHBOHNEN: Schleswig-Holstein, Süd-Niedersachsen, Südhessen, Straubing. STANGENBOHNEN: Nordrhein-Westfalen, Baden-Württemberg, Thüringen

Normen ■ EG-Qualitätsnormen I und II;
für Prinzeßbohnen zusätzlich „Extra“ (wenn der Durchmesser weniger als 6 mm beträgt).

Historie ■ Die Gartenbohne stammt ursprünglich aus den Anden. Ihre Urform findet sich dort noch heute und wird als Nahrungsmittel noch angebaut. Die Bohne kam im Zuge der

Entdeckung Amerikas im 16. Jahrhundert nach Europa. Seitdem haben sich zahlreiche Varietäten herausgebildet, die wichtigste ist die Buschbohne.

Physiologie

■ Als Hülsengemüse zählt die Gartenbohne zu den eiweißreichen Gemüsen. Frische grüne Bohnen liefern eine ganze Menge Vitamin C, außerdem relativ viel Calcium (nicht absolut). Bohnen gehören zu den nitratärmsten Gemüsen. Das in Hülsen und Samen enthaltene Phasin (Glykosid) wirkt beim Menschen giftig, wird beim Kochen und bei der Milchsäuregärung aber zerstört.

Lagerhaltung

■ Gartenbohnen verderben sehr leicht. In luftiger Schüttung, bei 6 - 8 °C und 90 - 95 % relativer Luftfeuchte sind sie maximal 10 Tage haltbar. Der größte Teil der Ernte wird industriell verarbeitet. Bohnen können milchsauer eingelegt oder, 3 Minuten blanchiert, auch im Haushalt tiefgekühlt werden. So sind sie 9 bis 12 Monate haltbar. Das früher übliche Einkochen von Bohnen wird heute kaum noch praktiziert. Konservenbombagen sind giftig!

Zubereitung

■ Bohnen werden nach Verwendung unterschieden. Prinzeß- oder Delikateßbohnen sind junge, ganze Bohnen mit dünnen Kernen. Buschbohnen sind rundhülsig und fleischig und werden als Brechbohnen verwendet. Die Stangenbohnen werden als Schnitt- oder Schnibbelbohnen gerne für Eintöpfe genommen, die Wachsbohnen häufig für Salate. Die Bohnenstiele werden abgeschnitten, die Hülsen dabei eventuell abgefädelt und gewaschen. Je nach Bestimmung werden sie dann ganz gelassen, geschnippelt oder gebrochen. Die Blanchierzeit beträgt 5 bis 8 Minuten. Bohnen dürfen nicht roh gegessen werden (giftiges Phasin wird erst beim Garen zerstört).

■ Durchschnittliche Abfallmenge: ca. 6 %
■ Verzehrsfertige Portion pro Person: 200 g
■ Einkaufs-/Erntemenge pro Person: rund 200 g

Brennessel

Jan	Febr	Mrz	Apr	Mai	Juni	Juli	Aug	Sep	Okt	Nov	Dez

Botanik

■ Die Brennessel (Urtica dioica bzw. urens) gehört zu den Urticaceae, den Nesselgewächsen. Ihr Stengel ist vierkantig und kann bis zu 150 cm hoch werden. Die Blätter sind länglich-herzförmig, tief-geadert und dunkelgrün. Sie haben einen grob gesägten Rand und sind mit Brennhaaren besetzt. Diese brechen bei Berührung ab und führen zu den bekannten Symptomen. Geerntet werden junge Sprossen und Blätter vor der Blüte.

Anbaugebiete

■ Die Brennesseln wachsen praktisch überall, vor allem an Hecken, Zäunen, Waldrändern oder Flußufern. Gesammelt werden sollte nur abseits von Straßen und nicht gerade auf Hundespazierwegen.

Normen

■ Zum Verzehr geeignet sind nur junge Brennesseln. Sie sollten bei der Ernte daher nicht höher als 10 bis 15 cm sein.

Historie

■ Als Wildkraut dürfte die Brennessel ihre ersten Salaterfahrungen in den Anfängen der Menschheit gemacht haben.

Sammler und Jäger haben sie jedoch nicht nur zur Ernährung, sondern vor allem auch als Heilpflanze (z. B. bei Hautauschlägen, Bronchienverschleimung oder zum Harntreiben) eingesetzt. Im Mittelalter waren „Urtikationen", das Peitschen rheumatischer Körperstellen mit frischen Brennesseln, bekannt. Die entstehende Hautreizung führte zu einer gesteigerten Durchblutung in diesen und tiefer gelegenen Regionen. – Aus dem Bast der Stengel wurde früher Nesseltuch hergestellt.

Physiologie

■ Die Brennessel ist sehr eisen- und magnesiumreich. In Teeform wirkt sie stark entwässernd und wird entsprechend eingesetzt. Die nassen, gehackten oder gegarten Brennesseln sind übrigens „ungefährlich".

Lagerhaltung

■ Die gesammelten Brennesselblätter sollten noch am selben Tag verwendet werden. Ein Tiefkühlen ist nicht möglich, das Gemüse würde zusammenfallen. Kurz überbrüht und gehackt können die Brennesseln jedoch als Würzkraut (ähnlich Petersilie) eingefroren werden.

Zubereitung

■ Zum Sammeln der Brennesseln sollten unbedingt Handschuhe angezogen werden. Dann werden die Brennesseln im Wasserbad gründlich gewaschen. Im Wasser werden keine Handschuhe mehr benötigt. Je nach Gericht werden die Blätter oder Spitzen dann direkt gedünstet oder aber gehackt. Brennesseln, die praktisch roh verwendet werden sollen (z. B. in Quark), werden vorher kurz mit kochendem Wasser überbrüht und erst dann fein gehackt.

■ Durchschnittliche Abfallmenge: 0 %
■ Verzehrsfertige Portion pro Person: 50 g
■ Einkaufs-/Erntemenge pro Person: 50 g

Brokkoli

Jan	Febr	Mrz	Apr	Mai	Juni	Juli	Aug	Sep	Okt	Nov	Dez

Weitere Namen

■ Spargelkohl, Bröckelkohl, Brokkerl, Sprossenbrokkoli, grüner Blumenkohl

Botanik

■ Der Brokkoli (Brassica oleracea botrytis italica) ist eine Fortentwicklung des Blumenkohls. Er ist ein Kohl mit verzweigten, fleischigen Blütenästen und dichten Blütenständen voller grüner Knospen und gehört ebenfalls zu den Kreuzblütlern. Gegessen werden bei uns die Blüten von Haupttrieb und Seitensprossen. In Italien z. B. werden auch Deckblätter (ähnlich Wirsing) und Blattstiele (wie Spargel) verzehrt.

Anbaugebiete

■ Brokkoli benötigt mehr Wärme als der Blumenkohl. Der Anbau erfolgt daher hauptsächlich im Rheinland und in Süddeutschland. Je nach Sorte ist auch ein Winteranbau möglich, aber nicht üblich.

Normen

■ Für Brokkoli existieren keine EG-Qualitätsnormen und auch keine deutschen Handelsklassen, er wird nach Gewicht verkauft. Qualitatsmerkmale: frischgrüne Färbung, geschlossene Blüten, kurzer Stiel.

Historie

■ Brokkoli stammt ursprünglich genau wie der Blumenkohl aus dem Orient. Zunächst gelangte er nach England, Hauptanbaugebiet ist die Kanalinsel Jersey, im 18. Jahrhundert in die USA. Bei uns war er bis vor wenigen Jahren unbekannt. Er galt als typisches Urlaubsgemüse am Mittelmeerl. Dort sind auch die weißen und violetten Varietäten verbreiteter.

Physiologie

■ Brokkoli hat u.a. einen hohen Gehalt an Calcium und Vitamin C. Wegen des letzteren wird Brokkoli häufig gestreßten Managern empfohlen, nachdem man festgestellt hat, daß reichlich (natürliches) Vitamin C einem Herzinfarkt vorbeugen kann. Brokkoli enthält reichlich sekundäre Pflanzenstoffe wie antikanzerogen wirkendes Glucosinolat und Flavonoide. Diese wirken auch noch antimikrobiell.

Lagerhaltung

■ Brokkoli sollte möglichst sofort verzehrt werden, da er nach der Ernte schnell welkt. Ist eine Lagerung unumgänglich, sollte er höchstens einige Tage im Kühlschrank aufbewahrt werden. Bei 1 °C ist er maximal drei Wochen lagerfähig. Gelbgrüner Brokkoli wurde falsch gelagert. Wird der Brokkoli geputzt und 3 Minuten blanchiert, ist er tiefgekühlt etwa 9 bis 12 Monate haltbar.

Zubereitung

■ Brokkoli muß sehr gut gewaschen werden. Er sollte vor dem Garen etwa 30 Minuten in kaltes Salzwasser gelegt werden, um Insekten zu entfernen. Weiteres Putzen ist meist nicht nötig. Eventuell welke Blätter entfernen und die Strünke von starken Trieben leicht schälen. Die Strünke nicht entfernen, sondern mitgaren (evtl. kreuzweise einschneiden) oder separat wie Spargel dünsten. Die Kochzeit von Brokkoli ist relativ kurz, je nach Strunkstärke 10 bis 15 Minuten. Gegart wird er mit dem Strunk nach unten.

■ Durchschnittliche Abfallmenge: Gartenbrokkoli 40 %; schon vorgeputzte Ware 0 %

■ Verzehrsfertige Portion pro Person: 200 g

■ Einkaufs-/Erntemenge pro Person: rund 300 g bzw. 200 g

Chinakohl

Jan	Febr	Mrz	Apr	Mai	Juni	Juli	Aug	Sep	Okt	Nov	Dez

Weitere Namen

■ Chinesischer Kohl, Pekingkohl, Schantungkohl, Pe-tsai, Japankohl, Blätterkohl, Kochsalat

Botanik

■ Chinakohl (Brassica pekinensis) zählt zu den Kreuzblütlern. Er ist ein Kopfkohl, gegessen werden die Blätter. Möglicherweise handelt es sich beim Chinakohl um eine Kreuzung aus Pak-Choi (Chin. Senfkohl), einem in den USA und Südostasien populären Blattstielgemüse, und der Speiserübe. Chinakohl ist ein länglicher, fester Kopf aus weißgelben bis grünen Blättern mit an der Basis auffällig verdickten, zarten Blattrippen.

Anbaugebiete

■ Nordrhein-Westfalen (Bonn-Roisdorf), Niederbayern, Vierlande (Hamburg), Niedersachsen, Rheinland-Pfalz (Schifferstadt), Stuttgart, Reichenau

Normen

■ Chinakohl wird nach Gewicht vermarktet, es gibt keine Handelsklassen. Qualitätsmerkmale: Frische (helle Strunkschnittfläche), Sauberkeit, festgeschlossene Köpfe, keine Brand- oder Druckflecken.

Historie

■ Der Chinakohl ist eine alte chinesische Kulturpflanze und zählt dort neben Rettich zu den wichtigsten Gemüsen. In Europa ist er erst seit Anfang dieses Jahrhunderts bekannt, in Deutschland etwa 20 Jahre. Seit ca. 10 Jahren ist Chinakohl praktisch überall erhältlich.

Physiologie

■ Chinakohl ist ernährungsphysiologisch längst nicht so wertvoll wie andere Kohlsorten. Aber er enthält wichtige Aminosäuren, relativ viel Vitamin C und Folsäure. Chinakohl schmeckt mild und wenig kohlartig. Die Blätter sind saftiger als bei anderem Kopfkohl. Er verursacht keine oder kaum Blähungen.

Lagerhaltung

■ Chinakohl hält sich in kühlen Räumen oder im Kühlschrank meist wochenlang. Im Handel wird er in Polybeuteln gegen Austrocknen geschützt. Bei 0 °C und nicht zu hoher Luftfeuchtigkeit ist Chinakohl 2 bis 3 Monate lagerfähig. Angeschnitten kann er im Gemüsefach des Kühlschranks noch etwa eine Woche aufbewahrt werden, vorausgesetzt, die Schnittflächen sind gut mit Frischhaltefolie bedeckt.

Zubereitung

■ Welke Blätter werden entfernt, die Strünke abgeschnitten und die Blätter einzeln kalt gewaschen und gut abgetropft. Zur Weiterverarbeitung werden die Blätter in grobe oder feine Streifen geschnitten. Die Dünstzeit beträgt dann nur 3 bis 6 Minuten. Beim Garen fällt Chinakohl sehr stark zusammen. Da er einen nur milden Geschmack hat, sollte man beim Würzen vorsichtig sein. Ein Sauerkraut läßt sich aus Chinakohl nicht gut herstellen, er verfärbt sich dabei. Trotzdem wird er in Asien auch sauer eingelegt. Ein Tiefkühlen ist nicht möglich.

■ Durchschnittliche Abfallmenge: 21 %
■ Verzehrsfertige Portion pro Person: 200 g
■ Einkaufs-/Erntemenge pro Person: rund 250 g

Endivien

Jan	Febr	Mrz	Apr	Mai	Juni	Juli	Aug	Sep	Okt	Nov	Dez

Botanik

■ Die Endivien (Chicorium endivia) gehören zu den Asteraceae und sind mit den Gartensalaten verwandt. Unterschieden wird zwischen einer glattblättrigen Endivie (Escariol) und einer krausen (Frisée). Zusätzlich gibt es eine Schnittendivie, welche aber keine Bedeutung im Handel hat. Die Farbpalette der Blätter der Köpfe reicht von gelb über hell- und dunkelgrün bis hin zu rötlich. Mittig ist ein gelbes, zartes Herz.

Anbaugebiete

■ Bayern, Baden-Württemberg, Nordrhein-Westfalen, Rheinland-Pfalz. Angebaut wird hauptsächlich Escariol.

Normen

■ Sowohl für Frisée als auch für Escariol gelten die EG-Güteklassen I und II. Die Einteilung erfolgt nach Größe, wobei das gelbe Herz mindestens ein Drittel des Gesamtgewichts ausmachen muß.

Historie

■ Die Endivie, bzw. deren Urform, stammt ursprünglich aus Asien, vermutlich aus Indien. Ähnlich wie der vom Lattich abstammende Gartensalat war auch die Endivie bereits bei den alten Griechen beliebt. In England und Frankreich wird sie schon seit dem 13., in Deutschland erst im 16. Jahrhundert angebaut. Während sie bei uns praktisch nur roh als Salat verwendet wird, haben sich andere Länder auch an warme Zubereitungsformen gewagt. So sind die Einsatzmöglichkeiten für Endivien bedeutend größer als vielfach vermutet wird – gut bei Endivienschwemmen.

Physiologie

■ Endivien schmecken eher bitter, hervorgerufen durch den Bitterstoff Intybin. Dieser hat außer dem Geschmack eine appetitanregende Wirkung. Ältere, dunkle Blätter haben einen höheren Gehalt als die gelben Herzblätter. Der Mineralstoffgehalt der Endivie ist etwa doppelt so hoch wie bei Kopfsalat, der Vitamingehalt ähnlich. Ähnlich aber auch der unter Umständen hohe Nitratgehalt (1000 - 4000 mg/kg).

Lagerhaltung

■ Die Lagerung ist nur begrenzt möglich, wenn auch besser als bei Gartensalaten. Ungeputzt, bei 0 °C und 90 - 95 % relativer Luftfeuchte halten Endivien ca. 2 Wochen. Im Kühlschrank halten sie noch etwa 2 bis 3 Tage, die Köpfe werden mit dem Strunk nach oben gelagert. Frisée ist übrigens empfindlicher als Escariol. Endivien sind nicht tiefkühlgeeignet.

Zubereitung

■ Die äußeren groben Blätter und der bittere Strunk werden entfernt, die Blätter gut gewaschen und trocken geschleudert und anschließend in Streifen geschnitten. Hauptverwendung findet das helle Herz der Köpfe, dieses darf deshalb keine faulen Stellen (Kranzfäule) haben. Wer den recht bitteren Geschmack der dunklen Blätter nicht mag, kann diesen durch kurzes Wässern der Blätter in lauwarmem Wasser (ohne Salz) mildern. Wegen des bitteren Geschmacks passen zu Endivien besonders gut Früchte (Orangen, Äpfel, Ananas, Birnen) und Käse.

■ Durchschnittliche Abfallmenge: 23 - 50 %
■ Verzehrsfertige Portion pro Person: 50 g
■ Einkaufs-/Erntemenge pro Person: rund 70 g

Erbsen

Jan	Febr	Mrz	Apr	Mai	Juni	Juli	Aug	Sep	Okt	Nov	Dez

Botanik

■ Erbsen (Pisum sativum) gehören zu den Fabaceae und sind Hülsenfrüchte. Bei uns üblich sind die sogenannten Garten- oder Pflückerbsen, auch wenn sie feldmäßig angebaut werden. Dabei wird zwischen drei Formen unterschieden, den leicht mehlig schmeckenden Palerbsen, den süß schmekkenden Markerbsen und den Zuckererbsen. Letztere haben nur winzige Samen und eine zarte Hülse, welche mitgegessen wird.

Anbaugebiete

■ PAL- und MARKERBSEN werden in Schleswig-Holstein, Niedersachsen, Baden-Württemberg, Sachsen und der Magdeburger Börde (Sachsen-Anhalt) angebaut.
ZUCKERERBSEN stammen aus dem Großraum Trier.

Normen

■ Für Pflückerbsen gibt es die EG-Handelsklassen I (mindestens 5 Körner) und II (mind. 3 Körner, u.U. reifer). Naß-Konserven und Tiefkühl-Packungen gibt es nach Korngröße sortiert in 5 Gruppen („Extrafein" bis „Mittelfein", „Gemüse")

Historie

■ Die Erbse ist wohl die älteste Kulturpflanze und wurde zuerst im Nahen Osten angebaut. Sie stammt vermutlich von einer sowohl im östlichen Mittelmeerraum als auch bis Vorderasien vorkommenden Wildart ab. Erbsen galten als besondere Delikatesse und waren Bestandteil zahlreicher kultischer Rituale und dienten, immer nur wenige Stücke, als Gottesopfer. Im Jahre 1433 gab es in England sogar einen Parlamentsbeschluß, der besagte, daß Erbsen nur von Leuten gegessen werden dürfen, die mindestens im Range eines Barons standen.

Physiologie

■ Erbsen gehören genau wie Bohnen zu den eiweiß- und nährstoffreichsten einheimischen Gemüsen. Besonders zu erwähnen ist der Ballaststoffgehalt und der hohe Kohlenhydratanteil. Wichtig ist auch der hohe Vitamin B_1-Gehalt. Erbsen gehören in die Gemüsegruppe mit niedrigen Nitratgehalten (0 - 499 mg/kg).

Lagerhaltung

■ Erbsen können längere Zeit nur in der Schote, nicht aber ausgepalt gelagert werden. Im Kühlschrank sollten die Schoten höchstens 3 Tage lagern, sonst verlieren sie an Geschmack, Farbe und Süße. Sie können ausgepalt auch blanchiert (2 Minuten) und tiefgekühlt werden. Die maximale Lagerzeit beträgt dann 9 bis 12 Monate. Überreife Palerbsen können wie die eigentlichen Trockenerbsen verwendet werden.

Zubereitung

■ Die Erbsen werden ausgepalt, anschließend gewaschen und abgetropft. (Zucker)Erbsen mit zarter, genießbarer Hülse (Schote) ohne eine Pergamentschicht werden wie Bohnen behandelt, also nicht ausgepalt. Diese können besonders gut roh verzehrt werden und gelten als Delikatesse. Aber auch Markerbsen sind sehr gut roh genießbar, da sie durch den hohen Zuckergehalt süßlich schmecken.

■ Durchschnittliche Abfallmenge: 60 %
■ Verzehrsfertige Portion pro Person: 200 g
■ Einkaufs-/Erntemenge pro Person: 500 g

Feldsalat

Jan	Febr	Mrz	Apr	Mai	Juni	Juli	Aug	Sep	Okt	Nov	Dez

Weitere Namen

■ Rapunzel, Rapünzchen, Ackersalat, Ackerlattich, Mäuseöhrchen, Rebkresse, Nissl-Salat, Nüßli (CH), Vögerlsalat (A)

Botanik

■ Feldsalat (Valerianella locusta) gehört zu den Baldriangewächsen (Valerianaceae). Er besteht aus kleinen, frostfesten Blattrosetten. Jede Rosette besteht aus 5 bis 20 kleinen Blättchen. Man unterscheidet zwei Sorten: eine schnellwüchsige, hellgrüne Variante mit großen Rosetten und breiten Blättern; die zweite hat eine kleine Rosette, wächst langsam, hat dunkelgrüne Blätter und einen herzhafteren Geschmack.

Anbaugebiete

■ Feldsalat wird vor allem in Baden-Württemberg und Bayern angebaut. Der Anbau ist sehr arbeitsintensiv, weil mit viel Handarbeit verbunden.

Normen

■ Keine offiziellen Handelsklassen. Häufig wird er mit freiwilligen (deutschen) Handelsklassen (I und II) gekennzeichnet. Feldsalat wird nach Gewicht verkauft.

Historie

■ Die vielen Namen, die Feldsalat bekommen hat, angefangen mit der märchenhaften Bezeichnung „Rapunzel", deuten seine überregionale Beliebheit an. In Deutschland vergrößert sich die Anbaufläche.

Physiologie

■ Herausragend ist der Gehalt an ß-Carotin. Aber auch die enthaltenen Mengen Vitamin C, Kalium, Eisen und Vitamin B_6 sind recht beachtlich. Damit ist er Kopfsalat und Endivien deutlich überlegen. Achtung: Feldsalat kann hohe Mengen Nitrat (1000 - 4000 mg/kg) enthalten (deshalb möglichst abends ernten). Da er gerade im Winter häufiger auf den Speiseplan kommt, ist es überlegenswert, Feldsalat aus Bioanbau zu beziehen.

Lagerhaltung

■ Feldsalat ist nicht lange haltbar und verliert schnell den anfänglich hohen Vitamin-C-Gehalt. Zum Tiefkühlen nicht geeignet.

Zubereitung

■ Feldsalat ist meist sehr sandig. Er sollte zwei- bis dreimal in stehendem kalten Wasser gut gewaschen werden. Dann werden die Blätter direkt über den Wurzeln abgeschnitten, wenn noch vorhanden. Danach sollten die Blätter ein weiteres Mal kurz gewaschen werden. Anschließend werden die Blätter gut trockengeschleudert.

■ Durchschnittliche Abfallmenge: 0 %
■ Verzehrsfertige Portion pro Person: 50 g
■ Einkaufs-/Erntemenge pro Person: 50 g

Fenchel

Jan	Febr	Mrz	Apr	Mai	Juni	Juli	Aug	Sep	Okt	Nov	Dez

Botanik ■ Gemüsefenchel (Foeniculum vulgare) ist ein knollenförmiger, fleischig verdickter Blattstiel. Er gehört zu der Familie der Apiaceae (Umbelliferae) und ist ein Doldenblütler. Vom nach Anis schmeckenden Knollenfenchel gibt zwei Typen: den Gemüse- oder Zwiebelfenchel mit längeren und breiteren Blattstielen und den „Römischen" oder „Süßen" Fenchel mit kürzeren, fleischigeren Stielen, der gut für Salat geeignet ist.

Anbaugebiete ■ Fenchel wird in Deutschland nur wenig angebaut. Zum einen braucht er viel Wärme, zum anderen ist die Nachfrage eher gering. Anbaugebiete liegen im Rheinland und in Süddeutschland.

Normen ■ Für Fenchel gibt es keine Qualitätsnormen, weder der EU noch deutsche. Er sollte frisch und knackig sein und das zarte Grün im Herzen der Fenchelknolle nicht welk.

Historie ■ Ursprungsform des Fenchels ist der wildwachsende Gemeine Fenchel. Dieser wird seit Jahrtausenden im gesamten Mittelmeerraum und in Vorderasien (Iran) als Heilpflanze kultiviert.

Besonders bekannt ist natürlich der krampflösende Fencheltee, der besonders jungen Säuglingen gegen die Dreimonatskoliken verabreicht wird. Fenchel ist auch Bestandteil von Hustensäften und Magenmitteln.

Physiologie

■ Fenchel ist ein sehr gesundes Gemüse, auch wenn die Knollen deutlich geringere Gehalte an Vitaminen und Mineralstoffen aufweisen als Blätter, Samen und Früchte. Reichlich vorhanden sind die Vitamine C, A, E und K sowie Kalium. Der anisartige Duft wird von ätherischen Ölen, wie Kampfer und Menthol, hervorgerufen. Aus den Knollen bereitete Gerichte gelten als sehr magenschonend.

Lagerhaltung

■ Bei optimaler Lagerung bei 1 °C und hoher relativer Luftfeuchtigkeit ist die Fenchelknolle bis zu 4 Wochen lagerfähig. Im Kühlschrank ist sie gut eine Woche lang haltbar. Fenchel ist gut geeignet, um tiefgekühlt zu werden. Dafür sollte er halbiert, geviertelt oder in Streifen geschnitten werden und mit Zitronensäure, je nach Stück und Größe, 3 bis 4 Minuten blanchiert werden. Die Lagerdauer beträgt 4 bis 8 Monate.

Zubereitung

■ Von der Fenchelknolle wird das zarte, dillähnliche Grün im Herzen abgeschnitten und später feingehackt zum Gericht gegeben und zum Bestreuen verwendet. Dann werden holzige Stengelteile, fleckige Stellen und die Wurzelscheibe entfernt, die Knollen gut gewaschen (oft sehr sandig) zunächst der Länge nach halbiert und – je nach Bedarf – noch geviertelt oder in feine Streifen geschnitten. Zum Füllen oder Überbacken können die Blätter wie Schuppen auch einzeln gelöst werden. Roher Fenchel sollte wegen des intensiven Geschmacks immer sehr dünn geschnitten werden.

■ Durchschnittliche Abfallmenge: 7 %
■ Verzehrsfertige Portion pro Person: 100 g
■ Einkaufs-/Erntemenge pro Person: rund 100 g

Gartensalate

Jan	Febr	Mrz	Apr	Mai	Juni	Juli	Aug	Sep	Okt	Nov	Dez

Botanik

■ Gartensalate (Lactuca sativa ssp.) zählen zu den Asteraceae (Compositae), sind damit Korbblütler. Ursprünglich grün, gibt es heutzutage auch rotblättrige Formen. Wichtigste Gartensalate sind der Kopfsalat, Eis(berg)salat, Bataviasalat, Schnitt- oder Pflücksalat (wie Eichblatt, Lollo Rossa, Lollo Bionda) und der Römische oder Bindesalat (Romana).

Anbaugebiete

■ tendenziell in der Nähe von Großmärkten (Frische!) KOPFSALAT: Vierlanden, Rheinland, Pfalz, Franken, Reichenau. EISSALAT: Rheinland, Pfalz, Nordrhein-Westfalen, Niederbayern, Franken. SCHNITTSALAT (EICHBLATT) und RÖMERSALAT: meist nur regional

Normen

■ KOPFSALAT: EG-Qualitätsnormen mit den Güteklassen I und II. Einteilung nach Gewicht, in Klasse I bei Freilandanbau geschlossene Köpfe. Weiße Schnittfläche am Strunk zeugt von Frische.
Andere Gartensalate unterliegen keinen Normen.

Historie

■ Gartensalat bzw. die Urform, der wilde Lattich, ist eine uralte Gemüsepflanze, die in der Antike schon die Perser, die Ägypter und die alten Römer genossen. In der altgriechischen Mythologie wird der Lattich als dritte Götterspeise neben Nektar und Ambrosia genannt. In Mitteleuropa wurden die ersten Salate in der Regierungszeit von Karl dem Großen (ca. 800 n.Chr.) angebaut. Ludwig XIV. förderte die Treibhauskultur, da er auch im Winter Salat essen wollte. Radicchio ist übrigens kein Gartensalat, er gehört zu den Zichorien (Chicoree u.a.) und wird in Deutschland nur von Liebhabern angebaut.

Physiologie

■ Gartensalate sind kalorienarm. Alle Blattsalate zählen zu den Gemüsesorten mit hohen Nitratgehalten (1000 - 4000 mg/kg), speziell in den äußeren Blättern. Freilandsalat enthält mehr Nährstoffe als aus dem Treibhaus. Der unterschiedlich bittere Geschmack ist abhängig vom Gehalt an Lactucin. Es verbessert den Appetit und beugt Ermüdungserscheinungen vor. Organische Säuren sorgen für die erfrischende Wirkung.

Lagerhaltung

■ Die Gartensalate sind leicht verderblich, und zwar um so schneller, je lockerer die Köpfe sind. Bei Temperaturen um 0 °C ist eine (Handels-)Lagerung von 1 bis 2 Wochen möglich. Eissalat ist mit etwa 4 Wochen am besten lagerfähig. Im Haushalt hält er, auch angeschnitten, noch etwa 1 Woche. Gartensalat darf nicht zusammen mit Tomaten oder Äpfeln aufbewahrt werden (vergilbt). Nicht drücken.

Zubereitung

■ Welke und äußere Blätter (Nitrat) werden entfernt, die Blätter vom Strunk gelöst bzw. oberhalb der Wurzel abgeschnitten und in stehendem, kalten Wasser gut gewaschen. Nachdem der Salat gut abgetropft oder trockengeschleudert ist, werden die Blätter in Stücke gerissen oder geschnitten. Freilandsalat hat übrigens etwas weniger zarte Blätter als Treibhausware. Gartensalate sollten immer frisch zubereitet und erst kurz vor dem Servieren mit dem Dressing vermischt werden, da sie sonst zusammenfallen.

■ Durchschnittliche Abfallmenge: 30 %
■ Verzehrsfertige Portion pro Person: 50 g
■ Einkaufs-/Erntemenge pro Person: rund 70 g

Grünkohl

Jan	Febr	Mrz	Apr	Mai	Juni	Juli	Aug	Sep	Okt	Nov	Dez

Weitere Namen
■ Braunkohl, Krauskohl, Blätterkohl, Federkohl, Winterkohl, Oldenburger Palme

Botanik
■ Der Grünkohl (Brassica oleracea acephala sabellica) gehört in die Familie der Brassicaceae und ist ein Kreuzblütler. Im Gegensatz zu den meisten anderen Kohlarten werden beim Grünkohl keine Köpfe im eigentlichen Sinne gebildet. Gegessen werden die meist krausen Blätter, am besten nach dem ersten Frost. Bleiben die abgeernteten Sprossen stehen, kann man im Frühjahr neue kleine Blätter ernten, den sogenannten Sprossenkohl.

Anbaugebiete
■ Grünkohl ist heute ein eher norddeutsches Gemüse. Er wird vor allem in Schleswig-Holstein, Mecklenburg-Vorpommern, Niedersachsen, Nordrhein-Westfalen und Hessen angebaut.

Normen
■ In Deutschland kommt nur inländische Frischware zum Verkauf. Es gibt keine Handelsklassen für Grünkohl. Dieser wird komplett mit Strunk oder aber bereits küchenfertig als Beutelware angeboten.

Grünkohl gehört zu den ältesten Kohlarten. Sein Ursprung liegt im östlichen Mittelmeerraum, wo er bereits seit mehr als 2000 Jahren kultiviert wird. Heute ist er ein typisches Wintergemüse, welches meist sehr herzhaft und oft auch recht fettreich zubereitet wird. Ein bekanntes Grünkohlgericht ist „Kohl mit Pinkel". Letzteres ist eine Wurst.

Historie

Grünkohl ist ein sehr gesundes Gemüse. Gerade in den Wintermonaten sind sein hoher Vitamin C-Gehalt sowie die Provitamin A- und Vitamin E-Mengen von Bedeutung. Aber auch der Mineralstoffgehalt, speziell Kalium, Calcium und Eisen, ist erwähnenswert. Außerdem ist Grünkohl sehr eiweißreich. Der Nitratgehalt von Industrieware liegt im mittleren Bereich (500 - 1000 mg/kg).

Physiologie

Die Haltbarkeit bzw. Lagerfähigkeit der geernteten Blätter ist nicht sehr gut. Kohl kann aber lange auf dem Feld bleiben. Er ist nicht nur frostfest, sondern schmeckt nach dem ersten Frost eher noch besser. Grünkohl sollte möglichst am selben Tag verarbeitet oder knapp unter 0 °C gelagert werden. Vorbereitet und blanchiert (2 Minuten) ist er 8 bis 10 Monate tiefgekühlt haltbar.

Lagerhaltung

Die Grünkohlblätter werden von den Strünken abgestreift und sehr gut mit warmem Wasser gewaschen. An den krausen Blättern bleiben viel Sand und potentiell auch Schadstoffe hängen. Welke, beschädigte Blätter werden entfernt, dikke Rippen abgeschnitten. Je nach Gericht werden die Blätter blanchiert und dann klein gehackt, teilweise wird er vor dem Garen grob geschnitten, ab und an werden auch die ganzen Blätter gegart und dann durch den Fleischwolf gedreht. Den Kohl nicht „totkochen", da der hohe Vitamin-C-Gehalt dabei rapide abnimmt!

Zubereitung

- Durchschn. Abfallmenge: 50 %, wenn nicht vorgeputzt
- Verzehrsfertige Portion pro Person: 200 g
- Einkaufs-/Erntemenge pro Person: 400 g

Gurken

Jan	Febr	Mrz	Apr	Mai	Juni	Juli	Aug	Sep	Okt	Nov	Dez

Botanik

■ Gurken (Cucumis sativus) gehören zu den Kürbisgewächsen (Cucurbitaceae). Es sind Fruchtgemüse, das heißt, aus der Blüte entwickelt sich die als Gemüse geschätzte Gurkenfrucht. Die verzehrsfertige Frucht ist grün, reif würde sie gelblich-weiß/braun aussehen und noch bedeutend schwerer (bis 1500 g) sein. Bei Freilandgurken wird zwischen drei Sorten unterschieden, den Einlegegurken (Schmorgurken), den Schälgurken und den Salatgurken.

Anbaugebiete

■ EINLEGEGURKEN: Niederbayern (Straubing, Künzing), Rheinland, Baden-Württemberg, Brandenburg, Hessen. SALATGURKEN: Rheinland, Nord-West-Niedersachsen (Papenburg), Baden-Württemberg (Reichenau), Bayern

Normen

■ EG-Qualitätsnorm: Klassen Extra, I und II. In den ersten beiden Klassen sind Größensortierungen (Mindestgewicht, -länge, -durchmesser) vorgeschrieben.

Historie

■ Gurken sind sehr alte Kulturpflanzen, die bereits vor 4000 Jahren in Indien angebaut wurden. Die bitter schmekkende Ursprungsform stammt wahrscheinlich aus dem Himalaya. Später gelangten die Gurken über Ägypten in den Mittelmeeraum, vor allem nach Griechenland (Korinth) und Rom. Im Mittelalter wurden sie in der Lausitz erstmalig für Nordeuropa angebaut. Später war Ungarn ein Zentrum. Dort wählte man in der Faschingszeit auch einen Gurkenkönig. Daß die Gurke heutzutage in der ganzen Welt verbreitet ist, verdankt sie neben dem Geschmack vor allem dem Unterglasanbau.

Physiologie

■ Gurken haben wie alle Kürbisgewächse einen hohen Wasseranteil von rund 98 Prozent. Damit geht ein recht hoher Mineralstoffgehalt einher. Das Salzen und Saftabpressen ist eigentlich eine schlechte Sitte, da die Mineralstoffe verloren gehen und die Gurke schwerer verdaulich wird. Gurken sind harntreibend und harnsäurelösend und damit ein wichtiges diätetisches Gemüse. Sie enthalten eher niedrige Nitratmengen (0 - 500 mg/kg).

Lagerhaltung

■ Gurken sind sehr kälteempfindlich und dürfen nicht unterhalb von 7 °C gelagert werden, da sie dann weich werden und wässrige Stellen bekommen. Für 1 bis 2 Tage können sie im Gemüsefach des Kühlschranks lagern, besser noch bei 13 - 15 °C (ca. 1 Woche). Bei höheren Temperaturen vergilben die Gurken. Gleiches passiert, wenn sie mit ethylenabgebendem Obst (Äpfel) oder Gemüse (Tomaten) zusammenlagern.

Zubereitung

■ Von der ursprünglichen Bitterkeit der Gurken sind noch leichte Reste im Bereich des Stiels geblieben. Dieses Ende sollte man verkosten und gegebenfalls großzügig abschneiden. Beim Schälen zum Stiel hin arbeiten, um die eventuell vorhandenen Bitterstoffe nicht über die ganze Gurke zu verteilen. Gutes Waschen ist wichtig, vor allem bei warzigen Salatgurkensorten (Gärtner- oder Traubengurken), das Schälen erübrigt sich bei Einlegegurken und bei jungen Salatgurken.

■ Durchschnittliche Abfallmenge: 26 %
■ Verzehrsfertige Portion pro Person: 200 g
■ Einkaufs-/Erntemenge pro Person: rund 250 g

Kohlrabi

Jan	Febr	Mrz	Apr	Mai	Juni	Juli	Aug	Sep	Okt	Nov	Dez

Weitere Namen

■ Oberkohlrabi, Oberrübe

Botanik

■ Kohlrabi (Brassica oleracea acephala gongylodes) gehört zu der Kohlfamilie (Brassicaceae), obwohl er ein Stengelgemüse ist. Die oberirdische Knolle, die gegessen wird, ist eigentlich ein verdickter Stengel. Die Knolle kann sehr groß werden, optimal ist sie bei einem Durchmesser von etwa 8 bis 9 cm. Unterschieden wird zwischen zwei Formen, dem weißen oder grünen Kohlrabi (mild, etwas süß) und dem blauen-violetten.

Anbaugebiete

■ Kohlrabi wird in ganz Deutschland angebaut, die Schwerpunkte liegen jedoch im Rheinland, in Niedersachsen, Bayern, Rheinland-Pfalz und Baden-Württemberg.

Normen

■ Deutsche Handelsklassen I und II. Die Unterscheidung erfolgt nach Größe, Klasse I muß mit Laub mindestens 4 cm Knollendurchmesser aufweisen, ohne mindestens 5 cm.

Historie

■ Kohlrabi ist ein ureuropäisches Gemüse. Zu Römerzeiten wurde er „Caulorapa", also Stengelrübe, genannt. Schon damals war er recht beliebt. Seit dem Mittelalter wurde Kohlrabi vor allem im deutschsprachigen Raum angebaut. Daher wurde sein deutscher Name auch in den englischen Sprachgebrauch übernommen.

Physiologie

■ Wie die meisten Kohlarten ist der Kohlrabi sehr Vitamin C–reich. Allerdings sind es hier wie auch bei den anderen Sorten die Blätter, welche besonders gehaltvoll sind. Aus diesem Grund sollten die zarten Herzblätter immer mitverwendet werden. Auch die Knolle ist recht wertvoll. Erwähnenswert sind Selen (eine Portion deckt den Tagesbedarf) und Magnesium, aber auch eingeschränkt Eisen und Calcium.

Lagerhaltung

■ Beim Einkauf sollten die Blätter an der Knolle frisch sein, dann aber direkt entfernt werden. Weiße Knollen werden übrigens schneller holzig als die blauen, vor allem bei zu langer Lagerung. Im Kühlschrank halten sich die Knollen etwa 3 Tage. Kohlrabi läßt sich für 7 bis 9 Monate gut einfrieren; Knollen (in Scheiben oder Stiften) 3 Minuten blanchieren, Herzblätter nur 1 Minute.

Zubereitung

■ Der Kohlrabi wird gut gewaschen. Bei zarten Knollen kann auf das Schälen verzichtet werden. Ansonsten wird der Kohlrabi geschält und die holzigen Stellen, meist in der Nähe der früheren Wurzel, entfernt. Er kann sowohl roh als auch gegart verwendet werden.

■ Durchschnittliche Abfallmenge: 34 %
■ Verzehrsfertige Portion pro Person: 200 g
■ Einkaufs-/Erntemenge pro Person: rund 300 g

Kürbis

Jan	Febr	Mrz	Apr	Mai	Juni	Juli	Aug	Sep	Okt	Nov	Dez

Botanik

■ Das Wort Kürbis (Curcurbita spec.) steht eigentlich für eine ganze Gruppe verschiedener Arten Fruchtgemüse, die zu den Cucurbitaceae gehören. Die bei uns bekanntesten Arten sind der gelbschalige Riesenkürbis (C. maxima) sowie der melonenförmige Spaghettikürbis und der Markkürbis (beide C. pepo). Letzterer wird unreif geerntet als Zucchini (siehe dort) verkauft. Auch Kerne werden verwendet.

Anbaugebiete

■ Die bei uns gängigste Art ist der Riesenkürbis, der meist nur in privaten (Schreber-)Gärten kultiviert wird. Aus heimischem Anbau kommt er im allgemeinen nur portionsweise in den Handel.

Normen

■ Es gibt keine Qualitätsnormen. Kürbis ist erntereif, wenn der Stiel sich verfärbt und verkorkt. Er muß bei der Ernte an der Frucht verbleiben, ansonsten ist sie nicht lagerfähig.

Historie

■ Der Kürbis stammt ursprünglich aus Mittelamerika (Mexiko) bzw. Asien (Westindien), ist heute aber weltweit verbreitet. Nach Deutschland gelangte er über den italienischen

Raum. In den USA wird der Kürbis sehr vielfältig zubereitet. Dort ist es auch Tradition, aus den ausgehöhlten Schalen zum Erntedankfest (Thanksgiving Day) Laternen oder zum Haloween schaurig lächelnde Köpfe herzustellen. In Afrika und Südamerika werden aus den holzigen, wasserundurchlässigen Schalen einer Kürbisart Gebrauchsgegenstände (Schalen, Kalebassen, Flaschen) gefertigt.

Physiologie

■ Kürbisse haben einen hohen diätetischen Wert. Sie enthalten u. a. reichlich Provitamin A, wirken harntreibend und sind auch bei Gicht gut geeignet. Kürbis k e r n e werden in der Naturheilkunde bei Prostata- und Blasenerkrankungen angepriesen.

Lagerhaltung

■ Geernteter Kürbis kann in kühlen, trockenen Räumen bis zu 3 Monate gelagert werden. Er sollte dazu am besten luftig in einem Netz hängen, keinesfalls jedoch am Stengel. Kürbis kann geputzt, kleingeschnitten und 2 Minuten blanchiert max. 8 Monate tiefgekühlt werden. Unaufgetaut dünsten. In Deutschland wird meist eine süßsaure Konservierung (Kompott) bevorzugt.

Zubereitung

■ Der Kürbis wird gewaschen und zunächst halbiert. Auf diese Weise können die Kerne mit einem Löffel entfernt werden. Anschließend wird der Kürbis in leichter handhabbare Stücke geschnitten. Erst diese werden dann geschält. Übrig bleibt das feste Fruchtfleisch, welches je nach Verwendungszweck in Scheiben zum Grillen, in Stücke zum Dünsten geschnitten oder direkt püriert wird.

■ Durchschnittliche Abfallmenge: abhängig von der Größe bis zu 30 %

■ Verzehrsfertige Portion pro Person: 200 g

■ Einkaufs-/Erntemenge pro Person: rund 300 g

Löwenzahn

Jan	Febr	Mrz	Apr	Mai	Juni	Juli	Aug	Sep	Okt	Nov	Dez

Weitere Namen

■ Butterblume, Kuhblume, Pusteblume, Maiblume, Milchblume, Märzenbusch, Hundeblume, Franzosensalat, Eierpusch, Liechtli, Lichterblume

Botanik

■ Der Löwenzahn (Taraxacum officinale) gehört zu den Asteraceae. Er wächst ganzjährig und ist den meisten Menschen als „Unkraut“ bekannt. Verwendet werden meist die flachen, tief gezahnten Blätter. Aber auch die Wurzel ist, ähnlich Chicoree (Zichorie), eßbar. Kulturpflanzen haben sehr große Blattrosetten mit breiten Blättern und enthalten weniger Bitterstoffe.

Anbaugebiete

■ Löwenzahn wird als Kulturpflanze nur in den grenznahen Gebieten zu Frankreich angebaut. Als Wildpflanze kann sie jedoch praktisch überall gesammelt werden.

Normen

■ Es gibt keine Qualitätsnormen für Löwenzahn. Zum Sammeln sollte der Standort hygienisch einwandfrei und nicht gerade Autoabgasen ausgesetzt sein.

Historie

■ In Frankreich gilt Löwenzahn wegen seines guten Geschmacks (mild, süßlich bis herb) als besondere Delikatesse, während er bei uns mehr Vegetariern und Gesundheitsaposteln zugedacht wird. Dort hat er übrigens den bezeichnenden Namen „Pissenlit", der die harntreibende Wirkung des Löwenzahns verdeutlicht.

Physiologie

■ Löwenzahn ist reich an Provitamin A und Vitamin C. An Mineralstoffen enthält er in größeren Mengen Calcium, Eisen und Magnesium. Er gilt als entschlackend und blutreinigend (aufgrund der entwässernden, harntreibenden Wirkung) und wird bereits seit Jahrhunderten als Heilpflanze verwendet.

Lagerhaltung

■ Löwenzahn ist leicht verderblich und kann nur kurzfristig gelagert werden. Dafür sind Temperaturen von 1 °C und eine hohe Luftfeuchtigkeit (95 Prozent) nötig. Er sollte während des Sammelns luftig aufbewahrt werden und noch am selben Tag zubereitet werden. Für die Tiefkühlung ist Löwenzahn nicht geeignet.

Zubereitung

■ Die Blätter werden sehr gut gewaschen und wie bei Endivien weiter verwendet. Wird die Wurzel (z. B. für Kaffee-Ersatz) eingesetzt, so muß diese besonders gut gewaschen und ggf. geschält werden. Schmecken die Blätter bitter, sollten sie durch kurzes Blanchieren oder Einlegen in kaltes Wasser entbittert werden.

■ Durchschnittliche Abfallmenge: 0 %
■ Verzehrsfertige Portion pro Person: 50 g
■ Einkaufs-/Erntemenge pro Person: 50 g

Mais

Jan	Febr	Mrz	Apr	Mai	Juni	Juli	Aug	Sep	Okt	Nov	Dez

Weitere Namen ■ Kukuruz, Zuckerkorn, Goldmais, Gemüsemais, Süßmais

Botanik ■ Der Zuckermais (Zea mays saccharata) gehört botanisch zu den Gräsern bzw. Getreiden. Er ist durch Mutation aus normalem Futtermais entstanden und erst seit 150 Jahren bekannt. Die Kolben des Zuckermais sind kleiner als die des Futtermais. Normalerweise sind nur ein bis zwei Kolben pro Pflanze ausgebildet. Sie werden im Zustand der Milchreife geerntet.

Anbaugebiete ■ Der Anbau erfolgt in Deutschland hauptsächlich in Nord- und Südbaden, der fränkischen Schweiz, in Hessen, Niedersachsen, an der Bergstraße, mitunter auch im Rheinland.

Normen ■ Deutscher Zuckermais wird ohne Handelsklassen vermarktet. Die Körner müssen aber prall, glänzend und leuchtend sein. Die Saison beginnt mit normalsüßen Kolben, ab August gibt es die „Supersüßen".

Historie ■ Mais wurde schon vor mehr als 6000 Jahren in Mexiko angebaut. Dort war und ist der „Mahiz" das Getreide. Mit Seefahrern, z. B. Columbus, kam der Mais nach Europa. Zunächst wurde er in Südeuropa angebaut, später auch weiter nördlich. In vielen Ländern der Erde, so auch in den USA, zählt Zuckermais heute zu den Grundnahrungsmitteln, in Deutschland gilt er zumindest als Kolben immer noch als Exot. Der beliebte Puffmais, das Popcorn, wird übrigens aus einer anderen Maissorte hergestellt.

Physiologie

■ Vom Nährwert her läßt sich der Mais in etwa mit Erbsen vergleichen. Er hat einen deutlich höheren Energiegehalt (kcal) als andere Gemüse, ist aber sehr harmonisch zusammengesetzt. Eine Portion ist reich an hochwertigem Eiweiß, Kohlenhydraten, Vitaminen (B, C) und Mineralstoffen (Kalium, Magnesium). Er soll übrigens geeignet sein, bei Nervosität Abhilfe zu schaffen.

Lagerhaltung

■ Die geernteten Kolben verlieren bei warmer Lagerung binnen 24 Stunden 50 Prozent ihrer Süße. Sie müssen daher sehr kühl gelagert werden. Im Gemüsefach des Kühlschranks hält er sich 2 bis 3 Tage frisch. Zuckermais ist gut einzufrieren. Die Kolben 6 Minuten blanchieren, sie sind dann 8 Monate haltbar. Zum Garen unaufgetaut für ca. 10 Minuten in kochendes Wasser geben. Tiefgefrorene Körner halten 3 bis 4 Monate.

Zubereitung

■ Soll der Mais gekocht werden, so werden zunächst die Blätter und die Narbenfäden entfernt. Waschen. Dann müssen der harte Stielansatz und die hellgelbe Spitze abgeschnitten werden. Zum Grillen werden nur die Fäden entfernt. Der Kolben wird gut in die Blätter eingerollt, diese an der Spitze zusammengebunden. Um Körner vom Kolben zu lösen, wird der Kolben auf das abgeschnittene Stielende gestellt. Dann schneidet man mit einem Messer von oben nach unten genau am Stiel entlang. In das Kochwasser darf kein Salz gegeben werden, sonst werden die Körner hart. Mit etwas Zucker und Milch garen, bis die Körner weich sind (ca. 15 - 20 min, abh. von Größe).

■ Durchschnittliche Abfallmenge: 63 %
■ Verzehrsfertige Portion pro Person: 200 g
■ Einkaufs-/Erntemenge pro Person: rund 500 g

Mangold

Jan	Febr	Mrz	Apr	Mai	Juni	Juli	Aug	Sep	Okt	Nov	Dez

Weitere Namen

■ SCHNITTMANGOLD: Beißkohl
STIELMANGOLD: Stengelmangold, Rippenmangold, Römischer Kohl, Schweizer Mangold, Römische Bete

Botanik

■ Mangold (Beta vulgaris vulgaris, Blattmangold; Beta vulg. glavescens, Stielmangold) ist sowohl mit Spinat als auch mit der Roten Bete verwandt. Er gehört zu den Gänsefußgewächsen. Botanisch gesehen ist Mangold die Blattrosette einer speziellen Rübenart, bei der eben nicht die Rübe verwendet wird. Man unterscheidet je nach Blattform den kleinblättrigen Schnittmangold mit dünnen Stengeln und den Stielmangold mit 30 - 45 cm langen Blättern und breiten, weißen Stengeln.

Anbaugebiete

■ Mangold hat bislang nur lokale Bedeutung. Traditionelles Anbaugebiet ist das Rheinland. Durch die verstärkte Nachfrage dürfte es aber zu einer Ausweitung kommen.

Normen

■ Der Verkauf von Mangold erfolgt ohne EU-Güteklassen oder deutsche Handelsklassen. Die Stauden sollten frisch und knackig aussehen, Blätter und Stiele keine braunen Flecken haben.

■ Mangold war zur Jahrhundertwende in Deutschland bekannter als Spinat. Danach geriet er in Vergessenheit. Heute ist er speziell in Italien sehr beliebt. Sein Ursprung liegt rund ums Mittelmeer. Aber auch bei uns steigt die Nachfrage langsam wieder. Mangold schmeckt würziger als Spinat und läßt sich durch die verschiedenen Formen vielseitiger verwenden.

Historie

■ Vom Nährwert her ist der Mangold dem Spinat sehr ähnlich, enthält also reichlich Provitamin A, Vitamin B_2 und Mineralstoffe, wie Calcium, Magnesium und Eisen. Spinat liegt überall etwas höher. Der Oxalsäuregehalt bei Mangold liegt je nach Nährwerttabelle höher oder niedriger als beim Spinat. Stielmangold zählt wie Spinat zu den Gemüsesorten mit hohen Nitratgehalten (1000 - 4000 mg/kg); möglichst abends ernten.

Physiologie

■ Mangold muß luftig, kühl und bei hoher Luftfeuchtigkeit gelagert werden. Bei 0 °C hält er knapp 2 Wochen, unter normalen Kühlschrankbedingungen, in ein nasses Geschirrtuch gewickelt, höchstens 2 Tage. Stielmangold ist zusätzlich sehr druckempfindlich. Mangold kann (nach 2-minütigem Blanchieren) gehackt für 10 bis 12 Monate eingefroren werden.

Lagerhaltung

■ Mangold muß sehr gründlich gewaschen werden. Erde und Sand setzten sich besonders gerne in den Rillen der Stiele ab. Beim Stielmangold werden die Stiele von den Blättern abgetrennt. Die Blätter werden dann meist grob gehackt. Die Stiele werden in kleine Stücke geschnitten, sofern beides zusammen gegart wird. Dazu werden die Stiele erst vorgegart, dann die Blätter zugefügt. Die Stiele können aber auch ganz verwendet werden, sie werden dann wie Spargel oder Schwarzwurzeln zubereitet. Der manchmal etwas erdige Geschmack der Blätter kann durch zugefügte Milch oder Sahne gemildert werden.

Zubereitung

■ Durchschnittl. Abfallmenge: bis zu 20 %, abh. von Sorte
■ Verzehrsfertige Portion pro Person: 200 g
■ Einkaufs-/Erntemenge pro Person: rund 250 g

Möhren

Jan	Febr	Mrz	Apr	Mai	Juni	Juli	Aug	Sep	Okt	Nov	Dez

Weitere Namen ■ Mohrrübe, Gelbe Rübe, Gelbe Wurzel, Gelbrübe, Woddeln, Rübli, Karotte oder Feldrübe (CH)

Botanik ■ Wertgebender Teil der Möhrenpflanze (Daucus Carota Sativus) ist die Rübe. Diese besteht aus einem Holzkörper, dem Herz, und der Rinde. Letztere hat einen höheren ernährungsphysiologischen Wert, weshalb ein möglichst kleines Herz gewünscht wird. Außer den Speisemöhren, welche sich in frühe, Sommer-, Herbst- und Spätmöhren unterteilen, gibt es noch die Pferde- bzw. Futterrübe.

Anbaugebiete ■ Die größten Anbaugebiete liegen in Niedersachsen, Ostholstein, Brandenburg, im Donaumoos und bei Erding (Bayern). Prinzipiell werden Möhren aber überall dort angebaut, wo Gemüse kultiviert wird.

Normen ■ EG-Güteklassen: Extra, I und II.
Möhren müssen grundsätzlich gereinigt sein. Es gibt sie als Bundmöhren mit Kraut und als Waschmöhren.

Historie ■ Die Wildformen der Möhre sind nicht nur in Europa weitverbreitet. Vermutlich war die Möhre früher weiß und entstand in ihrer heutigen, orangefarbenen Form im 17. Jahrhundert in den Niederlanden. Die alten Griechen nannten die Möhre „Philtron" (Liebesgewächs) und nahmen gerne ihre Hilfe bei Liebesangelegenheiten in Anspruch. 1563 schrieb der königliche Leibarzt: „Die Mören gesotten / sind lieblich zu essen / bringen lust zur speiss / vnd zu den ehlichen wercken." Nach heutigem Wissen ist das Kraut da jedoch wirksamer.

Physiologie

■ Die Möhren haben von allen Gemüsen, neben rotem Paprika, den höchsten Gehalt an Provitamin A, der Vorstufe des Vitamin A. Außerdem sind sie reich an Vitamin E, Eisen und Jod. Junge Möhren enthalten auch relativ viel Folsäure, diese verliert sich mit dem Alter. Rohe Möhren werden traditionell zur Bekämpfung von Spulwürmern eingesetzt.

Lagerhaltung

■ Möhren sind sehr gut lagerfähig, je größer umso besser. Bei Bundmöhren sollte das Laub sofort nach dem Kauf entfernt werden, da es die Möhre schneller welken und weich werden läßt. Möhren können im Kühlschrank 5 Tage aufbewahrt werden, ungewaschene Wintermöhren, in Sand gelegt, monatelang. Geputzt und in Scheiben geschnitten oder gestiftelt und 3 Minuten blanchiert sind Möhren 8 bis 10 Monate tiefgekühlt lagerfähig.

Zubereitung

■ Möhren werden gewaschen, grüne Teile abgeschnitten. Frühmöhren brauchen nicht geschält zu werden, andere schon. Gute Qualität ist wichtig, da nach Abzug des Putzabfalls Möhren der Handelsklasse I preiswerter sind als billigere der Handelsklasse II. Die Möhren können gescheibelt, gestiftelt, gerieben oder entsaftet werden. Sie sollten immer zusammen mit etwas Fett gegessen werden (Butterbrot, Öl in der Marinade, Butter beim Dünsten), um eine optimale Nutzung der Carotinoide zu gewährleisten.

■ Durchschnittliche Abfallmenge: 20 %
■ Verzehrsfertige Portion pro Person: 200 g
■ Einkaufs-/Erntemenge pro Person: rund 250 g

Pastinaken

Jan	Febr	Mrz	Apr	Mai	Juni	Juli	Aug	Sep	Okt	Nov	Dez

Weitere Namen

■ Gartenpatinak, Pasterna, Moorwurzel, Hammelsmöhre

Botanik

■ Pastinaken (Pastinaca sativa) sind ein Wurzelgemüse mit einer der Wurzelpetersilie sehr ähnlichen weiß-bräunlichen, kegelförmigen Rübe. Kleine Pastinaken werden gegessen, größere Wurzeln als Viehfutter verwendet.

Anbaugebiete

■ Während Pastinaken in England, USA und Skandinavien als Delikatesse gelten, werden sie bei uns fast nur noch in Niedersachsen angebaut. Bekanntestes Gebiet in Deutschland ist bei Braunschweig.

Normen

■ Qualitätsnormen sind weder in der EU noch in Deutschland vorhanden. Am besten schmecken Pastinaken nach dem ersten Frost. Erst dann entwickeln sie Aroma. Sie sollten keine Beschädigungen aufweisen.

Historie

■ Die Pastinake ist seit altersher in Deutschland heimisch und als Wildform weit verbreitet. Früher war die Pastinake ein wichtiges Gemüse, wurde aber durch den Möhren- und

Kartoffelanbau fast völlig verdrängt. Heute werden Pastinaken in Deutschland hauptsächlich in Babykost (Gläschen) eingesetzt oder für die Industrie (Suppengewürz) angebaut. Eigentlich schade! Vor allem in England und den USA werden Pastinaken als Delikatesse gehandelt und sehr vielseitig eingesetzt, z. B. auch kandiert, als Wein und als Kuchen. Am besten sollen sie zu Weihnachten schmecken.

Physiologie

■ Pastinaken haben ein charakteristisches, süßlich-nussiges Aroma. Ohne Frost schmecken sie wie eine Mischung aus Kartoffeln und Möhren, die Konsistenz ist gegart ähnlich wie bei Kartoffeln. Pastinaken haben einen hohen Nährwert, auch wenn sie etwas weniger vitaminhaltig sind als Möhren. Besonders zu nennen sind die Gehalte an Kalium, Vitamin E , Niacin und Folsäure.

Lagerhaltung

■ Die Pastinaken sind winterhart. Sie können also auf dem Feld überwintern und somit stets frisch in den Handel gelangen. Sie sollten dann wie Möhren aufbewahrt werden. Wenn sie gewaschen sind, halten sie sich im Kühlschrank etwa 4 Tage. Ungewaschen und bei Temperaturen um 1 °C halten sie monatelang. In Scheiben geschnitten oder gestiftelt, 3 Minuten blanchiert, halten sie tiefgekühlt mindestens 8 Monate.

Zubereitung

■ Die Pastinaken werden gewaschen und am besten mit einem Sparschäler geschält. Sie eignen sich sowohl zum Rohverzehr (besser nachdem sie Frost bekommen haben) als auch zum Garen. Sie werden ganz nach Bedarf in Scheiben geschnitten oder längs geviertelt oder auch geraspelt. Sie können sehr vielseitig verwendet werden.

■ Durchschnittliche Abfallmenge: 26 %
■ Verzehrsfertige Portion pro Person: 100 g
■ Einkaufs-/Erntemenge pro Person: rund 150 g

Pilze

Jan	Febr	Mrz	Apr	Mai	Juni	Juli	Aug	Sep	Okt	Nov	Dez

Botanik

■ Pilze sind „Pflanzen", denen das Chlorophyll fehlt, also nicht grün. Was wir als Pilze essen, sind die oberirdischen Fruchtkörper, die eigentliche Pflanze zieht sich als sogenanntes Mycel durch den Boden. Als Speisepilze geeignet sind die sogenannten Edelpilze, zu denen Champignons, Austernpilze, Pfifferlinge, Steinpilze, Trüffel, Egerlinge (braune Champignons), Morcheln, Stockschwämmchen und Shii-take gehören. Abhängig vom Standort werden sie in Wild- und Kulturpilze unterschieden .

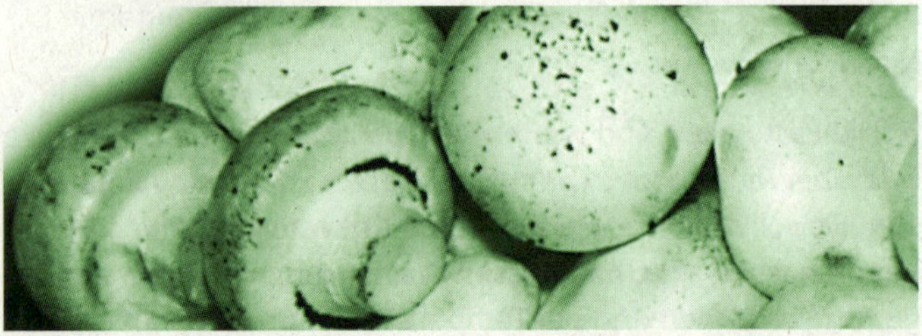

Anbaugebiete

■ Als Kulturpilze werden in Deutschland ganzjährig hauptsächlich der Champignon (im Rheinland) und in geringerem Maße der Austernpilz (auch aus dem Freiland) angebaut. Pfifferlinge und Steinpilze sind Wildpilze.

Normen

■ CHAMPIGNONS: Deutsche Handelsklassen Extra, I und II. Offene Champignons werden immer in III eingeordnet. Austernpilze und Wildpilze werden nach Gewicht ohne Handelsklassen verkauft.

Historie

■ Alle Speisepilze sind noch heute in unseren Wäldern zu finden – natürlich zu den echten Erntezeiten (Juni-November). Zunehmend wird bei uns der Shii-take-Pilz, welcher wild in Japan vorkommt, kultiviert. Allerdings handelt es sich dabei häufig um Liebhaberkulturen in Kellern und privaten Gärten. Shii-Take ist der älteste Kulturpilz. Er wurde schon vor mehr als 2000 Jahren kultiviert. Pfifferlinge und Steinpilze werden auch in Zukunft Wildpilze bleiben, da sie nicht künstlich kultiviert werden können. Wegen der möglichen Schadstoffbelastung am besten als Gewürz nutzen.

Physiologie

■ Pilze sind recht kalorienarm, eiweißreich und sehr empfindlich. Wichtig ist der Gehalt an B-Vitaminen, speziell an Niacin (fast 100 %/Portion). Pfifferlinge enthalten relativ viel Eisen, Steinpilze viel Selen. Wildpilze können hohe Gehalte an Cadmium und Quecksilber aufweisen und auch noch immer radioaktiv belastet sein. Wildpilze nie roh essen (Fuchsbandwurm)!

Lagerhaltung

■ Champignons und Austernpilze können in der offenen Schale im Kühlschrank etwa 4 Tage gelagert werden. Sie dürfen nicht zusammen mit Zwiebeln oder Obst liegen, da sie durch das Ethylen schnell altern. Zum Einfrieren müssen Pilze sehr frisch, geputzt und mit Zitronensäure 3 bis 4 Minuten blanchiert werden. Sie sind 6 bis 8 Monate haltbar und müssen dann unaufgetaut mit viel Wasser gegart werden. Sofort essen!

Zubereitung

■ Eingekauft werden sollten nur frische Pilze, die weder ausgetrocknet noch schmierig sind. Pilze gut säubern (trocken abreiben). Eventuell ist das ausgetrocknete Stielende (Champignon) abzuschneiden. Je nach Verwendungszweck werden die Pilze ganz, halbiert oder in Scheiben geschnitten eingesetzt. Gut geeignet sind sie zum Dünsten, Grillen, Fritieren und auch roh als Salat. Rohe Pilze sollten aber mit Zitronensaft beträufelt werden, damit sie sich nicht verfärben. Die Huthaut wird nicht abgezogen! Pilzgerichte können nochmals aufgewärmt werden, wenn sie sofort nach dem Garen gut gekühlt werden.

- Durchschnittliche Abfallmenge: 0 %, wie z. B. bei Champignons, bis zu rund 40 %, wie bei Pfifferlingen
- Verzehrsfertige Portion pro Person: 150 g
- Einkaufs-/Erntemenge pro Person: 150 bis 250 g

Porree

Jan	Febr	Mrz	Apr	Mai	Juni	Juli	Aug	Sep	Okt	Nov	Dez

Weitere Namen

■ Lauch, Küchen-, Winter-, Breit, Beißlauch, Welschzwiebel

Botanik

■ Porree (Allium porrum) gehört zu den Zwiebel-, richtiger eigentlich Liliengewächsen. Beim Lauch wird aber keine Zwiebel, sondern ein kräftiger Schaft ausgebildet. Dieser ist dort grün, wo er dem Licht ausgesetzt war. Da im allgemeinen ein weißer Schaft bevorzugt wird, wird der Lauch angehäufelt oder aber sehr tief eingepflanzt. Bei uns gibt es den Sommer- und den frostunempfindlichen Winterporree.

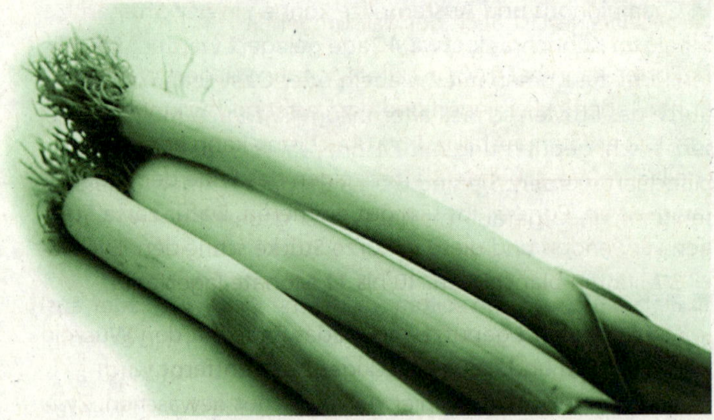

Anbaugebiete

■ In Deutschland liegen die größten Anbaugebiete im Rheinland, Nord-Niedersachsen, in der Vorderpfalz und in Bayern. Aber auch in vielen anderen Gegenden mit Gemüseanbau wird Lauch kultiviert.

Normen

■ EG-Qualitätsnormen I und II. Für diese Einordnung müssen die Stangen einen Mindestdurchmesser von 1 cm aufweisen und dürfen höchsten ein Drittel Laubanteil haben.

Historie

■ Porree ist ein sehr altes Kulturgemüse. Bei den Römern galt er als milde Liebesstimulanz, bei den Germanen als Muntermacher. In Frankreich glaubte man daran, daß er zu mehr Mut verhilft. Egal, wie weit diesen Vorstellungen Glauben geschenkt werden kann, ist er auf jeden Fall ein wichtiges Gemüse in Mitteleuropa. Interessanterweise ist Porree in den USA kaum bekannt.

Physiologie

■ Porree hat einen hohen Anteil an Senfölen, die für sein charakteristisches Aroma sorgen. Darüberhinaus wirken sie antimikrobiell, speziell im Nierenbereich, und regen die Gallenproduktion an, fördern also die Fettverdauung. Ansonsten enthält der Lauch noch relativ viel Vitamin C. Nicht zu vernachlässigen ist auch der Calciumgehalt.

Lagerhaltung

■ Porree kann bei 0 °C fast drei Monate gelagert werden. Er muß aber locker liegen und darf nicht gedrückt werden, sonst ist er fäulnisanfällig. Im Kühlschrank kann er eine Woche lagern. Vergilbende Blätter zeigen das Ende der Lagerfähigkeit an. Porree läßt sich gut einfrieren. Dafür zarte Stangen verwenden und diese in kurze Stücke schneiden. Eventuell 3 Minuten blanchieren. 10 bis 12 Monate lagerfähig.

Zubereitung

■ Der Lauch wird geputzt, indem das Ende mit den Wurzeln abgeschnitten und welkes, fleckiges Laub entfernt wird. Dann wird die Stange halbiert und sehr gut gewaschen. Zwischen den einzelnen Schichten lagert sich leicht Sand ab. Dann wird der Porree in Stücke oder Scheiben geschnitten.

■ Durchschnittliche Abfallmenge: 42 %
■ Verzehrsfertige Portion pro Person: 200 g
■ Einkaufs-/Erntemenge pro Person: rund 350 g

Radieschen

Jan	Febr	Mrz	Apr	Mai	Juni	Juli	Aug	Sep	Okt	Nov	Dez

Weitere Namen ■ Radies, Monatsrettich

Botanik ■ Radieschen (Raphanus sativus var. sativus) gehören zu den Brassicaceae. Sie sind mit dem Rettich verwandt, bilden aber eine andere Varietät. Das Radieschen hat eine mehr oder weniger kugelige, meist rote Knolle, neuerdings gibt es auch weiße Radieschen mit einer besonderen Schärfe. Neben den Knollen können auch die Blätter verwendet werden.

Anbaugebiete ■ Der Freilandanbau von Radieschen ist gering. Angebaut werden sie in größerem Maße vor allem in Rheinland-Pfalz, Baden-Württemberg und Bayern.

Normen ■ Deutsche Handelsklassen: I und II, dafür muß ein Knollendurchmesser von mindestens 1,5 cm vorhanden sein.

Historie ■ Heimat und Urform der Radieschen liegen im Ungewissen. Es gibt zwei Theorien. Die eine besagt, daß Radieschen mit etwa 350 Jahren noch ein recht junges Kulturgemüse sind. Die andere geht davon aus, daß Radieschen ursprünglich aus

China stammen, nach Ägypten gelangten und bereits zu Lebzeiten der ersten Pharaonen angebaut wurden. Heute werden sie in ganz Europa und Amerika kultiviert.

Physiologie

■ Radieschen haben eine gallen- und harntreibende Wirkung, die enthaltenen Senföle wirken auf die Atemorgane krampf- und schleimlösend. Diese heilenden Aspekte werden massiv gemindert, wenn die Radieschen gesalzen werden. Ernährungsphysiologisch sind im Vergleich mit anderen Gemüsen der Fluorid- und der Jodgehalt zu erwähnen. Radieschen können große Mengen Nitrat (1000 - 4000 mg/kg) enthalten.

Lagerhaltung

■ Radieschen können blätterfrei in Kunststoffbeuteln gekauft werden. So sind sie länger frisch als am Bund. Bund-Radieschen sollten sofort entlaubt werden, damit sie nicht austrocknen. Geputzt, gewaschen und naß in eine gut schließende Kunststoffdose verpackt, können die Radieschen im Kühlschrank ca. 1 Woche knackig frisch aufbewahrt werden. Radieschen eignen sich nicht zum Einfrieren.

Zubereitung

■ Direkt nach dem Einkauf sollte das Laub der Radieschen entfernt werden. Später werden die Radieschen gut gewaschen, dann wird die Wurzel abgeschnitten. Radieschen werden im allgemeinen roh gegessen. Das geschieht entweder im ganzen oder in Scheiben geschnitten auf Brot, aber auch gescheibelt oder geraspelt in Salat. Das Garen ist, im Gegensatz zum Rettich, sehr unüblich.

■ Durchschnittliche Abfallmenge: 37 %
■ Verzehrsfertige Portion pro Person: 80 g
■ Einkaufs-/Erntemenge pro Person: rund 125 g

Rettich

Jan	Febr	Mrz	Apr	Mai	Juni	Juli	Aug	Sep	Okt	Nov	Dez

Weitere Namen
■ Radi, Rettig

Botanik
■ Rettiche (Raphanus sativus var. niger) sind Brassicaceae und zählen zu den Wurzelgemüsen. Die Rüben stellen also verdickte Wurzeln dar. Angebaut werden bei uns der scharfe Europäische oder Gärtnerrettich und der sehr große, milde (böse Zungen behaupten: geschmacklose) Japanrettich. Freilandrettiche haben grundsätzlich einen würzigeren Geschmack. Es gibt Frühjahrs-, Sommer-, Herbst- und Winterrettiche in weiß, rot und schwarz.

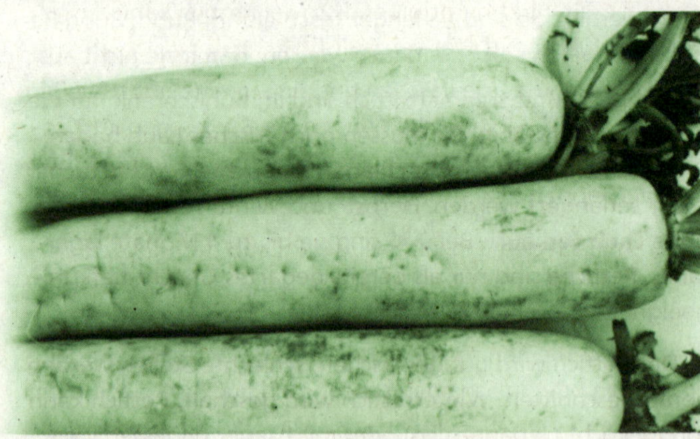

Anbaugebiete
■ Ursprünglich nur im süddeutschen Raum beliebt, werden Rettiche heute in Bayern, Baden-Württemberg, in der Pfalz und im Rheinland angebaut.

Normen
■ Deutsche Handelsklassen I und II. Sie werden als Bündel- oder Stückrettiche angeboten. Für beide Angebotsformen gibt es Mindestdurchmesser (15 mm/30 mm).

Historie
■ Rettiche haben als asiatisches Gemüse eine sehr lange Tradition und dort auch eine weitaus größere Bedeutung als bei

uns. In Asien gelten sie als Grundnahrungsmittel. Über Vorderasien gelangte der Rettich nach Ägypten und „half" dort beim Bau der Cheops-Pyramide (2600 Jahre v.Chr.). Die Römer brachten den Rettich nach Süddeutschland. Im Raum Schifferstadt gibt es heute den größten deutschen Rettichmarkt. In Bayern ist der „Radi", meist spiralig aufgeschnitten, wichtiger Bestandteil der Brotzeit.

Physiologie

■ Geruch und Schärfe des Rettich werden durch Senföle verursacht. Er wird seit jeher als Schleimlöser für die Atemwege (Rettichsaft mit Honig gegen Husten) eingesetzt und soll Infektionen vorbeugen. Er enthält viel Kalium, je nach Anbaugebiet auch Selen, einige B-Vitamine (speziell Folsäure) und Vitamin C. Er wirkt harntreibend. Zuviel Rettich kann zu Durchfall führen. Schwer verdaulich!

Lagerhaltung

■ Frühjahrs- und Sommerrettich sind im Kühlschrank nur wenige Tage lagerfähig. Sie müssen noch frisches Laub haben. Die Frische kann durch Einschlagen in feuchte Geschirrtücher leicht verlängert werden. Herbst- und Winterrettiche werden ohne Laub verkauft. Bei 0 °C sind sie bis zu 4 Monate lagerfähig. Rettiche sind nur als bereits gegartes Gericht tiefkühlgeeignet.

Zubereitung

■ Der Rettich wird gut gewaschen, schlechte Stellen werden herausgeschnitten. Winterrettich wird geschält. Rettich kann roh, gekocht (Japanrettich) oder milchsauer gegessen werden. Als Rohkost wird er mit einem Rettichschneider spiralig geschnitten oder geraspelt. Zum Garen wird er nach Bedarf zerkleinert. Rettich wird oft gesalzen, „zum Weinen gebracht", um ihm die Schärfe zu nehmen. Das führt allerdings auch zur Zerstörung eines Großteils der Senföle und damit der als Heilmittel wirksamen Komponente.

■ Durchschnittliche Abfallmenge: 24 %
■ Verzehrsfertige Portion pro Person: 200 g
■ Einkaufs-/Erntemenge pro Person: rund 250 g

Rosenkohl

Jan	Febr	Mrz	Apr	Mai	Juni	Juli	Aug	Sep	Okt	Nov	Dez

Weitere Namen Sprossenkohl, Brüsseler Kohl, Brabanter Kohl, Rosenwirsing

Botanik ■ Die bekannten Rosenkohlköpfchen (Brassica oleracea gemmifera) sind entgegen landläufiger Meinung keine Mini-Kohlköpfe, sondern Triebknospen, die sich in den Achseln der Stengelblätter der bis zu einem Meter hohen, winterfesten Kohlpflanze bilden. Die einzelnen Röschen sind etwa walnußgroß und hell- bis dunkelgrün. Durch leichten Frost vor der Ernte verfeinert sich der Geschmack.

Anbaugebiete ■ Die deutschen Erntemengen gehen stetig zurück. Hauptanbaugebiete sind das Rheinland, Thüringen, Niedersachsen, Baden-Württemberg und Brandenburg.

Normen ■ EU-weit: EG-Güteklassen I (fest geschlossene Köpfe) und II. Rosenkohl wird geputzt und ungeputzt angeboten.

Historie ■ Rosenkohl ist eine noch junge Kulturform. Er wurde erst vor etwa 100 Jahren in der Nähe von Brüssel gezogen. Daher stammt auch der ursprüngliche Name „Choux de Bruxelles", also Brüsseler Sprossen oder Brüsseler Kohl. Prinzipiell kann man übrigens auch die Blätter des Rosenkohls essen, dies ist bei uns allerdings nicht üblich. Hätten Sie gewußt, daß Rosenkohl besonders gerne in Südaustralien angebaut wird?

Physiologie

■ Rosenkohl hat einen hohen Vitamin C-Gehalt, dies ist wichtig für ein Wintergemüse. Allerdings nimmt der Gehalt ab, wenn der Rosenkohl Frost bekommt. Wichtig ist auch der hohe Vitamin K-Gehalt: eine Portion deckt mehr als 450 Prozent des Tagesbedarfs! Weiter bemerkenswert sind die Inhaltsstoffe Vitamin E, Kalium, Calcium und Eisen.

Lagerhaltung

■ Rosenkohl läßt sich im Kühlschrank (Gemüsefach) etwa 2 bis 3 Tage problemlos aufbewahren. Mit Strunk und bei ganz geringen Minusgraden gelagert, hält er ca. 10 Wochen. Er läßt sich sehr gut tiefkühlen (10 bis 12 Monate), wenn er vorher 3 Minuten blanchiert wird. Er sollte wegen des intensiven Geruchs gut verpackt werden. Rosenkohl läßt sich sehr gut fertig gegart einfrieren.

Zubereitung

■ Vom Rosenkohl wird zuerst der eingetrocknete Strunk etwas abgeschnitten. Je nachdem, wieviel abgeschnitten wird, lösen sich auch die äußeren Blätter. Dabei sollten welke Blätter entfernt werden. Um ein gleichmäßiges Garen zu gewährleisten, sollten die Strünke der Köpfe unten kreuzförmig eingeschnitten werden. Die Röschen sollten eher zu fest als zu weich gegart werden. Tiefgefrorener Rosenkohl benötigt eine Garzeit von nur etwa 5 Minuten.

■ Durchschnittliche Abfallmenge: rund 20 %
■ Verzehrsfertige Portion pro Person: 200 g
■ Einkaufs-/Erntemenge pro Person: rund 250 g

Rote Bete

Jan	Febr	Mrz	Apr	Mai	Juni	Juli	Aug	Sep	Okt	Nov	Dez

Weitere Namen ■ Rote Rübe, Salatbete, Salatrübe, Rahne, Rohne, Rande (CH)

Botanik ■ Die Rote Bete (Beta vulgaris) gehört zu den Gänsefußgewächsen. Sie ist sowohl mit Mangold als auch mit Zucker- und Runkelrübe verwandt. Neben den bekannten dunkelroten, meist rund bis zylinderförmigen Rüben gibt es auch noch weiß- und gelbfleischige Sorten. Die gelben Sorten sind ohne große Bedeutung, während die weißen gerne für Feinkostsalate verwendet werden, da sie nicht färben.

Anbaugebiete ■ Rote Bete zählt zu den weit verbreiteten Gemüsepflanzen. Es gibt es keine eigentlichen Anbaugebiete, die größten Mengen kommen aus Bayern, Nordrhein-Westfalen, Baden-Württemberg und Niedersachsen.

Normen ■ Deutsche Handelsklassen I und II. In der ersten ist eine Größensortierung vorgeschrieben. Der Mindestdurchmesser liegt bei 4 cm. Rote Bete dürfen leicht schrumplig sein.

Historie ■ Die Rote Bete hat ihren Ursprung im Mittelmeerraum. Sie stammt von der bereits im Mittelalter auch in Deutschland kultivierten Küstenpflanze „Beta maritima" ab. Die heute verbreiteten Sorten sind jedoch erst etwa 100 bis 150 Jahre alt.

Heute werden Rote Bete in der ganzen Welt angebaut. Amerikanische Universitäten haben sogar Traditionsrezepte entwickelt. So gibt es „Yale beets" (in Orangensaft eingelegt) und „Harvard beets" (mit süß-saurer Soße). Bekannteste Rote-Rüben-Suppe ist der Borschtsch.

Physiologie

■ Herausragendes Kennzeichen der Roten Bete ist der stark färbende Saft mit dem tiefroten Farbstoff Betain. In der Roten Bete sind Saponine und Flavonoide (sekundäre Pflanzenstoffe) zu finden. Es gibt Berichte über Heilwirkungen bei Krebs, speziell bei vergorenem Saft, diese werden bisher skeptisch betrachtet. Rote Bete enthält pro Portion mehr als den Tagesbedarf an Folsäure und Mangan, sowie relativ viel Eisen und Kupfer.

Lagerhaltung

■ Rote Bete können bei 3 °C maximal 6 Monate gelagert werden. Im Gemüsefach des Kühlschranks halten sie etwa 3 bis 4 Wochen. Die Blätter müssen dazu abgedreht, nicht abgeschnitten werden (Ausblutungsgefahr). Geschält, zerkleinert und 20 Minuten gedünstet (oder nach Naturell-Rezept vorbereitet) können Rote Bete 10 bis 12 Monate tiefgekühlt werden. Aufgetaut können sie direkt oder aber erhitzt verwendet werden.

Zubereitung

■ Die Rote Bete wird gut gewaschen, dabei nicht den Blattansatz verletzen. Um den Saftverlust gering zu halten, sollte Rote Bete möglichst ungeschält gegart und beim Schälen zum Rohverzehr der wertvolle Saft auffangen werden. Rote Bete kann sehr vielfältig zubereitet werden, so daß die häufige (deutsche) Beschränkung auf sauer eingelegte Scheiben, Kochsalat und Diätsaft absolut nicht nötig ist. Lassen Sie sich von unseren Rezeptvorschlägen inspirieren!

■ Durchschnittliche Abfallmenge: 22 %
■ Verzehrsfertige Portion pro Person: 200 g
■ Einkaufs-/Erntemenge pro Person: rund 250 g

Rotkohl

Jan	Febr	Mrz	Apr	Mai	Juni	Juli	Aug	Sep	Okt	Nov	Dez

Weitere Namen ■ Rotkraut, Blaukraut, Roter Kappes, Rotkabis

Botanik ■ Rotkohl (Brassica oleracea capitata rubra) gehört zu den Kopfkohlarten. Der mittelgroße, sehr feste Kopf ist in der Regel kleiner als bei Weißkohl und besteht aus glatten, blauvioletten Blättern. Frühe Sorten sind von Mai bis Juni, mittelfrühe von Juli bis August, Herbstsorten von September bis Oktober und Dauerrotkohlsorten ab November erhältlich.

Anbaugebiete ■ Schleswig-Holstein (Marsch), Niederrhein, Kassel, Baden-Württemberg (Filderebene), Niederbayern, Ismaning bei München, Thüringen. Nur 20 Prozent der gesamten deutschen Kopfkohlernte entfallen auf Rotkohl.

Normen ■ EG-Güteklassen I und II. Die Köpfe müssen frisch und ohne Frostschäden sein. Außerdem ist ein Mindestgewicht (Frühkohl 350 g, sonst 500 g) vorgeschrieben.

Historie

■ Der Rotkohl stammt wie alle anderen Kopfkohlsorten wahrscheinlich vom Wildkohl ab, der auch heute noch wildwachsend zu finden ist. Kopfkohl wird bereits seit mehr als 2000 Jahren kultiviert. Ab etwa dem 11. Jahrhundert wird zwischen Rot- und Weißkohl unterschieden.

Physiologie

■ Rotkohl enthält wie alle Kopfkohlarten relativ viel Vitamin C. Auch sein Eisengehalt ist nicht zu verachten. Die blaurote Farbe wird durch Anthocyane hervorgerufen. Diese zählen zu den Flavonoiden, welche antioxidativ wirken und Vitamin C in seiner Wirkung unterstützen. Sie regeln die Immunabwehr, hemmen Entzündungen und die Bildung von Blutgerinnseln. Kohl sollte regelmäßig gegessen werden!

Lagerhaltung

■ Besonders gut lagerfähig sind die Dauerkohlsorten. Ein frischer Rotkohl ist im Kühlschrank etwa 8 Tage haltbar. Angeschnitten wird er schnell braun und hält dann maximal 3 Tage. Wird er 3 Minuten in (Rotwein-)Essigwasser blanchiert, ist Rotkohl 8 bis 10 Monate tiefgekühlt lagerfähig. Rotkohl in Gläsern ist dunkel gelagert ca. 2 Jahre haltbar.

Zubereitung

■ Die äußeren Blätter werden abgelöst und der Kopf geviertelt, dann der Strunk schräg abgeschnitten. Nach dem Waschen wird der Kohl fein geschnitten oder gehobelt. Für andere Zubereitungen werden die einzelnen Blätter vorsichtig abgelöst, gewaschen und kurz blanchiert (sind dann biegsamer). Durch die Zugabe von Säure (Essig oder Zitronensaft) in das Kochwasser verändert sich der blauviolette Kohl und erhält seine typische rote Farbe. In Deutschland wird er bevorzugt mit Äpfeln und Gewürzen geschmort.

■ Durchschnittliche Abfallmenge: 20 %
■ Verzehrsfertige Portion pro Person: 200 g
■ Einkaufs-/Erntemenge pro Person: 250 g

Rübstiel

Jan	Febr	Mrz	Apr	Mai	Juni	Juli	Aug	Sep	Okt	Nov	Dez

Weitere Namen ■ Stielmus, Streifmus, Stengelmus, Rübstielchen

Botanik ■ Der echte Rübstiel (Brassica rapa rapifera pabularia) ist ein Blattstiel-Kohlgemüse, nach dem Gericht auch Stielmus genannt. Verwendet werden dabei die Blattstiele von Mai- und Herbstrüben, in früheren Zeiten auch von Zuckerrüben. Unechtes Stielmus wird aus kleingehackten Mangold-Blattstielen oder auch sehr dicht ausgesätem Chinakohl hergestellt. Andere verstehen darunter einfach ein Gericht aus Blattstielen von Wildkräutern.

Anbaugebiete ■ Echtes Stielmus ist nur vom Niederrhein bekannt. Prinzipiell kann es das ganze Jahr angeboten werden, hat seine Hauptsaison aber im Frühjahr und Herbst.

Normen ■ Qualitätsnormen sind weder auf EU- noch auf deutscher Ebene vorhanden.

Historie

■ Besonders im Bergischen Land gab es früher jedes Frühjahr einen „Ströövoowend", nämlich den Abend, wenn in fröhlicher Runde die Blätter von den frühen Mairüben abgestreift „jeströppt" wurden. Die Rüben wurden eingemacht, Stiele und Blattrippen zusammen mit Kartoffeln, Zwiebeln und viel geräuchertem Speck für das Stielmus verwendet. Aus den Niederlanden ist jetzt eine neue Rübstiel-Züchtung unter dem Namen „Namenia" im Handel erhältlich.

Physiologie

■ Leider liegen in allen bekannten Nährwerttabellen keine Angaben über Rübstiel bzw. Stielmus vor.

Lagerhaltung

■ Eine Lagerung ist bei Rübstiel nicht üblich. Sofern Blätter dabei sind, sollte er höchsten einen Tag im Kühlschrank lagern. Fertig gegartes Stielmus läßt sich auch einfrieren. Die Haltbarkeit liegt bei 2 bis 3 Monaten.

Zubereitung

■ Zunächst werden bundweise die Wurzeln abgeschnitten. Normalerweise werden dann die Blätter abgestreift und gewaschen. Die zarten Blätter werden fein geschnitten, die Stiele und die starken Blattrippen werden in etwa 2 cm lange Stücke geschnitten. Je nach Rezeptvorgabe wird Rübstiel dann entsprechend gegart.

■ Durchschnittliche Abfallmenge: 0 %
■ Verzehrsfertige Portion pro Person: 200 g
■ Einkaufs-/Erntemenge pro Person: 200 g

Sauerampfer

Jan	Febr	Mrz	Apr	Mai	Juni	Juli	Aug	Sep	Okt	Nov	Dez

Weitere Namen

■ Garten-, Gemüseampfer

Botanik

■ Sauerampfer (Rumex rucosus/acetosa) ist ein Knöterichgewächs und eng verwandt mit Buchweizen und Rharbarber. Das Kraut wird bis zu einem Meter hoch und hat unverzweigte, nach oben hin rötliche Stengel. Verwendet werden die spieß- oder pfeilförmigen Blätter. Sie haben tiefgerillte, lange Stiele und sitzen wechselständig. Es blüht mit langen Rispen, die anfangs grün sind und sich später rötlich färben. Bester Geschmack vor der Blüte, also im März/April (für Rohverwendung). In gegarter Form ist Sauerampfer bis in den Oktober genießbar. Kulturformen haben sehr große, hellgrüne Blätter.

Anbaugebiete

■ Sauerampfer kommt weltweit außer in Australien vor. Das Kraut liebt feuchte Wiesen, Grasplätze und Wälder. Es ist häufig an Wegrändern und Böschungen zu finden.

Historie

■ Sauerampfer hat in der Naturheilkunde eine jahrhundertealte Tradition. Und auch als Küchenkraut ist Sauerampfer keine Erfindung der Neuzeit. Speziell im ländlichen Raum zählte er zu den beliebtesten Wildkräutern. Gerade in den kargen Kriegs- und Nachkriegsjahren erlebte der Sauerampfer eine Blütezeit. Sauerampfer ist übrigens klassischer Bestandteil der Frankfurter Grünen Soße.

Physiologie

■ Sauerampferblätter sind vor allem aus der Naturheilkunde, zur sogenannten „Blutreinigung", bekannt. Wer zu Sodbrennen neigt, sollte besser auf dieses Gemüse verzichten. Sauerampfer zählt zu den kalorienärmsten Kräutern. Erwähnenswert sind der hohe Provitamin A- und der Eisengehalt. Zu berücksichtigen ist der hohe Oxalsäuregehalt (500 mg/100 g, bindet Calcium), welcher über dem von Spinat liegt.

Lagerhaltung

■ Am besten sollte Sauerampfer frisch gesammelt (nur äußere Blätter, das Herz stehen lassen) und direkt verwendet werden. Sauerampfer ist ungeeignet zum Einfrieren, da er zusammenfällt. Eine fertige Suppe dagegen läßt sich gut tiefgefrieren.

Zubereitung

■ Die Blätter werden sehr gut gewaschen und dann je nach Verwendungszweck ganz gelassen oder gehackt. In heißen Gerichten den Sauerampfer möglichst nur ziehen lassen und nicht kochen.

■ Durchschnittliche Abfallmenge: 0 %
■ Verzehrsfertige Portion pro Person: 50 g
■ Einkaufs-/Erntemenge pro Person: 50 g

Sauerkraut

Jan	Febr	Mrz	Apr	Mai	Juni	Juli	Aug	Sep	Okt	Nov	Dez

Botanik

■ Sauerkraut ist die bekannteste und beliebteste Konservierungsform des Weißkohls (Brassica oleracea capitata alba). Zu seiner Herstellung werden großköpfige, im Herbst geerntete Weißkohlsorten (Einschneidesorten) verwendet. Neben den üblichen runden Kopfformen, findet auch Spitzkohl (Filderkraut) Verwendung.

Anbaugebiete

■ Die für Sauerkraut benötigten Herbst- und Dauerkohlsorten werden in Schleswig-Holstein (Dithmarschen), am Niederrhein (Krefeld, Straelen), rund um Filderstadt, um Kassel sowie in Niederbayern angebaut.

Normen

■ Sauerkraut als häufigste Form der Weißkohlzubereitung (50 bis 60 Prozent der Kohlernte) wird sowohl roh als auch gegart verkauft und ist das ganze Jahr verfügbar (hier nur in gemüsearmen Monaten erwähnt).

Historie

■ Das erste Sauerkraut wurde überliefert hergestellt, als die Chinesische Mauer gebaut wurde, also vor mindestens 2200

Jahren. Damals wurde der Kohl zur längeren Haltbarkeit einfach in Reiswein eingelegt. In späteren Epochen wurde Sauerkraut wichtigstes Hilfsmittel auf See im Kampf gegen den Skorbut, die Vitamin-C-Mangelkrankheit. Nicht zuletzt hat Wilhelm Busch dem Sauerkraut literarisch ein Denkmal gesetzt, indem er die Witwe Bolte darüber ins Schwärmen geraten ließ.

Physiologie

■ Sauerkraut ist mit Salz haltbar gemachter, feingehobelter Weißkohl. Wegen des hohen Salzgehalts (740 mg Na/Portion) müssen empfindliche Personen oder solche, die eine salzarme Diät einhalten sollen, besonders vorsichtig sein. Neben viel Vitamin C hat Sauerkraut einen hohen Vitamin K-Gehalt (über 100 % pro Portion) und etwas Vitamin B_6. Der Milchsäuregehalt stabilisiert die Darmflora.

Lagerhaltung

■ Sauerkraut aus Dauerkohlsorten (ab September) kann in einem kühlen Keller ohne weiteres mehrere Wochen lagern. Sauerkraut kann roh (8 bis 10 Monate) oder fertig gegart (3 Monate) eingefroren werden. Es ist natürlich übers ganze Jahr verfügbar, wird hier aber in den gemüsearmen Monaten herausgestellt.

Zubereitung

■ Sauerkraut ist in roher Form am gesündesten, es sollte ansonsten nicht länger als 20 bis 25 Minuten leise gegart werden. Meist reicht ein Erhitzen. Die häufig praktizierte Unsitte des Wässerns vor dem Kochen führt zu erheblichem Nährstoffverlust. Zwar verlieren sich dadurch ein Großteil der Schärfe und des Salzes, dies erübrigt sich jedoch, wenn kein zusätzliches Salz verwendet wird bzw. keine salzhaltige Wurst oder Kasseler mitgegart werden.

■ Durchschnittliche Abfallmenge: 0 %
■ Verzehrsfertige Portion pro Person: 150 g
■ Einkaufs-/Erntemenge pro Person: 150 g

Schwarzwurzeln

Jan	Febr	Mrz	Apr	Mai	Juni	Juli	Aug	Sep	Okt	Nov	Dez

Weitere Namen ■ Garten-Schwarzwurzel, Winterspargel, Skorzoner Wurzel, Schorsenen

Botanik ■ Die zu den Korbblütlern gehörende Schwarzwurzel (Scorzonera hispanica) hat lange, spitz zulaufende Wurzeln mit einer braunschwarzen Haut. Das Wurzelfleisch ist weiß, weich und markig und enthält einen milchigen Saft, welcher beim Schälen die Hände verfärbt. Die Wurzel wird bis zu 30 cm lang, bleibt dabei aber relativ dünn (bis 3 cm).

Anbaugebiete ■ Längs der deutschen Nordseeküste, in geringeren Mengen auch regional erhältlich, vor allem aus ökologischem Anbau.

Normen ■ Deutsche Handelsklassen (nach Länge und Durchmesser):
I: mindestens 22 cm lang und 1,5 cm Durchmesser,
II: mindestens 15 cm lang und 1,2 cm Durchmesser.
Sie müssen glatt, unverzweigt und erdfrei sein.

Historie ■ Die Schwarzwurzel hat eine relativ junge Tradition als Gemüse (17. Jahrhundert). Sie stammt aus Europa, ihre Wildform ist noch heute in Südeuropa zu finden. Als eßbar war die Schwarzwurzel schon den alten Germanen bekannt, fand sich aber erst einmal eher auf den Tafeln der Reichen. Karl der Große liebte Schwarzwurzeln. Er war der festen Meinung, daß sie ihn jung und gesund hielten. Meistens wurde die Schwarzwurzel als Heilmittel zur Entgiftung eingesetzt. Im alten Rom sollte sie gegen Schlangenbisse und die Pest helfen.

Physiologie

■ Schwarzwurzeln sind ein recht kalorienarmes Gemüse mit einem hohen Ballaststoffanteil. Sie enthalten nur wenig Vitamine, dafür umso mehr Mineralstoffe. Hervorzuheben sind besonders Eisen (55 % des Bedarfs pro Portion), Kupfer (30 %) und Mangan (30 %). Mangan als Bestandteil wichtiger Enzyme hilft bei der Entgiftungsfunktion der Leber. Kupfer und Eisen fördern die Blutbildung.

Lagerhaltung

■ Schwarzwurzeln können im Kühlschrank ca. eine Woche aufbewahrt werden. An einem trockenen, kühlen Ort in einer Kiste mit Sand aufbewahrt können sie etwa einen Monat lagern, im Kühllager 4 Monate. Nach Vorschrift geputzt und aufbewahrt, sowie 3 Minuten mit Zitronensäure blanchiert, sind Schwarzwurzeln 6 Monate tiefgekühlt lagerfähig. Bereits beim Einkauf auf gleichmäßige Stangendicke achten!

Zubereitung

■ Die Schwarzwurzeln werden in einer Schüssel mit Wasser sehr gut gebürstet, Blatt- und Wurzelansatz weggeschnitten und die Stangen (mit Handschuhen) geschält. Die Stangen sollten sofort in ein kaltes Essig-Mehl-Wasserbad (2 EL Essig, 1 EL Mehl auf 1 Liter) gegeben werden, da sie sonst verfärben. Da die Stangen sehr kleben, kann das Schälen auch in Essigwasser (Essig bindet auch die Farbe) passieren. Man kann die Stangen aber auch ungeschält in sprudelndem Salzwasser in ca. 30 Minuten garen, abgießen, etwas abkühlen lassen und dann die Schale mit einem Messer abziehen.

■ Durchschnittliche Abfallmenge: 44 %
■ Verzehrsfertige Portion pro Person: 200 g
■ Einkaufs-/Erntemenge pro Person: rund 350 g

Sellerie, Knollen-

Jan	Febr	Mrz	Apr	Mai	Juni	Juli	Aug	Sep	Okt	Nov	Dez

Weitere Namen ■ Wurzelsellerie, Eppich

Botanik ■ Bei dem Knollen- oder Wurzelsellerie (Apium graveolens) wird die aus Sproß und Wurzel gebildete kugelige Rübe verwendet. Sie ist mehr als faustgroß. Die Knollen sollten möglichst glatt sein und tiefansetzende Wurzeln haben. Sie haben eine dünne Rinde, dann folgt ein bräunlich-grauer Holzkörper, schließlich das weiß bis cremefarbene Innere. Knollensellerie gehört zu den Apiaceae und ist ein Doldenblütler.

Anbaugebiete ■ In allen Gemüseanbaugebieten; Schwerpunkte in Nordrhein-Westfalen, Bayern, Baden-Württemberg, Niedersachsen, Hamburg. Mehr als 80 Prozent des gesamten Knollensellerie-Angebots stammt aus Deutschland.

Normen ■ Deutsche Handelsklassen I und II. Mindestdurchmesser 6 cm, mit Laub 3 cm. Die Knollen dürfen weder hohl noch pelzig sein. Größensortierung für Klasse I verbindlich.

Historie ■ Sellerie gilt seit alters her als männliche Wunderwaffe, als wirksames Aphrodisiakum. Er wirkt entspannend und beruhigend. Bei den Griechen hatte er ein sehr hohes Ansehen und schmückte zusammen mit Lorbeer die Köpfe berühmter Sportler. In Homers Odyssee wird Sellerie als Lieblingsgemüse der Kalypso beschrieben, jener Nymphe, die Odysseus viele Jahre lang bezirzte. Sellerie stammt ursprünglich vom Sumpfsellerie des Mittelmeergebietes ab und wurde in mehreren Variationen gezüchtet. In England und USA ist nur der Staudensellerie bekannt, Knollensellerie gilt dort als Exot.

Physiologie

■ Sellerie hat einen hohen Anteil ätherischer Öle und insulinähnlicher Hormone. Dadurch hat er eine anregende, stoffwechselfördernde Wirkung. Knollensellerie hat einen höheren Vitamin E- und Phosphorgehalt als Stangensellerie und enthält viel Calcium. Er hat eine gewisse harnsäuretreibende Wirkung. Selleriesalz (für Nierenkranke) wird aus den weißen Blüten des Knollensellerie hergestellt.

Lagerhaltung

■ Roher Knollensellerie hält sich im Kühlschrank etwa 8 Tage, gegart 4 bis 5 Tage. Sellerieknollen lassen sich einfrieren, verlieren dabei aber an Geschmack und Aussehen. Im Kühllager bei 0 °C und hoher relativer Luftfeuchtigkeit läßt sich Knollensellerie dort 4 bis 5 Monate lagern und ist dadurch bis weit ins Frühjahr hinein erhältlich. Er kommt fast ausschließlich aus dem Freiland.

Zubereitung

■ Die Knollen werden unter fließendem Wasser mit einer harten Bürste gut abgeschrubbt, dann Kappe und Wurzelende abgeschnitten und geschält, dabei holzige Stellen entfernt. Je nach Verwendungsart wird die Knolle in Scheiben, Streifen oder Würfel geschnitten. Damit der Sellerie nicht braun wird, wird er mit etwas Zitronensaft beträufelt und in leicht gesäuertem Wasser gegart. Sellerie ist gar, wenn er sich mit einer Gabel leicht einstechen läßt. Er ist ein unentbehrliches Suppengemüse und gehört auch unbedingt in den Kochsud für Muscheln. Berühmt ist der Waldorf-Salat, eine Kombination mit Äpfeln und Nüssen.

■ Durchschnittliche Abfallmenge: 27 %
■ Verzehrsfertige Portion pro Person: 200 g
■ Einkaufs-/Erntemenge pro Person: rund 250 g

Sellerie, Stauden-

Jan	Febr	Mrz	Apr	Mai	Juni	Juli	Aug	Sep	Okt	Nov	Dez

Weitere Namen ■ Bleich-, Stangen-, Stichsellerie, Englischer Sellerie

Botanik ■ Der Stauden- oder Stangensellerie (Apium graveolens dulce) ist ein Stengelgemüse. Im Gegensatz zum Knollensellerie ist die Wurzel nur sehr mager ausgebildet. Verwendet werden die langen, fleischigen und gerippten Blattstiele. Es gibt grüne, weißlich oder gelb gefärbte Sorten. Letztere sind milder im Geschmack. Durch Anhäufeln oder Abdecken werden die Stangen zum Teil noch gebleicht.

Anbaugebiete ■ Staudensellerie wird bisher hauptsächlich im Rheinland angebaut. Er ist zwar ganzjährig erhältlich, kommt dann aber z. B. aus Israel, Italien oder USA.

Normen ■ EG-Qualitätsnorm, Mindestgewicht von 150 g vorgeschrieben: In Klasse I Größensortierung verbindlich, die Blätter müssen zu mindestens 50 Prozent hell (gelb) sein; in Klasse II zu 33 Prozent.

Historie

■ Sellerie wird seit etwa 3000 Jahren kultiviert. Ursprünglich stammt er vom wilden Sumpfsellerie, der im Mittelmeerraum beheimatet ist, ab. Bei uns gewinnt er immer mehr an Bedeutung. In den USA ist Staudensellerie eines der wichtigsten Salatgemüse (Knollensellerie dagegen, wie auch in England, praktisch unbekannt).

Physiologie

■ Staudensellerie ist relativ kalorienarm und wird häufig für Schlankheitsdiäten empfohlen. Ansonsten zeichnet er sich durch seinen Kalium- und den für Gemüse recht hohen Calciumgehalt aus. Der Vitamingehalt ist umso höher, je weniger hell (gebleicht) die Stangen sind, da die Bildung durch Lichteinfluß gefördert wird.

Lagerhaltung

■ Die Stangen müssen knackig frisch sein und dürfen keine bräunlichen Blätter haben. Im Kühlschrankgemüsefach ist er 5 bis 6 Tage haltbar. Nach der Ernte muß er sofort stark gekühlt werden. Durch das handelsübliche Abpacken in Plastikbeuteln hält er sich etwas länger frisch. In Stücke geschnitten und gegart oder 3 Minuten blanchiert, kann Staudensellerie 8 bis 10 Monate eingefroren werden.

Zubereitung

■ Die kleinen Blättchen werden entfernt, ein Stück vom Boden abgeschnitten. Unter fließendem Wasser wird die Staude gewaschen, dabei die Blattstiele gut auseinanderbiegen. Nach dem Abtropfenlassen werden die Stengel gelöst. Je nach Verwendung werden die Stangen längs geviertelt oder in Stücke geschnitten. Staudensellerie kann sowohl roh als auch gegart gegessen werden.

■ Durchschnittliche Abfallmenge: 37 %
■ Verzehrsfertige Portion pro Person: 100 g
■ Einkaufs-/Erntemenge pro Person: rund 160 g

Spargel

Jan	Febr	Mrz	Apr	Mai	Juni	Juli	Aug	Sep	Okt	Nov	Dez

Botanik

■ Der Spargel (Asparagus officinalis) ist eine mehrjährige Staudenpflanze. Verwendet werden die jungen Sprossen. Man unterscheidet den in Deutschland bevorzugten weißen, den violetten sowie den grünen Spargel. Weißer Spargel wird durch Anhäufelung von Erdwällen unter Lichtabschluß erzielt. Kommt der Kopf ans Licht, wird er blau-violett. Grüner Spargel wird unter Lichteinfluß gezogen. Nach dem Stechen bildet Spargel buschige Pflanzen.

Anbaugebiete

■ Niedersachsen, Südhessen, Rheinhessen, Nordrhein-Westfalen, Bayern, Brandenburg, Baden-Württemberg

Normen

■ EG-Qualitätsnormen: Extra, I und II. Kriterien sind der (sehr) fest geschlossene Kopf und Holzigkeit. Für Spargelmahlzeiten Extra auswählen, als Beilage reicht Klasse I, für Suppen II oder Bruchspargel.

Historie

■ Spargel ist eine sehr alte Heilpflanze und durfte früher in keiner Apotheke fehlen, wie die Bezeichnung „officinalis" angibt. Als Gemüse ist er in Westeuropa „erst" seit etwa 1000 Jahren bekannt, die Chinesen aßen ihn schon vor mehr als 5000 Jahren, war allerdings als Delikatesse nur den Reichen vorbehalten. Ein Grund für seinen „exklusiven Touch" war sicher seine kurze Saison, war er früher bei uns doch nur von Ende April bis Johanni (24.6.) erhältlich. Dabei sollte man es auch belassen, selbst wenn Spargel mittlerweile das ganze Jahr frisch erhältlich (aus Südafrika oder Mexiko eingeflogen) ist.

Physiologie

■ Spargel wurde schon immer wegen seiner Heilkraft geschätzt. Er entwässert sehr stark, ist ausgesprochen kalorienarm. In seiner Zusammensetzung ist er das ideale Managergemüse, mit extra Nährstoffen für gestreßte Kopfarbeiter. Wichtig sind Folsäure, die Vitamine K, C, E und B_1, Eisen, Kupfer (50 % des Tagesbedarfs pro Portion), Mangan (65 %) und Chrom (300 %) sowie Magnesium und Jod. Viel Purin!!

Lagerhaltung

■ Spargel ist sehr empfindlich. Frischer Spargel hat keine grauen, eingetrockneten Schnittflächen. Nach dem Einkauf in feuchte Küchentücher einschlagen und einen Tag (max. 2) in den Kühlschrank legen. Im ganzen eingefroren (nicht blanchiert) ist er 2 bis 3 Monate lagerfähig, in Stücken (3 Minuten blanchiert) mit Spargelwasser eingefroren 6 bis 9 Monate. Grüner Spargel, 1 Minute blanchiert, ist 8 bis 12 Monate tiefgekühlt haltbar.

Zubereitung

■ Die äußere Haut wird mit einem Sparschäler vom Kopf bis zum Ende dünn abgeschnitten. Grüner Spargel wird nicht geschält. Das holzige Ende wird 1 bis 3 cm weit abgeschnitten. Die gut gewaschenen Schalen (am besten Öko-Anbau) sollten zum Kochen des Suds mitverwendet werden. Dieser läßt sich später gut für Suppen oder Soßen einsetzen. Zum Garen werden alle Köpfe in die gleiche Richtung gelegt, die Stangen eventuell gebündelt, etwas Butter und eine Prise Zucker, auch einen kleinen Schuß Milch, ins Garwasser gegeben. Nur mäßig würzen! Garzeit: weiß: 15 bis 25 min, grün: 8 bis 10 min. Grüner Spargel schmeckt würziger, enthält auch mehr Vitamin C.

■ Durchschnittliche Abfallmenge: 26 %
■ Verzehrsfertige Portion pro Person: 500 g als Hauptgericht
■ Einkaufs-/Erntemenge pro Person: rund 650 g

Spinat

Jan	Febr	Mrz	Apr	Mai	Juni	Juli	Aug	Sep	Okt	Nov	Dez

Botanik

■ Spinat (Spinacia oleracea) gehört zu den Gänsefußgewächsen (Chenopodiaceae). Am verbreitesten sind Frühjahrs- und Herbstsorten, da Spinat an langen Tagen, wie im Sommer, schnell schoßt (blüht) und dann bitter schmeckt. Der winterfeste Winterspinat kann nur in klimatisch günstigen Gegenden angebaut werden. Außerdem wird zwischen Wurzel- und Blattspinat unterschieden. Geläufig ist der letztere.

Anbaugebiete

■ In ganz Deutschland, gewisse Schwerpunkte in Niedersachsen, Nordrhein-Westfalen, Rheinland-Pfalz, Baden-Württemberg und Bayern. Deutsche Ware stammt fast ausschließlich aus dem Freiland.

Normen

■ EG-Qualitätsnormen: Klassen I und II. In Klasse I dürfen die Stiele des Blattspinats maximal 10 cm lang sein.

Historie

■ Spinat wird heute weltweit (außer in den Tropen) angebaut. Die Pflanze stammt ursprünglich aus Asien und gelangte später in den Orient. Von dort aus brachten Kreuzritter den Spinat mit nach Europa. Zunächst wurde er vor allem in Spanien und Frankreich angebaut, ab dem 16. Jahrhundert dann auch in den Niederlanden und in Deutschland. Interessanterweise wird in Deutschland dieses eigentlich asiatische Gemüse heute als europäischer angesehen als der in Mitteleuropa beheimatete Mangold, der ja mit dem Spinat eng verwandt ist. Laut Volksmund ersetzt „gesunder" Spinat eine halbe Apotheke.

Physiologie

■ Spinat wird seit jeher mit einem hohen Eisengehalt in Verbindung gebracht. Hinzu ist die Nitratproblematik gekommen (1000 – 4000 mg/kg), da Spinat vor allem in den Blattstielen bei wenig Licht Nitrat ablagert (abends ernten!). Es wird allerdings an der Entwicklung nitratärmerer Sorten gearbeitet. Bemerkenswert ist gleichfalls der hohe Oxalsäuregehalt (4,4 g/kg), welcher Calcium bindet und so Nierensteinkranken schadet.

Lagerhaltung

■ Spinat sollte nicht länger als 2 Tage im Kühlschrank aufbewahrt werden, am besten in eine nasse Zeitung oder ein Küchentuch gewickelt, nicht in geschlossenen Verpackungen. Spinat kann bis zu einem Jahr tiefgekühlt werden, wenn er zuvor 2 Minuten blanchiert und gehackt wurde. Spinatgerichte nicht warmstellen oder aufwärmen, da sich sonst Nitrit und evtl. krebserregende Nitrosamine bilden können.

Zubereitung

■ Welke Blätter werden aussortiert. Evtl. Stiele abschneiden. Die Blätter sollten mindestens dreimal in einer Schüssel mit kaltem Wasser gewaschen werden. Gut abtropfen lassen. Um das Auslaugen der reichlich vorhandenen Mineralstoffe zu vermeiden, wird der Spinat am besten nur mit anhängendem Waschwasser gedünstet oder gedämpft. Je jünger und zarter der Spinat ist, desto kürzer ist die Garzeit (wenige Minuten). – Beim Blanchieren werden 40 bis 70 Prozent des Nitrats ausgewaschen.

■ Durchschnittliche Abfallmenge: 15 %
■ Verzehrsfertige Portion pro Person: 200 g
■ Einkaufs-/Erntemenge pro Person: rund 250 g, rund 500 g für reines Spinatgemüse

Sprossen

Jan	Febr	Mrz	Apr	Mai	Juni	Juli	Aug	Sep	Okt	Nov	Dez

Botanik ■ Unter Sprossen versteht man im allgemeinen Keimlinge, also die gekeimten Samen verschiedener Gemüse, Hülsenfrüchte und Getreide. Besonders bekannt sind die Bohnenkeimlinge von Soja- und Mungbohne. Im Handel werden inzwischen aber auch fertig gekeimte Radieschen-, Sonnenblumen-, Linsen-, Kresse-, Luzerne(Alfalfa)-, Weizensprossen und viele mehr angeboten. Keimfähige Samen sind ebenfalls erhältlich.

Anbaugebiete ■ Im Handel erhältliche frische Sprossen werden praktisch ausschließlich in Deutschland produziert. Sie lassen sich jedoch auch zuhause selbst ziehen, dadurch wird die Frische garantiert.

Normen ■ Für Sprossen gibt es keine Qualitätsnormen. Sie sollten jedoch selbstverständlich knackig frisch sein und keine faulen oder verfärbten Stellen haben.

Historie ■ Die Verwendung von Keimlingen aller Art ist erst durch die verstärkte vegetarische Ausrichtung der Ernährung populär geworden. Selbstverständlich gibt es hier keine Saisonzeiten und auch vom Anbau im Freiland kann keine Rede sein. Durch die Erwähnung an dieser Stelle und in den angegebenen Monaten soll jedoch darauf aufmerksam gemacht werden, daß gerade in den frischgemüsearmen Monaten Sprossen jeder Art eine sinnvolle Ergänzung des Speiseplans darstellen.

Physiologie

■ Während des Keimprozesses reichern sich in Keimlingen vor allem jede Menge Vitamine an. Welche das sind, ist natürlich von der Samenart abhängig. Bei Getreide z. B. sind es schwerpunktmäßig B-Vitamine, wie Thiamin, Riboflavin, Niacin und Folsäure, Bohnenkeimlinge sind in der Tabelle ausführlicher vorgestellt. Die Gehalte sind teilweise doppelt so hoch wie bei durchschnittlichem Gemüse. Alle Bohnenkeimlinge, wie die von Hülsenfrüchten überhaupt, müssen kurz blanchiert werden.

Lagerhaltung

■ Sprossen halten sich nicht lange. Nach einer unterschiedlich langen Keimzeit (2 bis 7 Tage) sollten sie möglichst sofort gegessen werden. Eingekaufte Sprossen können in der jeweiligen Verpackung meist 1 bis 2 Tage im Gemüsefach gelagert werden. Manche Sprossen faulen schnell, andere (z. B. Radieschen, Linsen) keimen noch weiter. Wer Sprossen selber zieht, halte sich an die Packungsanweisung.

Zubereitung

■ Sprossen werden nur gut gewaschen, dann läßt man sie abtropfen und verwendet sie gemäß Rezept weiter. Je nach Sorte bzw. persönlicher Neigung werden sie gedünstet, gebraten, blanchiert oder roh gegessen. Sie eignen sich zur Kombination mit anderen Gemüsen, mit Fleisch (Geflügel) oder Fisch. In der asiatischen Küche spielen Sprossen eine wichtige Rolle. Empfehlenswert sind auch Kombinationen mit Quark oder einfach ein Garnieren mit grünen Sprossen anstelle von üblichen Küchenkräutern, wie Petersilie oder Schnittlauch. Radieschen- oder Rettichsprossen z. B. geben eine kräftige Schärfe in Salaten oder Quark.

■ Durchschnittliche Abfallmenge: 0 %
■ Verzehrsfertige Portion pro Person: 100 g
■ Einkaufs-/Erntemenge pro Person: 100 g

Steckrübe

Jan	Febr	Mrz	Apr	Mai	Juni	Juli	Aug	Sep	Okt	Nov	Dez

Weitere Namen ■ Kohlrübe, Wruke, Unterkohlrabi, Boden-, Schmalzrübe, Dorsche, Dotsche

Botanik ■ Die Steck- oder Kohlrübe (Brassica napus napobrassica) gehört zu den Brassicaceae und ist ein Kreuzblütler. Die Steckrübe entwickelt eine fleischig verdickte Wurzel. Man unterscheidet Sorten mit gelbem und mit weißem Fleisch. Die gelbfleischigen werden bei uns bevorzugt, da sie weicher und zarter sind. Die weißen dienen als Futterpflanze. In England dagegen wird vorwiegend eine weißfleischige Sorte angebaut.

Anbaugebiete ■ Für Steckrüben besteht nur ein kleiner örtlicher Bedarf, spezielle Anbaugebiete gibt es nicht.

Normen ■ Keine, aufgrund der geringen wirtschaftlichen Bedeutung. Beim Einkauf darauf achten, daß die Steckrüben keine Flecken haben. Starke Schalenrisse deuten auf Holzigkeit hin.

Historie ■ Die Steckrübe hat bei uns heute noch den Ruf eines Arme-Leute-Essens bzw. erinnert an Kriege und Notzeiten. So steht der Begriff „Steckrübenwinter" für den schlimmsten deutschen Hungerwinter, in dem Steckrüben sozusagen als Ersatz für alles herhalten mußten. Dadurch ist die Steckrübe in Vergessenheit gedrängt und wird eher als Viehfutter betrachtet. Zu Unrecht eigentlich, unsere Rezepte sollen Ihnen zeigen, daß beispielsweise „Deftiges Steckrüben-Mus" seinen Reiz bis heute nicht verloren hat. Wem Steckrübe zu „vorbelastet" klingt, kann vielleicht unter dem Namen „Wruke" neu Freundschaft mit ihr schließen.

Physiologie

■ Bei der Steckrübe stand früher der Kohlenhydratanteil im Vordergrund. Heute ist sie als Folsäure-Quelle von Bedeutung und liefert neben gemüsetypischem Kalium auch einiges an Calcium. Der relativ hohe Ballaststoffgehalt (18 % des Tagesbedarfs pro Portion) soll nicht unerwähnt bleiben.

Lagerhaltung

■ Steckrüben werden von September bis November geerntet. Bei niedrigen Temperaturen (0 °C) und hoher Luftfeuchtigkeit sind sie ca. 6 Monate lagerfähig und somit bis ins Frühjahr hinein erhältlich. Im dunklen Keller können sie bis zu einem Monat gelagert werden. Fertig gegarte Steckrüben können drei Monate tiefgekühlt werden. Beim Einkauf darauf achten, daß sie keine Risse haben.

Zubereitung

■ Die Steckrüben werden gewaschen und geschält. Je nach Rezept werden sie dann in Würfel, Scheiben oder Streifen geschnitten. In kleinen Mengen schmecken sie übrigens auch roh gegessen sehr gut. Der Geschmack erinnert stark an Kohlrabi, nicht umsonst werden Steckrüben auch Erdkohlrabi genannt.

■ Durchschnittliche Abfallmenge: 17 %
■ Verzehrsfertige Portion pro Person: 200 g
■ Einkaufs-/Erntemenge pro Person: rund 250 g

Tomaten

Jan	Febr	Mrz	Apr	Mai	Juni	Juli	Aug	Sep	Okt	Nov	Dez

Weitere Namen ■ Liebes-, Gold- , Paradiesapfel, Paradeiser (A)

Botanik ■ Tomaten (Lycopersicon lycopersicum) gehören zu den Fruchtgemüsen und zählen mit zu den beliebtesten Gemüsen überhaupt. Die Tomatenpflanze ist ein Nachtschattengewächs (Solanaceae). Die Früchten wachsen an krautigen, einjährigen Pflanzen und sind im allgemeinen rot, einige wenige auch gelb. Unterschieden wird zwischen Rundtomaten, Fleischtomaten (groß, mehr als 5 Fruchtkammern), Flaschentomaten und Kirschtomaten (Cocktail-).

Anbaugebiete ■ Es ist nur ca. 5 Prozent deutsche Ware auf dem Markt, größtenteils aus Unterglasanbau. Freilandanbau findet hauptsächlich in der Vorderpfalz, in Unterfranken, auf der Insel Reichenau und im Vorgebirge statt.

Normen ■ EG-Qualitätsnormen gelten für runde, gerippte (Gemüse-) und längliche Tomaten: Klassen Extra, I und II. Größensortierung ist bei den Klassen Extra und I nötig. Vernarbte Risse gehören nach II.

Historie ■ Die Tomate stammt ursprünglich aus Mittel- und Südamerika, wo sie von den Indios als Nahrungspflanze gezüchtet wurde. Daher stammt auch der Name, aztekisch „tomatl" (Schwellpflanze). Kolumbus brachte sie auf seiner zweiten

Reise nach Europa. Bis etwa 1750 galt sie jedoch als bloße Zierpflanze (Paradies- oder Goldapfel genannt). Diese Namen finden sich noch heute im italienischen „Pomodoro" und im österreichischen „Paradeiser". Als Nachtschattengewächs galt die Tomate viele Jahre als giftig. Erst seit Beginn dieses Jahrhunderts wird sie auch in Deutschland verstärkt angebaut.

Physiologie

■ Es gibt mehr als 600 Tomatensorten auf dem Markt. Diese unterscheiden sich nicht nur im Geschmack, sondern auch in der Nährstoffzusammensetzung. Reichlich vorhanden ist aber immer Provitamin A und bei natürlich am Strauch gereiften Tomaten auch Vitamin C (bis 60 mg/100 g). Grüne Tomaten enthalten giftiges Solanin, es ist besser, sie nachreifen zu lassen oder die grünen Stellen wegzuschneiden.

Lagerhaltung

■ Tomaten nicht im Kühlschrank lagern (Geschmacksverlust). Max. Lagerung 1 bis 2 Wochen (mit Stiel). Wegen der Ethylenabgabe nicht zusammen mit Gurken oder Blumenkohl aufbewahren. Tomaten lassen sich nur als Püree oder Saft einfrieren. Der Solaningehalt grüner Tomaten ist bei Konfitürenherstellung oder Sauereinlegen unproblematisch, sofern sich der Genuß jeweils auf einige wenige Tomaten beschränkt.

Zubereitung

■ Tomaten sind sehr leicht zu handhaben: Sie werden gut gewaschen, Stiele, sofern vorhanden, werden entfernt. Grüne Stellen (evtl.) sowie Stielansatz werden herausgeschnitten, schon können Tomaten nach Belieben weiterverarbeitet werden. Um die Haut abzuziehen, werden die Tomaten mit kochendem Wasser überbrüht. Nach kurzer Zeit läßt sich die Haut problemlos entfernen. Zum Kochen werden meist Fleischtomaten eingesetzt, Cherrytomaten werden vorwiegend roh verwendet. Insgesamt lassen sich Tomaten vielfältigst verwenden, was wohl auch ihre große Beliebtheit erklärt.

- Durchschnittliche Abfallmenge: 0 %
- Verzehrsfertige Portion pro Person: 200 g
- Einkaufs-/Erntemenge pro Person: 200 g

Weiße Rübe

Jan	Febr	Mrz	Apr	Mai	Juni	Juli	Aug	Sep	Okt	Nov	Dez

Weitere Namen ■ Teltower Rübchen, Mairübe, Märkische Rübe, Kleine Rübe, Herbstrübe, Turnip, Wasser-, Stoppel-, Saatrübe

Botanik ■ Weiße Rüben (Brassica rapa rapa) sind Speiserüben. Sie gehören zu den Brassicaceae und sind Kreuzblütler. Man unterscheidet die kleinen, zarten Mairüben mit weißer, roter oder gelber Rinde von den deutlich größeren grün- oder rotköpfigen Herbst- oder Stoppelrüben und von den Kleinen Speise- oder Märkischen Rüben, welche plattrund sind und einen süßlich Geschmack haben.

Anbaugebiete ■ Der Speiserübenanbau hat in Deutschland nur lokale Bedeutung. Schwerpunkte liegen in Norddeutschland und in Brandenburg (Region um Teltow).

Normen ■ Keine. Mai- und Teltower Rüben sollten jung, zart und nur etwa kinderfaustgroß sein. Das Blattgrün (so vorhanden) muß fein und ebenfalls zart sein.

Historie ■ Die Speiserüben sind alte Kulturpflanzen. Sie stammen vermutlich aus Europa, wahrscheinlich aus dem Mittelmeerraum. In Deutschland gelangen nur noch selten weiße Rüben auf den Speisezettel. Allenfalls die Teltower Rübchen (Kleine Speiserübe), die als feinste der Speiserüben gelten, haben noch eine gewisse Berühmtheit. In anderen Ländern, beispielsweise in Frankreich, gelten die Weißen Mairübchen (Navets) als Delikatesse und sind sehr beliebt. In den angelsächsischen Ländern bevorzugt man dagegen die größeren Turnips (Herbstrübe), die im Herbst überall angeboten werden.

Physiologie

■ Speiserüben zeichnen sich ernährungsphysiologisch nicht speziell aus. Sie liegen im Schnitt aller Brassicaceae, mit guten Selen- (bodenabhängig), Folsäure- und Vitamin-C-Gehalten. Der milde, etwa rettich-ähnliche Geschmack entsteht durch die enthaltenen ätherischen Öle (Senföle), die auch Herbstrüben etwas leichter verdaulich machen.

Lagerhaltung

■ Weiße Rüben können im Gemüsefach des Kühlschranks 6 bis 8 Tage gelagert werden. Gegart und zugedeckt lassen sie sich 2 bis 3 Tage aufbewahren, z. B. zur Resteverwertung von „Weiße Rüben naturell" als „Überbackene Mornay-Rübchen". Einfrieren lassen sich weiße Rüben am besten gegart. So sind sie bis zu 3 Monaten lagerfähig. Herbstrüben können auch fein geschnitten als Sauerrüben eingelegt werden.

Zubereitung

■ Die Rüben werden gewaschen und wie Kohlrabi geschält. Große Herbstrüben werden der Einfachheit halber vorher geviertelt oder in Scheiben geschnitten. Dann können sie nach Rezeptangaben weiterverarbeitet werden. Herbstrüben eignen sich eher für Eintopfgerichte bzw. längere Garzeiten, während die zarten Mai- und Teltower Rübchen gut als Beilagen geeignet sind. Bei Mairüben kann man das Blattgrün wie beim Kohlrabi mitverwenden oder als Stielmus (siehe Rübstiel) kochen.

■ Durchschnittliche Abfallmenge: 31 %
■ Verzehrsfertige Portion pro Person: 200 g
■ Einkaufs-/Erntemenge pro Person: rund 300 g

Weißkohl

Jan	Febr	Mrz	Apr	Mai	Juni	Juli	Aug	Sep	Okt	Nov	Dez

Weitere Namen

■ Weißkraut, Kappes, Kappus, Kabis, Kraut

Botanik

■ Weißkohl (Brassica oleracea capitata alba) ist eine weißlich-grüne Kopfkohlart mit einem fest geschlossenen Kopf und glatten Blättern. Die Form variiert von rund bis länglich. Der Spitzkohl ist eine besondere Art des Weißkohls, der sich durch sein spitzköpfiges Aussehen auszeichnet. Weißkohl hat von allen Kopfkohlsorten den kräftigsten Kohlgeschmack. Die Weißkohlköpfe können bis zu mehreren Kilogramm schwer werden.

Anbaugebiete

■ WEISSKOHL: Holsteinische Marsch, Niederrhein, Hessen, Niedersachsen, Filderebene bei Stuttgart, Niederbayern, Brandenburg, Thüringen.
SPITZKOHL: Pfalz, Vorgebirge, Filderebene (Filderkraut)

Normen

■ WEIßKOHL: EG-Güteklassen I und II. Die Köpfe müssen frisch (grünlich) sowie ein Mindestgewicht aufweisen.
SPITZKOHL: keine.

Historie

■ Weißkohl gilt als das deutscheste aller Gemüse, wohl wegen seiner Hauptzubereitungsform, dem Sauerkraut. Immerhin werden 50 bis 60 Prozent der deutschen Weißkohlernte zu

Sauerkraut verarbeitet (siehe auch dort). Überall auf der Welt wird die deutsche Küche mit Sauerkraut in Verbindung gebracht. Sauerkraut hat es wie auch der Kohlrabi geschafft, englischsprachig zu werden. Und das, obwohl die Chinesen die Milchsäurekonservierung von Weißkohl erfanden. Spitzkohl stammt übrigens auch aus China, erst 1837 kam er nach Europa.

Physiologie

■ Weißkohl ist Vitamin C-reich und enthält wichtige sekundäre Pflanzenstoffe, vor allem Glucosinolate. Wurde diesen früher noch eine kropffördernde Wirkung zugesprochen, so weiß man heute, daß sie vor allem bei rohem Kohl krebshemmend wirken. Durch die feste Zellstruktur ist Weißkohl (nicht der Spitzkohl) schwer verdaulich und wird zur Verdauungsförderung häufig mit Kümmel gewürzt. Gut kauen!

Lagerhaltung

■ Frühe Weißkohlsorten lassen sich bei 0 °C einen Monat lagern, späte (Dauer-)Sorten können bei dieser Temperatur 7 bis 8 Monate liegen. Im Kühlschrank kann Weißkohl eine Woche aufbewahrt werden. Zum Einfrieren (8 bis 10 Monate) Weißkohl schneiden und 2 Minuten blanchieren. Besser schmeckt es allerdings meistens, wenn fertig gegarte Weißkohlgerichte (ohne Knoblauch, evtl. bitter) eingefroren werden.

Zubereitung

■ Äußere Blätter werden nötigenfalls entfernt, der Kopf gut gewaschen, geviertelt und der Strunk schräg herausgeschnitten. Dann wird der Kohl gehobelt (Gurkenhobel), mit einem langen Messer in schmale Streifen geschnitten oder vom Schneidwerk der Küchenmaschine geraspelt. Für Kohlrouladen werden die ganzen Blätter verwendet. Dazu sucht man besonders glatte und gleichmäßige Blätter aus und schneidet notfalls die Blattspreite flach. Weißkohl läßt sich vielfältig zubereiten, als südeuropäische Variante ist in den letzten Jahren der Weißkrautsalat bei uns populär geworden.

■ Durchschnittliche Abfallmenge: 22 %
■ Verzehrsfertige Portion pro Person: 200 g
■ Einkaufs-/Erntemenge pro Person: rund 250 g

Wirsing

Jan	Febr	Mrz	Apr	Mai	Juni	Juli	Aug	Sep	Okt	Nov	Dez

Weitere Namen

■ Wirsingkraut, Savoyer Kohl, Mailänder Kohl, Welschkohl, Welschkraut, Wirz

Botanik

■ Wirsing (Brassica oleracea vaputata sabauda) ist die einzige winterfeste Kopfkohlart, der je nach Sorte auch ein kräftiger Frost nicht schadet. Als Überwinterungskultur wird der sogenannte Adventswirsing angebaut, der im Mai und Juni geerntet wird. Während die anderen Kopfkohlarten glatte Blätter und einen festen Kopf aufweisen, hat der Wirsing dunkelgrüne, runzlige (gewellte oder blasige) Blätter und einen lockeren Kopfaufbau.

Anbaugebiete

■ Niederbayern, München, Niederrhein, schleswig-holsteinische Marsch, Fehmarn, Baden-Württemberg, Rheinland-Pfalz, Brandenburg

Normen

■ EG-Qualitätsnormen: Klassen I und II.
Frühe Sorten müssen ein Mindestgewicht von 350 g haben, alle anderen mindestens 500 g pro Kopf wiegen.

Historie

■ Der Wirsing ist wahrscheinlich italienischen Ursprungs, wo er heute noch zu den Hauptkohlarten zählt. In Deutschland macht die Wirsingerntemenge nur etwa 10 Prozent der gesamten Kopfkohlernte aus.

Physiologie

■ Wie alle Kohlarten enthält auch Wirsing relativ viele Vitamine und Mineralstoffe. Zu nennen sind u. a. Vitamin C, Provitamin A, Eisen und Ballaststoffe. Wirsing gilt als immunstärkend und krebsvorbeugend. Wer unter Blähungen leidet, sollte mit Wirsing vorsichtig sein. Vorbeugend wirken hier Gewürze, wie Kümmel, Anis, Fenchel- oder Dillsamen.

Lagerhaltung

■ Wirsing sollte beim Kauf noch knackig aussehen, die Blätter dürfen nicht herunterhängen. So läßt er sich im Kühlschrank etwa 6 Tage aufbewahren. In Streifen geschnitten und 2 bis 4 Minuten blanchiert, kann Wirsing für etwa 8 bis 10 Monate eingefroren werden.

Zubereitung

■ Der Wirsingkopf wird sehr gründlich gewaschen, in der gekräuselten Oberfläche bleiben leicht Schmutzreste und Schadstoffe hängen. Dann werden entweder die Blätter einzeln abgelöst oder der Kopf geviertelt und der Strunk herausgeschnitten. Je nach Rezept wird der Wirsing direkt gegart oder in größere Stücke oder schmale Streifen geschnitten. Hellgrüne, frühe Wirsingsorten sind sehr zart und benötigen nur kurze Garzeiten. Wirsing läßt sich nach fast allen Weißkohlrezepten zubereiten. Besonders gut schmeckt er roh und dünn geschnitten in Salaten.

■ Durchschnittliche Abfallmenge: knapp 30 %
■ Verzehrsfertige Portion pro Person: 200 g
■ Einkaufs-/Erntemenge pro Person: rund 300 g

Wurzelpetersilie

Jan	Febr	Mrz	Apr	Mai	Juni	Juli	Aug	Sep	Okt	Nov	Dez

Botanik

■ Die Petersilie (Petrolesinum crispum radicosum) gehört botanisch zu den Apiaceae und ist ein Doldenblütler. Für die Küche sind zwei Formen bekannt: zum einen die Blatt- oder Schnittpetersilie, deren krause oder glatte Blätter als Würzkraut verwendet werden, zum anderen die Wurzelpetersilie. Die Hauptwurzel ist weiß und spindelförmig und wird möhrenähnlich verwendet. Die Blätter sind auch zum Würzen geeignet.

Anbaugebiete

■ Der Anbau von Wurzelpetersilie hat sich im Prinzip als Vertragsanbau für die Industrie entwickelt, da sie meist als Suppengemüse oder -gewürz verarbeitet wird, und ist daher häufig in deren Nähe zu finden. Prinzipiell ist der Anbau in ganz Deutschland möglich. Nach der Ernte (Okt./Nov.) wird sie wie Möhren eingelagert, ist also spätestens ab Januar (aus heimischen Anbau) nicht mehr mit Kraut erhältlich.

Historie

■ Die Petersilie stammt ursprünglich aus Sardinien, kommt heute aber in ganz Europa verwildert vor. Nach ihrem bevorzugten Standort erhielt die Pflanze den lateinischen Namen für „Gesteinssellerie". Petersilie gilt seit jeher als Kraftspender. So trägt Herkules einen Petersilienkranz im Haar und die römischen Gladiatoren aßen sie vor jedem Kampf, um ihren Mut zu verdoppeln. Ihr Wirkstoff Apiol wird als Aphrodisiakum für Männer geschätzt. Die Wurzelpetersilie enthält zusätzlich noch ätherische Öle, wie das Anethol. Dieses wirkt etwas berauschend und soll erotische Phantasien wecken.

Physiologie

■ Die Petersilie gilt wegen ihres hohen Gehalts an Vitaminen (A, C, B_1, B_2, E) und Mineralstoffen als eine der wertvollsten Pflanzen für die menschliche Ernährung. Bei der Wurzelpetersilie liegen die Werte allerdings deutlich niedriger als bei der Blattpetersilie. Erwähnenswert sind der Calcium- und Eisengehalt. Als Wurzelgemüse weist sie Nitratgehalte im mittleren Bereich auf.

Lagerhaltung

■ Wurzelpetersilie kann gut eingemietet werden. Ansonsten ist sie am besten bei Temperaturen um 1 °C lagerfähig. Ungewaschen halten die Wurzeln dabei bis zu 6 Monaten, gewaschen etwa 3 Wochen. Bei höheren Temperaturen neigen sie zu Fäulnis. Geputzt, kleingeschnitten und 2 bis 3 Minuten blanchiert, läßt sich Wurzelpetersilie 8 bis 10 Monate tiefkühlen.

Zubereitung

■ Die Petersilienwurzeln werden gewaschen, geschält und dann je nach Weiterverarbeitung kleingeschnitten.

■ Durchschnittliche Abfallmenge: knapp 40 %
■ Verzehrsfertige Portion pro Person: 150 g
■ Einkaufs-/Erntemenge pro Person: rund 250 g

Zucchini

Jan	Febr	Mrz	Apr	Mai	Juni	Juli	Aug	Sep	Okt	Nov	Dez

Weitere Namen ■ Zucchetti (I), Gemüsekürbis, Gurkenkürbis, kleinfruchtiger Gartenkürbis, Courgette, Sommer-Squash

Botanik ■ Bei Zucchini (Cucurbita pepo) handelt es sich im Grunde genommen um unreif geernte Markkürbisse. Je nach Sorte sehen sie gurkenähnlich grün, gestreift, gelb, weiß oder gesprenkelt aus. Ihre optimale Genußreife haben die Zucchini bei einer Länge von 15 bis 20 cm. Ausgewachsene Früchte mit bis zu 60 cm Länge schmecken leicht fade. Das Fruchtfleisch ist deutlich fester als bei Gurken.

Anbaugebiete ■ Vor allem in Norddeutschland und im Rheinland. Da es sich um eine sehr dankbare Pflanze handelt, finden sich Zucchini heute in praktisch jedem privaten Garten und Gemüseanbaugebiet.

Normen ■ EG-Qualitätsnormen: Klassen I und II.
Es gibt verschiedene Größensortierungen.

Historie

■ Zucchini bedeutet einfach „kleiner Kürbis". Es ist die Verniedlichung des italienischen Wortes „Zucca". Wuchsen die Zucchini früher nur in mildem Klima, was ihrer süd- bis mittelamerikanischen Heimat entspricht, so sind sie heute in Deutschland weit verbreitet. Da auch die privaten Ernten meist sehr reichlich ausfallen, sind vielfältige Zubereitungsmöglichkeiten angesagt. Unsere Rezeptauswahl bietet einige Anregungen.

Physiologie

■ Zucchini sind als Gurkengewächs kalorienarm, aber gleichzeitig relativ kalium- und eisenhaltig. Eine Portion Zucchini deckt immerhin gut ein Viertel des täglichen Eisenbedarfs. Außerdem werden sie als zu bevorzugendes Gemüse für Gichtkranke bzw. bei hohen Harnsäurewerten genannt. Zucchini gehören zu den Fruchtgemüsen mit mittleren Nitratgehalten (500 - 1000 mg/kg).

Lagerhaltung

■ Zucchinis können an einem kühlen Ort (13 - 15 °C) 3 bis 5 Tage gelagert werden. Ganz frische Zucchini (eigene Ernte) können eingewickelt im Gemüsefach des Kühlschranks sogar 2 bis 3 Wochen aufbewahrt werden. Sie können mit oder ohne Schale, blanchiert (2 min) oder roh für etwa 8 bis 10 Monate eingefroren werden. Beim Einkauf auf eine grüne, feste und gleichmäßig glatte Schale achten.

Zubereitung

■ Junge Zucchini brauchen weder geschält noch entkernt zu werden. Nach dem Waschen werden lediglich Spitzen und Stiel abgeschnitten. Je nach Verwendung werden sie im Ganzen oder gestückelt gegart. Zucchini können auch gut roh gegessen werden, sind allerdings nicht so saftig wie Gurken. Bei älteren Zucchini sollten verhärtete Schalenstellen geschält bzw. abgeschnitten werden.

■ Abfallmenge: praktisch 0 %
■ Verzehrsfertige Portion pro Person: 200 g
■ Einkaufs-/Erntemenge pro Person: rund 200 g

Zwiebeln

Jan	Febr	Mrz	Apr	Mai	Juni	Juli	Aug	Sep	Okt	Nov	Dez

weitere Namen ■ Speise-, Küchen-, Gewürzzwiebel

Botanik ■ Die Speisezwiebel (Allium Cepa) gehört zu den Liliaceae. Botanisch handelt es sich um eine extrem stark gestauchte Sproßachse. Durch die Einlagerung von Reservestoffen und Wasser entsteht eine fleischige Verdickung, die eigentliche Zwiebel. Man unterscheidet Küchenzwiebeln, große, milde Gemüsezwiebeln, kleine Perl-(Einmach-)zwiebeln, sowie Lauch- und Frühlingszwiebeln. Schalotten sind nahe Verwandte.

Anbaugebiete ■ Rheinland-Pfalz, Bayern, Niedersachsen, Hessen, Nordrhein-Westfalen, Sachsen-Anhalt, Baden-Württemberg. In der Hauptsache werden lagerfähige Küchenzwiebeln angebaut.

Normen ■ ZWIEBELN: EG-Qualitätsnormen: Klassen I und II. Zusätzlich gibt es eine obligatorische Größensortierung. SCHALOTTEN: Keine Handelsklassen.

Historie ■ Die Zwiebeln gehören zu den ältesten Kulturpflanzen und sind gegenüber der mittelasiatischen Ursprungsform kaum verändert. Sie wurden bereits vor mehr als 5000 Jahren von den Pyramidenbauarbeitern gegessen und waren auch bei Griechen und Römern beliebt. In arabischen Ländern werden

Zwiebeln gehackt, gekocht und mit Rührei vermengt als Aphrodisiakum gegessen. Die Gemüsezwiebel wird wegen ihres dominanten Geschmacks auch „Königin der Gemüse" genannt. Sie gehört zu den ältesten Heilpflanzen und wurde von George Washington als Allheilmittel betrachtet.

Physiologie

■ Neben eher geringeren Gehalten an Mangan, Chrom und Biotin sind es vor allem die schwefelhaltigen ätherischen Öle, die zwar zahlreiche Tränen auslösen, aber eben auch einen wichtigen gesundheitsfördernden Aspekt haben. Die Öle haben krebsvorbeugende und tumorhemmende Effekte, außerdem hemmen sie die Bildung von Blutgerinnseln (Thrombose). Zwiebelsirup hilft bei Husten, der Saft bei Insektenstichen.

Lagerhaltung

■ Zwiebeln sollten trocken und luftig gelagert werden. Ideal sind kühle Temperaturen zwischen 0 und 4 °C. Ausgebreitet oder aufgehängt sind sie 6 Monate haltbar. Beim Einkauf auf trockene, feste, gesunde Zwiebeln achten. Sie dürfen keine angefaulten Stellen haben. Gemüsezwiebeln und rote Zwiebeln (milder, leicht süßlich) werden meist sofort verwendet. Zwiebeln können vorgedünstet in kleinen Portionen für 3 bis 6 Monate eingefroren werden. Die Würfel werden direkt an die Speisen gegeben.

Zubereitung

■ Von den Zwiebeln wird der obere Zipfel abgeschnitten. Dann werden die äußeren Häute entfernt, ebenso darunterliegende grüne. Schlechte Stellen werden herausgeschnitten. Zwiebel waschen und danach in die gewünschte Form (Scheiben, Ringe, Würfel) schneiden. Um lediglich ein Zwiebelaroma zu erzielen, verwendet man sie gerieben. Rote Zwiebeln sind besonders dekorativ und werden gerne zum Garnieren verwendet.

■ Durchschnittliche Abfallmenge: 8 %
■ Standardportion: 200 g
■ Einkaufs-/Erntemenge pro Person: gute 200 g

Gemüse nährt auf wertvolle Weise

Im folgenden finden Sie den ausgezeichneten Nährwert von Gemüse in Zahlen belegt.

Um eine bessere Vergleichbarkeit der verschiedenen Gemüse zu gewährleisten, haben wir uns auf die Nährstoffe konzentriert, die auch in gängigen Nährwerttabellen aufgeführt sind. Die Nährstoffe und ihre Bedeutung sind kurz ab Seite 98 beschrieben, die für ein Gemüse spezifischen Werte finden Sie ab Seite 102 aufgelistet. Normalerweise sind die Werte auf jeweils 100 g bezogen. Wir haben als Grundlage eine übliche Portionsmenge genommen. Diese kann sich von 50 bis 200 g, beim Spargel sind es 500 g, erstrecken. Bitte beachten Sie dies beim Lesen.

Und bitte beachten Sie auch, daß sich alle Werte auf Rohware beziehen! Natürlich gibt es je nach Zubereitungsform Nährstoffverluste. Die Nährstoffzufuhrempfehlungen der Deutschen Gesellschaft für Ernährung, auf die sich unsere Bedarfsmengen beziehen, berücksichtigen diese Zubereitungsverluste.

Wenn ein Nährstoff in einer Gemüseportion den Tagesbedarf zu 20 Prozent und mehr deckt, finden Sie die entsprechenden Werte eigens in der Spalte „Deckung des Tagesbedarfs in %" hervorgehoben.

Nährstoffdichte – was heißt das?

Wir können uns gut vorstellen, daß Begeisterung aufkommt, wenn Werte anzeigen, daß eine normale Portion Gemüse den Tagesbedarf an einzelnen Nährstoffen zu 100 oder gar mehr Prozent decken kann. Das macht anschaulich deutlich, daß in Gemüse wertvolle Nährstoffe „frei Haus" stecken und Vitamin- oder Mineralstoffpille locker ersetzen. Mit dem Blick auf derartige augenfällige Spitzenreiter besteht allerdings die Gefahr, daß nicht herausragend dargestellte Gemüsearten in der Beachtung abfallen könnten. Daher möchten wir an dieser Stelle noch einige Erläuterungen zu den Begriffen „nährstoffreich", „reichlich" oder auch „wertvoll" geben. In der modernen Ernährungslehre werden diese Begriffe nicht mehr als absolute, sondern als relative Größen verstanden. Entscheidend für den W e r t eines Lebensmittels, in diesem Fall also eines Gemüses, ist nicht unbedingt, wieviel es mit einer Portion zur Versorgung mit einem bestimmten Nährstoff beiträgt, sondern wie diese Menge im Verhältnis zur kcal-Menge steht. Dieser Maßstab wird auch mit dem Begriff „Nährstoffdichte" umschrieben.

Wir möchten dies kurz am Beispiel der Gurke veranschaulichen. Wenn Sie sich ihre Nährstoffdaten ansehen, werden Sie auf den ersten Blick nichts Spektakuläres vorfinden; aber insgesamt gesehen ist die Gurke relativ mineralstoffreich. Denn da eine Portion nur sehr wenig Kalorien enthält, ist das Verhältnis Mineralstoffgehalt zum Energiegehalt bemerkenswert hoch. Um dies eindrucksvoll deutlich zu machen, sind die Energiegehalte in der Deckungsspalte ebenfalls aufgeführt.

Insgesamt ergibt sich der hohe Gesundheitswert a l l e r Gemüse aus der sehr guten Nährstoffdichte: Viele Nährstoffe bei wenig Kalorien.

Die wichtigsten Nährstoffe im Überblick

Energie (kcal;kJ)

■ Der „Treibstoff" für die Aufrechterhaltung unserer körperlichen Funktionen und Tätigkeiten ist unsere Nahrung. Der körpereigene Stoffwechsel produziert aus dem, was wir täglich essen und trinken, die notwendigen Bausteine und Energie. Jedes Lebensmittel (außer Wasser) leistet seinen individuellen Energiebeitrag in Abhängigkeit von seiner Nährstoffzusammensetzung. Die Nahrungsenergie wird in Kilokalorien (kcal) gemessen. Die wesentlichen Energie liefernden Nährstoffe sind die Kohlenhydrate, Eiweiß und Fett. (KJ) Kilo-Joule ist die eigentlich korrekte Berechnungseinheit für den Energiegehalt eines Lebensmittels. Die Bezeichnung hat sich bisher gegenüber der alten Einheit kcal noch nicht durchgesetzt.

Eiweiß

■ Fachausdruck: Protein. Gehört zu den drei Hauptnährstoffen. Herausragend ist die Baustoffunktion der Proteine. Der Brennwert („Kalorien") ist von nur nachrangiger Bedeutung. Eiweiß ist lebenswichtig, ein Überschuß belastet allerdings den menschlichen Stoffwechsel. Empfehlung: Eiweißzufuhr je zur Hälfte aus pflanzlichen und tierischen Lebensmitteln.

Fett

■ Wichtigster Energieträger mit 9,3 kcal pro Gramm. Fette bestehen aus Glycerin mit verschiedenen Fettsäuren. Bei letzteren unterscheidet man zwischen gesättigten (vorwiegend in tierischen Lebensmitteln) und ungesättigten (vor allem in pflanzlichen). Wichtig: Ein ausgewogenes Verhältnis der Fettsäuren. Häufigster Ernährungsfehler: Zuviel tierische Fette (z. B. Wurst).

Kohlenhydrate

■ Mengenmäßig der wichtigste Hauptnährstoff und umfassen eine große Palette von Zucker und Stärkearten. Mehr als die Hälfte der täglich aufgenommenen Kalorien sollten aus Kohlenhydraten stammen. Wichtigste Lieferanten sind Brot, Getreideprodukte und Kartoffeln, aber auch Obst und Zukker. Letzterer sollte als Nur-Kohlenhydrat sparsam gegessen werden; außerdem hält die Sättigung nur kurze Zeit vor.

Ballaststoffe

■ Sie sind nicht etwa überflüssig, auch wenn der Name dies vielleicht glauben macht. Ganz im Gegenteil sind sie für einen geregelten Ablauf der Verdauungsprozesse im Körper von größter Bedeutung. Neben Gemüse ist Vollkorngetreide der wichtigste Lieferant. Bei uns werden in heutiger Zeit viel zu wenig Ballaststoffe gegessen. Übrigens: Sie machen satt und liefern keine Kalorien.

Wasser

■ Ohne Essen überlebt der Mensch einige Wochen, ohne Wasser nur wenige Tage. Als wichtigster Stoff dient Wasser im Körper als Transportmittel und Reaktionsmedium für die meisten chemischen Körpervorgänge. Gemüse und Obst sind neben Getränken die wasserhaltigsten Lieferanten.

Natrium (Na)

■ Natrium regelt zusammen mit anderen Stoffen den osmotischen Druck der Zellflüssigkeit. Zahlreiche weitere Aufgaben werden ihm zugesprochen. Die bekannteste natriumhaltige Verbindung ist das Kochsalz (NaCl). Meist wird es nicht mit Mangelzuständen, sondern im Gegenteil mit einer zu starken Aufnahme (Risikofaktor bei Bluthochdruck!) in Zusammenhang gebracht.

Kalium (K)

■ Kalium ist zusammen mit anderenMineralstoffen am osmotischen Haushalt des Organismus beteiligt. Desweiteren wirkt Kalium u. a. an der Muskelkontraktion mit. Es ist Bestandteil der Verdauungssäfte im Magen-Darm-Trakt. Gemüse ist der bedeutendste Kaliumlieferant.

Calcium (Ca)

■ Bekannt ist dieser Mineralstoff vor allem als Hauptbeteiligter bei der Bildung von Knochen- und Zahnsubstanz. Auch bei der Blutgerinnung spielt das Calcium eine wichtige Rolle. Ein Ca-Mangel führt zur Skelettentkalkung. Milch und Milchprodukte sind die wichtigsten Calciumquellen in der täglichen Ernährung.

Magnesium (Mg) ■ Dieser Mineralstoff ist am Aufbau des Knochen- und Sehnenapparates beteiligt. Er beeinflußt Enzyme im Stoffwechsel unseres Körpers und ist auch selbst Bestandteil mancher Biokatalysatoren. Gute Magnesiumquellen sind vor allem grüne Gemüse, aber auch Seefisch und Milchprodukte.

Phosphat (P) ■ Bei der Energiegewinnung des Organismus spielt dieser Mineralstoff eine bedeutende Rolle. Als Baustein der Nukleinsäuren ist Phosphat ein Basiselement für den Träger unserer Erbinformationen. Mangelerscheinungen sind beim Menschen nicht bekannt.

Eisen (Fe) ■ Dieser Mineralstoff ist der wohlbekannte Bestandteil unseres Blutes. 70 Prozent des gesamten Eisenvorkommens im Körper (etwa 5 g) sind im Blutfarbstoff Hämoglobin gebunden. Eisen ist jedoch auch wichtiger Bestandteil anderer lebenswichtiger Bausteine. Wichtigste Eisenquellen: Vollkorngetreide, Fleisch, Pfifferlinge, Schwarzwurzeln, Spinat.

Jod (J) ■ Dieser Mineralstoff spielt bekanntermaßen im Schilddrüsenstoffwechsel eine wichtige Rolle. Ein Mangel beeinflußt Bau und Funktion dieses Organs. Deutschland ist ein extremes Jodmangelgebiet, eine ausreichende Versorgung auch bei ausgewogener Ernährung gilt als schwierig. Empfehlung: Einmal pro Woche Seefisch, ansonsten Jodsalz (sparsam)!

Provitamin A ■ Die Vorstufe des Vitamin A kann vom menschlichen Organismus in die wirksame Form umgewandelt werden. Gemüse enthält Vitamin A ausschließlich als eben dieses Provitamin (Carotin). Man schreibt ihm (wohlgemerkt: nur dem Provitamin!) neben vielen anderen Wirkungen auch eine Schutzfunktion gegen Krebs zu. Das Voll-Vitamin A ist im Übermaße toxisch, nicht so das Carotin.

Vitamin E ■ Die genaue Funktion des Vitamins E ist unklar, als gesichert gilt die antioxidative Wirkung. Als fettlösliches Vitamin wird es im Körper gespeichert. Vitamin E im Übermaß ist ungesund.

Die Bedarfsdeckung erfolgt hauptsächlich über pflanzliche Fette (z. B. Keimöl, Nüsse, Vollkorngetreide).

Vitamin B_1

■ Vitamin B_1, auch Thiamin genannt, ist wasserlöslich. Es kommt in vielen Lebensmitteln in kleinen Mengen vor. Es hat seine Bedeutung im Kohlenhydratstoffwechsel und gilt darüber hinaus als Nervenvitamin. Durch falsche Ernährung kann eine Mangelversorgung entstehen. Wichtigste Lebensmittelquellen: Vollkorngetreide, -brot, Erbsen, Spargel, Schweinefleisch.

Vitamin B_2

■ Vitamin B_2 oder auch Riboflavin ist ebenfalls wasserlöslich. Es hat seine große Bedeutung im Energiestoffwechsel und ist beteiligt am Sehprozeß. Risse in den Mundwinkeln deuten auf leichten Mangel hin. Wichtigste Lebensmittelquellen: Milchprodukte, Fisch, Brokkoli, Champignons, Spargel, Spinat.

Vitamin B_6

■ Das wasserlösliche Vitamin B_6, ein anderer Name ist auch Pyridoxin, ist in tierischen und pflanzlichen Lebensmitteln weit verbreitet. Es ist wichtig im Eiweißstoffwechsel und an der Bildung vieler Hormone beteiligt. Wichtigste Lebensmittelquellen: Seefisch, Fleisch, Grünkohl, Mais, Knollensellerie, Porree.

Folsäure

■ Dieses wasserlösliche Vitamin spielt eine Rolle bei der Bildung der roten Blutzellen sowie bei der Zellteilung. Folsäure ist sehr hitzeempfindlich. Deshalb wird der tägliche Bedarf mit einem sehr hohen Sicherheitszuschlag angegeben. Wichtigste Lebensmittelquellen: Grünes Gemüse, Wirsing, Rote Bete, Innereien (letztere bitte nur selten verzehren).

Vitamin C

■ Die Ascorbinsäure, wie dieses wasserlösliche Vitamin auch heißt, ist der wohl bekannteste Vertreter dieser Nährstoffgattung. Man sieht das Vitamin als Regulator des Zellstoffwechsels. Es wirkt stimulierend auf die körpereigenen Abwehrkräfte. Seine Wirkung beruht auf ausgeprägten Antioxidationseigenschaften. Wichtigste Lebensmittelquellen: Citrusfrüchte, Obst, Kohl (Winter).

Empfohlener Nährstoffbedarf pro Tag (Basiswerte)

Zugrundegelegt ist der durchschnittliche Tagesbedarf eines erwachsenen Menschen ohne Berücksichtigung von Alter, Geschlecht und etwaigen Risikozuschlägen.

		Deckung des Tagesbedarfs in %
Energie (kcal):	2400 kcal	100%
Energie (kJ):	10040 kJ	100%
Eiweiß:	55 g	100%
Fett:	75 g	100%
Kohlenhydrate:	320 g	100%
Ballaststoffe:	30 g	100%
Wasser:	2400 g	100%
Natrium:	550 mg	100%
Kalium:	2000 mg	100%
Calcium:	900 mg	100%
Magnesium:	350 mg	100%
Phosphat:	1400 mg	100%
Eisen:	12 mg	100%
Jod:	200 µg	100%
Provitamin A:	1000 µg	100%
Vitamin E:	12 mg	100%
Vitamin B_1:	1 mg	100%
Vitamin B_2:	2 mg	100%
Vitamin B_6:	2 mg	100%
Folsäure:	150 µg	100%
Vitamin C:	75 mg	100%

Wir beziehen uns mit den Nährwertangaben auf die aktuelle Ausgabe des Standardwerks NÄHRSTOFFE IN LEBENSMITTELN - DIE GROSSE ENERGIE- UND NÄHRWERT- TABELLE der Autoren HESEKER und HESEKER, Umschau-Verlag Frankfurt, 1993, das Schmalheft WILDGEMÜSE des AID (Nr. 2521/1994) sowie BLS II.2.

...und was eine Portion Gemüse dazu beiträgt

	Blumenkohl	Deckung des Tagesbedarfs in %	Bohnen, dicke	Deckung des Tagesbedarfs in %
Portionsmenge	200 Gramm		150 Gramm	
Energie (kcal):	44 kcal	< 1 %	8 kcal	7 %
Energie (kJ):	184,00 kJ	< 1 %	451,50 kJ	7 %
Eiweiß:	5,00 g		9,00 g	
Fett:	0,60 g		0,75 g	
Kohlenhydrate:	5,20 g		18,75 g	
Ballaststoffe:	5,80 g		3,30 g	
Wasser:	183,20 g		117,00 g	
Natrium:	32,00 mg		40,50 mg	
Kalium:	660,00 mg	33 %	540,00 mg	27 %
Calcium:	40,00 mg		37,50 mg	
Magnesium:	34,00 mg		57,00 mg	
Phosphat:	108,00 mg		142,50 mg	
Eisen:	1,20 mg		3,00 mg	25 %
Jod:	0,20 µg		4,50 µg	
Provitamin A:	6,00 µg		195,00 µg	
Vitamin E:	0,20 mg		0,45 mg	
Vitamin B_1:	0,22 mg		0,35 mg	27 %
Vitamin B_2:	0,20 mg		0,21 mg	
Vitamin B_6:	0,40 mg	22 %	0,30 mg	
Folsäure:	110,00 µg	73 %	60,00 µg	40 %
Vitamin C:	150,00 mg	200 %	49,50 mg	66 %

	Bohnen, Garten-	Deckung des Tagesbedarfs in %	Brennessel	Deckung des Tagesbedarfs in %
Portionsmenge	200 Gramm		50 Gramm	
Energie (kcal):	68 kcal	3 %	–	
Energie (kJ):	284 kJ	3 %	–	
Eiweiß:	4,80 g		2,75 g	
Fett:	0,40 g		–	
Kohlenhydrate:	10,60 g		–	
Ballaststoffe:	3,80 g		–	
Wasser:	180,60 g		41,40 g	
Natrium:	4,00 mg		0,04 mg	
Kalium:	496,00 mg	25 %	200,00 mg	
Calcium:	114,00 mg		100,00 mg	
Magnesium:	50,00 mg		20,00 mg	
Phosphat:	76,00 mg		60,00 mg	
Eisen:	1,60 mg		1,1 mg	
Jod:	6,00 µg		1,5 µg	
Provitamin A:	660,00 µg	66 %	1.200,00 µg	120 %
Vitamin E:	1,40 mg		4,0 mg	
Vitamin B_1:	0,16 mg		0,1 mg	
Vitamin B_2:	0,24 mg		0,07 mg	
Vitamin B_6:	0,56 mg	31 %	0,08 mg	
Folsäure:	88,00 µg	59 %	15 µg	
Vitamin C:	40,00 mg	53 %	87,00 mg	116 %

Portionsmenge	Brokkoli 200 Gramm	Deckung des Tagesbedarfs in %	Chinakohl 200 Gramm	Deckung des Tagesbedarfs in %
Energie (kcal)	52 kcal	2 %	26 kcal	1 %
Energie (kJ):	218 kJ	2 %	108 kJ	1 %
Eiweiß:	6,60 g		2,40 g	
Fett:	0,40 g		0,60 g	
Kohlenhydrate:	5,60 g		2,60 g	
Ballaststoffe:	6,00 g	20 %	3,40 g	
Wasser:	179,40 g		190,80 g	
Natrium:	26,00 mg		14,00 mg	
Kalium:	928,00 mg	46 %	404,00 mg	20 %
Calcium:	210,00 mg	23 %	80,00 mg	
Magnesium:	48,00 mg		22,00 mg	
Phosphat:	164,00 mg		60,00 mg	
Eisen:	2,60 mg	22 %	1,20 mg	
Jod:	30,00 µg		0,60 µg	
Provitamin A:	3800,00 µg	380 %	156,00 µg	
Vitamin E:	1,00 mg		0,20 mg	
Vitamin B_1:	0,20 mg		0,06 mg	
Vitamin B_2:	0,42 mg	25 %	0,08 mg	
Vitamin B_6:	0,34 mg		0,32 mg	
Folsäure:	66,00 µg	44 %	166,00 µg	111 %
Vitamin C:	228,00 mg	304 %	72,00 mg	96 %

	Endivien		Erbsen	
Portionsmenge	50 Gramm	Deckung des Tagesbedarfs in %	200 Gramm	Deckung des Tagesbedarfs in %
Energie (kcal):	5 kcal	< 1 %	168 kcal	7 %
Energie (kJ):	21 kJ	< 1 %	702 kJ	7 %
Eiweiß:	0,90 g		13,20 g	24 %
Fett:	0,10 g		1,00 g	
Kohlenhydrate:	0,15 g		25,20 g	
Ballaststoffe:	0,75 g		8,60 g	29 %
Wasser:	47,15 g		150,40 g	
Natrium:	26,50 mg		4,00 mg	
Kalium:	173,00 mg		608,00 mg	30 %
Calcium:	27,00 mg		48,00 mg	
Magnesium:	5,00 mg		66,00 mg	
Phosphat:	27,00 mg		216,00 mg	
Eisen:	0,70 mg		3,60 mg	30 %
Jod:	3,20 µg		8,40 µg	
Provitamin A:	570,00 µg	57 %	760,00 µg	76 %
Vitamin E:	0,25 mg		0,80 mg	
Vitamin B_1:	0,03 mg		0,60 mg	46 %
Vitamin B_2:	0,06 mg		0,32 mg	
Vitamin B_6:	0,03 mg		0,32 mg	
Folsäure:	24,50 µg		66,00 µg	44 %
Vitamin C:	4,50 mg		50,00 mg	67 %

	Feldsalat	Deckung des Tagesbedarfs in %	Fenchel	Deckung des Tagesbedarfs in %
Portionsmenge	50 Gramm		100 Gramm	
Energie (kcal):	7,5 kcal	< 1 %	23 kcal	< 1 %
Energie (kJ):	31,5 kJ	< 1 %	96 kJ	< 1 %
Eiweiß:	0,90 g		2,40 g	
Fett:	0,20 g		0,30 g	
Kohlenhydrate:	0,35 g		2,80 g	
Ballaststoffe:	0,75 g		3,30 g	
Wasser:	46,70 g		86,00 g	
Natrium:	2,00 mg		90,00 mg	
Kalium:	210,50 mg		500,00 mg	25 %
Calcium:	17,50 mg		100,00 mg	
Magnesium:	6,50 mg		30,00 mg	
Phosphat:	24,50 mg		51,00 mg	
Eisen:	1,00 mg		2,70 mg	23 %
Jod:	12,50 µg		5,00 µg	
Provitamin A:	1950,00 µg	195 %	3500,00 µg	350 %
Vitamin E:	0,30 mg		6,00 mg	50 %
Vitamin B_1:	0,04 mg		0,22 mg	
Vitamin B_2:	0,04 mg		0,11 mg	
Vitamin B_6:	0,13 mg		0,10 mg	
Folsäure:	11,00 µg		76,00 µg	51 %
Vitamin C:	17,50 mg	23 %	93,00 mg	124 %

	Gartensalate	Deckung des Tagesbedarfs in %	Grünkohl	Deckung des Tagesbedarfs in %
Portionsmenge	50 Gramm		200 Gramm	
Energie (kcal):	5,5 kcal	< 1 %	72 kcal	3 %
Energie (kJ):	23 kJ	< 1 %	300 kJ	3 %
Eiweiß:	0,65 g		8,60 g	
Fett:	0,10 g		1,80 g	
Kohlenhydrate:	0,55 g		6,00 g	
Ballaststoffe:	0,75 g		8,40 g	28 %
Wasser:	47,50 g		172,60 g	
Natrium:	5,00 mg		84,00 mg	
Kalium:	112,00 mg		980,00 mg	49 %
Calcium:	18,50 mg		420,00 mg	47 %
Magnesium:	5,50 mg		62,00 mg	
Phosphat:	16,50 mg		174,00 mg	
Eisen:	0,55 mg		3,80 mg	32 %
Jod:	1,65 µg		24,00 µg	
Provitamin A:	395,00 µg	40 %	8200,00 µg	820 %
Vitamin E:	0,20 mg		3,40 mg	28 %
Vitamin B_1:	0,03 mg		0,20 mg	
Vitamin B_2:	0,04 mg		0,50 mg	29 %
Vitamin B_6:	0,03 mg		0,50 mg	28 %
Folsäure:	18,50 µg		120,00 µg	80 %
Vitamin C:	6,50 mg		210,00 mg	280 %

Portionsmenge	Gurken 200 Gramm	Deckung des Tagesbedarfs in %	Kohlrabi 200 Gramm	Deckung des Tagesbedarfs in %
Energie (kcal):	24 kcal	1 %	48 kcal	2 %
Energie (kJ):	100 kJ	1 %	200 kJ	2 %
Eiweiß:	1,20 g		3,80 g	
Fett:	0,20 g		0,20 g	
Kohlenhydrate:	4,20 g		7,80 g	
Ballaststoffe:	1,80 g		2,80 g	
Wasser:	193,60 g		183,20 g	
Natrium:	18,00 mg		64,00 mg	
Kalium:	282,00 mg		760,00 mg	38 %
Calcium:	30,00 mg		140,00 mg	
Magnesium:	16,00 mg		90,00 mg	26 %
Phosphat:	46,00 mg		100,00 mg	
Eisen:	1,00 mg		1,80 mg	
Jod:	5,00 µg		2,80 µg	
Provitamin A:	340,00 µg	34 %	400,00 µg	40 %
Vitamin E:	0,20 mg		0,80 mg	
Vitamin B_1:	0,04 mg		0,10 mg	
Vitamin B_2:	0,06 mg		0,10 mg	
Vitamin B_6:	0,08 mg		0,24 mg	
Folsäure:	40,00 µg	27 %	16,00 µg	
Vitamin C:	16,00 mg	21 %	128,00 mg	171 %

Portionsmenge	Kürbis 200 Gramm	Deckung des Tagesbedarfs in %	Löwenzahn 50 Gramm	Deckung des Tagesbedarfs in %
Energie (kcal):	48 kcal	2 %	26 kcal	1 %
Energie (kJ):	200 kJ	2 %	108,50 kJ	1 %
Eiweiß:	2,20 g		1,25 g	
Fett:	0,20 g		0,30 g	
Kohlenhydrate:	9,20 g		3,75 g	
Ballaststoffe:	1,60 g		0,80 g	
Wasser:	182,60 g		42,85 g	
Natrium:	2,00 mg		37,50 mg	
Kalium:	766,00 mg	38 %	220,00 mg	
Calcium:	44,00 mg		77,50 mg	
Magnesium:	16,00 mg		17,50 mg	
Phosphat:	88,00 mg		35,00 mg	
Eisen:	1,60 mg		1,55 mg	
Jod:	2,80 µg		1,50 µg	
Provitamin A:	3920,00 µg	392 %	3950,00 µg	395 %
Vitamin E:	2,00 mg		1,25 mg	
Vitamin B_1:	0,10 mg		0,10 mg	
Vitamin B_2:	0,14 mg		0,09 mg	
Vitamin B_6:	0,22 mg		–	
Folsäure:	72,00 µg	48 %	–	
Vitamin C:	24,00 mg	32 %	15,00 mg	20 %

Portionsmenge	Mais 50 Gramm	Deckung des Tagesbedarfs in %	Mangold 200 Gramm	Deckung des Tagesbedarfs in %
Energie (kcal):	178 kcal	7 %	26 kcal	1 %
Energie (kJ):	744 kJ	7 %	108 kJ	1 %
Eiweiß:	6,60 g		4,20 g	
Fett:	2,40 g		0,60 g	
Kohlenhydrate:	31,60 g		1,40 g	
Ballaststoffe:	7,40 g	25 %	5,80 g	
Wasser:	149,40 g		184,40 g	
Natrium:	2,00 mg		180,00 mg	33 %
Kalium:	600,00 mg	30 %	752,00 mg	38 %
Calcium:	12,00 mg		206,00 mg	23 %
Magnesium:	96,00 mg	27 %	140,00 mg	40 %
Phosphat:	228,00 mg		78,00 mg	
Eisen:	1,20 mg		5,40 mg	45 %
Jod:	6,60 µg		2,00 µg	
Provitamin A:	360,00 µg	36 %	7000,00 µg	700 %
Vitamin E:	0,20 mg		1,00 mg	
Vitamin B_1:	0,30 mg	23 %	0,20 mg	
Vitamin B_2:	0,24 mg		0,32 mg	
Vitamin B_6:	0,44 mg	24 %	0,18 mg	
Folsäure:	86,00 µg	57 %	60,00 µg	40 %
Vitamin C:	24,00 mg	32 %	78,00 mg	104 %

	Möhren	Deckung des Tagesbedarfs in %	Pastinaken	Deckung des Tagesbedarfs in %
Portionsmenge	200 Gramm		100 Gramm	
Energie (kcal):	60 kcal	< 3 %	64 kcal	< 3 %
Energie (kJ):	250 kJ	< 3 %	270 kJ	< 3 %
Eiweiß:	1,40 g		1,80 g	
Fett:	1,00 g		1,10 g	
Kohlenhydrate:	12,00 g		12,50 g	
Ballaststoffe:	4,80 g		4,50 g	
Wasser:	179,20 g		79,30 g	
Natrium:	80,00 mg		10,00 mg	
Kalium:	480,00 mg	24 %	450,00 mg	23 %
Calcium:	70,00 mg		40,00 mg	
Magnesium:	20,00 mg		23,00 mg	
Phosphat:	50,00 mg		74,00 mg	
Eisen:	4,00 mg	33 %	0,60 mg	
Jod:	20,00 µg		3,60 µg	
Provitamin A:	10660,00 µg	1066 %	30,00 µg	
Vitamin E:	1,00 mg		1,00 mg	
Vitamin B_1:	0,18 mg		0,23 mg	
Vitamin B_2:	0,10 mg		0,01 mg	
Vitamin B_6:	0,14 mg		0,11 mg	
Folsäure:	56,00 µg	37 %	60,00 µg	40 %
Vitamin C:	8,00 mg		17,00 mg	23 %

	Pilze	Deckung des Tagesbedarfs in %	Porree	Deckung des Tagesbedarfs in %
Portionsmenge	150 Gramm		200 Gramm	
Energie (kcal):	22,5 kcal	< 1 %	48 kcal	2 %
Energie (kJ):	94,5 kJ	< 1 %	200 kJ	2 %
Eiweiß:	4,05 g		4,40 g	
Fett:	0,45 g		0,60 g	
Kohlenhydrate:	1,05 g		6,40 g	
Ballaststoffe:	2,85 g		4,60 g	
Wasser:	136,05 g		178,00 g	
Natrium:	12,00 mg		10,00 mg	
Kalium:	630,00 mg	32 %	450,00 mg	23 %
Calcium:	12,00 mg		174,00 mg	
Magnesium:	19,50 mg		36,00 mg	
Phosphat:	180,00 mg		92,00 mg	
Eisen:	1,80 mg		2,00 mg	
Jod:	27,00 µg		2,60 µg	
Provitamin A:	15,00 µg		700,00 µg	70 %
Vitamin E:	0,15 mg		1,80 mg	
Vitamin B_1:	0,15 mg		0,20 mg	
Vitamin B_2:	0,66 mg	39 %	0,12 mg	
Vitamin B_6:	0,11 mg		0,50 mg	28 %
Folsäure:	37,50 µg	25 %	112,00 µg	75 %
Vitamin C:	7,50 mg		60,00 mg	80 %

	Radieschen	Deckung des Tagesbedarfs in %	Rettich	Deckung des Tagesbedarfs in %
Portionsmenge	80 Gramm		200 Gramm	
Energie (kcal):	11,2 kcal	< 1 %	26 kcal	1 %
Energie (kJ):	47,2 kJ	< 1 %	108 kJ	1 %
Eiweiß:	0,80 g		2,00 g	
Fett:	0,08 g		0,40 g	
Kohlenhydrate:	1,76 g		3,80 g	
Ballaststoffe:	1,20 g		2,40 g	
Wasser:	75,52 g		187,00 g	
Natrium:	13,60 mg		36,00 mg	
Kalium:	200,00 mg		640,00 mg	32 %
Calcium:	28,00 mg		66,00 mg	
Magnesium:	6,40 mg		30,00 mg	
Phosphat:	20,80 mg		60,00 mg	
Eisen:	1,20 mg		1,60 mg	
Jod:	6,40 µg		16,00 µg	
Provitamin A:	18,40 µg		12,00 µg	
Vitamin E:	0,08 mg		0,20 mg	
Vitamin B_1:	0,02 mg		0,06 mg	
Vitamin B_2:	0,02 mg		0,06 mg	
Vitamin B_6:	0,05 mg		0,12 mg	
Folsäure:	19,20 µg		48,00 µg	32 %
Vitamin C:	23,20 mg	31 %	54,00 mg	72 %

Portionsmenge	Rosenkohl 200 Gramm	Deckung des Tagesbedarfs in %	Rote Bete 200 Gramm	Deckung des Tagesbedarfs in %
Energie (kcal):	70 kcal	3 %	82 kcal	< 4 %
Energie (kJ):	292 kJ	3 %	342 kJ	< 4 %
Eiweiß:	9,00 g		3,00 g	
Fett:	0,60 g		0,20 g	
Kohlenhydrate:	7,60 g		17,20 g	
Ballaststoffe:	8,80 g	29 %	5,00 g	
Wasser:	170,00 g		172,40 g	
Natrium:	14,00 mg		120,00 mg	22 %
Kalium:	822,00 mg	41 %	680,00 mg	34 %
Calcium:	62,00 mg		60,00 mg	
Magnesium:	44,00 mg		50,00 mg	
Phosphat:	168,00 mg		90,00 mg	
Eisen:	2,20 mg		1,80 mg	
Jod:	1,40 µg		0,80 µg	
Provitamin A:	800,00 µg	80 %	22,00 µg	
Vitamin E:	1,80 mg		0,20 mg	
Vitamin B_1:	0,30 mg	23 %	0,04 mg	
Vitamin B_2:	0,28 mg		0,08 mg	
Vitamin B_6:	0,56 mg	31 %	0,10 mg	
Folsäure:	156,00 µg	104 %	186,00 µg	124 %
Vitamin C:	228,00 mg	304 %	20,00 mg	27 %

Portionsmenge	Rotkohl 200 Gramm	Deckung des Tagesbedarfs in %	Rübstiel 200 Gramm	Deckung des Tagesbedarfs in %
Energie (kcal):	42 kcal	< 2 %		
Energie (kJ):	176 kJ	< 2 %		
Eiweiß:	3,00 g			
Fett:	0,40 g			
Kohlenhydrate:	7,00 g			
Ballaststoffe:	5,00 g			
Wasser:	183,60 g			
Natrium:	8,00 mg			
Kalium:	532,00 mg	27 %		
Calcium:	70,00 mg			
Magnesium:	36,00 mg			
Phosphat:	60,00 mg			
Eisen:	1,00 mg			
Jod:	10,40 µg			
Provitamin A:	60,00 µg			
Vitamin E:	3,40 mg	28 %		
Vitamin B_1:	0,14 mg			
Vitamin B_2:	0,10 mg			
Vitamin B_6:	0,30 mg			
Folsäure:	70,00 µg	47 %		
Vitamin C:	100,00 mg	133 %		

Leider liegen in allen bekannten Nährwerttabellen keine Angaben über Rübstiel bzw. Stielmus vor.

Portionsmenge	Sauerampfer 50 Gramm	Deckung des Tagesbedarfs in %	Sauerkraut 150 Gramm	Deckung des Tagesbedarfs in %
Energie (kcal):	8,5 kcal	< 1 %	19,5 kcal	< 1 %
Energie (kJ):	35 kJ	< 1 %	79,5 kJ	< 1 %
Eiweiß:	1,05 g		1,35 g	
Fett:	0,20 g		0,30 g	
Kohlenhydrate:	0,50 g		1,65 g	
Ballaststoffe:	1,60 g		2,10 g	
Wasser:	46,00 g		141,00 g	
Natrium:	2,00 mg		739,50 mg	134 %
Kalium:	180,00 mg		252,00 mg	
Calcium:	25,00 mg		54,00 mg	
Magnesium:	20,00 mg		13,50 mg	
Phosphat:	35,00 mg		69,00 mg	
Eisen:	4,00 mg	33 %	0,60 mg	
Jod:	1,50 µg		14,25 µg	
Provitamin A:	2500,00 µg	250 %	16,50 µg	
Vitamin E:	0,95 mg		0,15 mg	
Vitamin B_1:	0,03 mg		0,03 mg	
Vitamin B_2:	0,08 mg		0,05 mg	
Vitamin B_6:	0,10 mg		0,18 mg	
Folsäure:	17,50 µg		9,00 µg	
Vitamin C:	25,00 mg	33 %	18,00 mg	24 %

Portionsmenge	Schwarzwurzeln 200 Gramm	Deckung des Tagesbedarfs in %	Sellerie, Knollen- 200 Gramm	Deckung des Tagesbedarfs in %
Energie (kcal):	32 kcal	< 2 %	36 kcal	< 2 %
Energie (kJ):	134 kJ	< 2 %	150 kJ	< 2 %
Eiweiß:	2,80 g		3,20 g	
Fett:	0,80 g		0,60 g	
Kohlenhydrate:	3,20 g		4,60 g	
Ballaststoffe:	34,00 g	113 %	8,40 g	28 %
Wasser:	157,20 g		177,20 g	
Natrium:	10,00 mg		160,00 mg	29 %
Kalium:	640,00 mg	32 %	640,00 mg	32 %
Calcium:	100,00 mg		140,00 mg	
Magnesium:	40,00 mg		20,00 mg	
Phosphat:	150,00 mg		160,00 mg	
Eisen:	6,60 mg	55 %	1,00 mg	
Jod:	5,00 µg		5,60 µg	
Provitamin A:	40,00 µg		30,00 µg	
Vitamin E:	0,20 mg		0,40 mg	
Vitamin B_1:	0,22 mg		0,08 mg	
Vitamin B_2:	0,08 mg		0,14 mg	
Vitamin B_6:	0,32 mg		0,40 mg	22 %
Folsäure:	22,00 µg		14,00 µg	
Vitamin C:	8,00 mg		16,00 mg	21 %

Portionsmenge	Sellerie, Stauden- 100 Gramm	Deckung des Tagesbedarfs in %	Spargel 500 Gramm	Deckung des Tagesbedarfs in %
Energie (kcal):	15 kcal	< 1 %	85 kcal	< 4 %
Energie (kJ):	63 kJ	< 1 %	355 kJ	< 4 %
Eiweiß:	1,20 g		9,50 g	
Fett:	0,20 g		1,00 g	
Kohlenhydrate:	2,20 g		11,00 g	
Ballaststoffe:	1,80 g		7,50 g	25 %
Wasser:	92,00 g		468,00 g	
Natrium:	130,00 mg	24 %	20,00 mg	
Kalium:	340,00 mg		1035,00 mg	52 %
Calcium:	80,00 mg		105,00 mg	
Magnesium:	12,00 mg		100,00 mg	29 %
Phosphat:	50,00 mg		230,00 mg	
Eisen:	0,50 mg		5,00 mg	42 %
Jod:	0,10 µg		35,00 µg	
Provitamin A:	17,00 µg		150,00 µg	
Vitamin E:	0,20 mg		10,00 mg	83 %
Vitamin B_1:	0,05 mg		0,55 mg	42 %
Vitamin B_2:	0,08 mg		0,60 mg	42 %
Vitamin B_6:	0,09 mg		0,30 mg	
Folsäure:	7,00 µg		430,00 µg	287 %
Vitamin C:	7,00 mg		105,00 mg	140 %

	Spinat		Sprossen	
Portionsmenge	200 Gramm	Deckung des Tagesbedarfs in %	100 Gramm	Deckung des Tagesbedarfs in %
Energie (kcal):	30 kcal	< 2 %	31 kcal	< 2 %
Energie (kJ):	126 kJ	< 2 %	131 kJ	< 2 %
Eiweiß:	5,00 g		2,90 g	
Fett:	0,60 g		0,50 g	
Kohlenhydrate:	1,20 g		4,00 g	
Ballaststoffe:	3,60 g		1,50 g	
Wasser:	183,20 g		90,40 g	
Natrium:	130,00 mg	24 %	5,00 mg	
Kalium:	1266,00 mg	63 %	74,00 mg	
Calcium:	252,00 mg	28 %	20,00 mg	
Magnesium:	116,00 mg	33 %	18,00 mg	
Phosphat:	110,00 mg		48,00 mg	
Eisen:	8,20 mg	68 %	1,70 mg	
Jod:	24,00 µg		1,00 µg	
Provitamin A:	8400,00 µg	840 %	40,00 µg	
Vitamin E:	3,20 mg	27 %	0,10 mg	
Vitamin B_1:	0,22 mg		0,11 mg	
Vitamin B_2:	0,46 mg	27 %	0,04 mg	
Vitamin B_6:	0,44 mg	24 %	0,10 mg	
Folsäure:	156,00 µg	104 %	60,00 µg	40 %
Vitamin C:	104,00 mg	139 %	7,00 mg	

Portionsmenge	Steckrübe 200 Gramm	Deckung des Tagesbedarfs in %	Tomaten 200 Gramm	Deckung des Tagesbedarfs in %
Energie (kcal):	58 kcal	< 3 %	38 kcal	< 2 %
Energie (kJ):	246 kJ	< 3 %	158 kJ	< 2 %
Eiweiß:	2,40 g		2,00 g	
Fett:	0,40 g		0,40 g	
Kohlenhydrate:	12,00 g		6,80 g	
Ballaststoffe:	5,40 g		3,60 g	
Wasser:	180,40 g		185,80 g	
Natrium:	20,00 mg		12,00 mg	
Kalium:	460,00 mg	23 %	600,00 mg	30 %
Calcium:	96,00 mg		28,00 mg	
Magnesium:	20,00 mg		40,00 mg	
Phosphat:	60,00 mg		52,00 mg	
Eisen:	1,00 mg		1,00 mg	
Jod:	8,00 µg		3,40 µg	
Provitamin A:	200,00 µg	20 %	1640,00 µg	164 %
Vitamin E:	0,20 mg		1,60 mg	
Vitamin B_1:	0,10 mg		0,12 mg	
Vitamin B_2:	0,12 mg		0,08 mg	
Vitamin B_6:	0,04 mg		0,20 mg	
Folsäure:	54,00 µg	36 %	78,00 µg	52 %
Vitamin C:	66,00 mg	88 %	48,00 mg	64 %

Portionsmenge	Weiße Rübe 200 Gramm	Deckung des Tagesbedarfs in %	Weißkohl 200 Gramm	Deckung des Tagesbedarfs in %
Energie (kcal):	48 kcal	2 %	50 kcal	2 %
Energie (kJ):	200 kJ	2 %	210 kJ	2 %
Eiweiß:	2,00 g		2,80 g	
Fett:	0,40 g		0,40 g	
Kohlenhydrate:	9,20 g		9,20 g	
Ballaststoffe:	5,60 g		5,00 g	
Wasser:	180,00 g		181,40 g	
Natrium:	120,00 mg	22 %	26,00 mg	
Kalium:	480,00 mg	24 %	454,00 mg	23 %
Calcium:	100,00 mg		92,00 mg	
Magnesium:	14,00 mg		46,00 mg	
Phosphat:	60,00 mg		56,00 mg	
Eisen:	0,80 mg		1,00 mg	
Jod:	15,00 µg		10,40 µg	
Provitamin A:	124,00 µg		84,00 µg	
Vitamin E:	0,20 mg		3,40 mg	28 %
Vitamin B_1:	0,08 mg		0,10 mg	
Vitamin B_2:	0,10 mg		0,08 mg	
Vitamin B_6:	0,16 mg		0,22 mg	
Folsäure:	40,00 µg	27 %	158,00 µg	105 %
Vitamin C:	40,00 mg	53 %	92,00 mg	123 %

Portionsmenge	Wirsing 200 Gramm	Deckung des Tagesbedarfs in %	Wurzelpetersilie 150 Gramm	Deckung des Tagesbedarfs in %
Energie (kcal):	48 kcal	2 %	49,5 kcal	2 %
Energie (kJ):	202 kJ	2 %	207 kJ	2 %
Eiweiß:	6,00 g		4,95 g	
Fett:	0,80 g		0,90 g	
Kohlenhydrate:	4,80 g		5,40 g	
Ballaststoffe:	3,00 g		6,00 g	20 %
Wasser:	180,00 g		130,35 g	
Natrium:	18,00 mg		42,00 mg	
Kalium:	564,00 mg	28 %	1320,00 mg	66 %
Calcium:	94,00 mg		285,00 mg	32 %
Magnesium:	24,00 mg		37,50 mg	
Phosphat:	112,00 mg		120,00 mg	
Eisen:	1,80 mg		4,80 mg	40 %
Jod:	10,00 µg		1,50 µg	
Provitamin A:	78,00 µg		15,00 µg	
Vitamin E:	5,00 mg	42 %	1,50 mg	
Vitamin B_1:	0,10 mg		0,15 mg	
Vitamin B_2:	0,12 mg		0,14 mg	
Vitamin B_6:	0,40 mg	22 %	0,35 mg	
Folsäure:	180,00 µg	120 %	7,50 µg	
Vitamin C:	90,00 mg	120 %	61,50 mg	87 %

Portionsmenge	Zucchini 200 Gramm	Deckung des Tagesbedarfs in %	Zwiebeln 200 Gramm	Deckung des Tagesbedarfs in %
Energie (kcal):	36 kcal	< 2 %	60 kcal	< 3 %
Energie (kJ):	150 kJ	< 2 %	250 kJ	< 3 %
Eiweiß:	3,20 g		2,60 g	
Fett:	0,80 g		0,60 g	
Kohlenhydrate:	4,00 g		11,60 g	
Ballaststoffe:	2,20 g		6,20 g	21 %
Wasser:	184,40 g		175,20 g	
Natrium:	2,00 mg		18,00 mg	
Kalium:	400,00 mg	20 %	350,00 mg	
Calcium:	60,00 mg		62,00 mg	
Magnesium:	40,00 mg		22,00 mg	
Phosphat:	46,00 mg		84,00 mg	
Eisen:	3,00 mg	25 %	1,00 mg	
Jod:	4,60 µg		4,00 µg	
Provitamin A:	700,00 µg	70 %	60,00 µg	
Vitamin E:	1,00 mg		0,20 mg	
Vitamin B_1:	0,10 mg		0,06 mg	
Vitamin B_2:	0,18 mg		0,06 mg	
Vitamin B_6:	0,18 mg		0,26 mg	
Folsäure:	22,00 µg		14,00 µg	
Vitamin C:	32,00 mg	43 %	18,00 mg	24 %

Nitrat im Gemüse

Hohe Nitratgehalte	Mittlere Nitratgehalte	Niedrige Nitratgehalte
1.000 bis 4.000 mg/kg Frischmasse	500 bis 1000 mg/kg Frischmasse	0 bis 500 mg/kg Frischmasse
Eissalat	Blumenkohl	Bohnen, dicke
Endivien	Brokkoli	Bohnen, Garten-
Feldsalat	Chinakohl	Erbsen
Kopfsalat	Fenchel	Gurken
Radieschen	Frühmöhren	Kürbis
Rettich	Grünkohl	Mais
Rote Bete	Kohlrabi	Möhren
Rübstiel	Rotkohl	Pastinaken
Spinat	Sauerkraut	Pilze
Stielmangold	Sellerie	Porree
	Steckrübe	Rosenkohl
	Weiße Rübe	Schwarzwurzeln
	Weißkohl	Spargel
	Wirsing	Tomaten
	Zucchini	Wurzelpetersilie
		Zwiebeln

Hinweis:

Für Brennessel, Löwenzahn und Sauerampfer lagen uns keine verläßlichen Daten vor. Aber auch für derartige Wildpflanzen gilt, daß Standort (Feldrand, Wiese, eigener Garten), Saison, Erntezeitpunkt, Tageszeit der Ernte (besser abends) sowie die Anbauweise – für Wildpflanzen weniger zutreffend – den Nitratgehalt beeinflussen.

Gemüse hat immer Saison
Was es wann gibt

	Jan	Febr	Mrz	Apr	Mai	Juni	Juli	Aug	Sep	Okt	Nov	Dez
Blumenkohl						x	x	x	x	x	x	
Bohnen, dicke						x	x	x				
Bohnen, Garten-						x	x	x	x			
Brennessel			x	x	x	x						
Brokkoli						x	x	x	x	x	x	
Chinakohl									x	x	x	
Endivien							x	x	x	x	x	
Erbsen						x	x	x				
Feldsalat	x	x	x						x	x	x	x
Fenchel								x	x	x	x	
Gartensalate					x	x	x	x	x	x		
Grünkohl	x	x	x								x	x
Gurken							x	x	x	x		
Kohlrabi						x	x	x	x	x		
Kürbis								x	x	x	x	
Löwenzahn		x	x	x	x							
Mais								x	x	x		
Mangold					x	x	x	x	x			
Möhren						x	x	x	x	x	x	
Pastinaken	x	x	x							x	x	x
Pilze	x	x	x	x	x	x	x	x	x	x	x	x
Porree	x	x				x	x	x	x	x	x	
	Jan	Febr	Mrz	Apr	Mai	Juni	Juli	Aug	Sep	Okt	Nov	Dez

	Jan	Febr	Mrz	Apr	Mai	Juni	Juli	Aug	Sep	Okt	Nov	Dez
Radieschen					■	■	■	■	■	■		
Rettich					■	■	■	■	■	■		
Rosenkohl	■	■							■	■	■	■
Rote Bete									■	■	■	
Rotkohl	■	■					■	■	■	■	■	■
Rübstiel					■	■				■	■	
Sauerampfer			■	■								
Sauerkraut	■	■	■	■	■	■	■	■	■	■	■	■
Schwarzwurzeln	■	■							■	■	■	■
Sellerie, Knollen-	■	■							■	■	■	■
Sellerie, Stauden-							■	■	■	■		
Spargel				■	■	■						
Spinat				■	■	■	■	■	■	■		
Sprossen	■	■	■	■	■	■	■	■	■	■	■	■
Steckrübe	■	■							■	■	■	■
Tomaten							■	■	■	■		
Weiße Rübe					■	■				■	■	■
Weißkohl	■	■			■	■			■	■	■	■
Wirsing	■	■			■	■				■	■	■
Wurzelpetersilie	■	■	■						■	■	■	■
Zucchini					■	■	■	■	■	■		
Zwiebeln					■	■	■	■	■	■		
	Jan	Febr	Mrz	Apr	Mai	Juni	Juli	Aug	Sep	Okt	Nov	Dez

Wann es was gibt

Januar	Februar	März	April	Mai	Juni
Feldsalat	Feldsalat	Brennessel	Brennessel	Brennessel	Blumenkohl
Grünkohl	Grünkohl	Feldsalat	Löwenzahn	Gartensalate	Bohnen, dicke
Pastinaken	Löwenzahn	Grünkohl	Pilze	Löwenzahn	Bohnen, Garten-
Porree	Pastinaken	Löwenzahn	Sauerampfer	Mangold	Brennessel
Rosenkohl	Porree	Pastinaken	Sauerkraut	Radieschen	Brokkoli
Rotkohl	Rosenkohl	Porree	Spargel	Rettich	Erbsen
Sauerkraut	Rotkohl	Sauerampfer	Spinat	Rübstiel	Gartensalate
Schwarzwurzeln	Sauerkraut	Sauerkraut	Sprossen	Spargel	Kohlrabi
Sellerie, Knollen-	Schwarzwurzeln	Sprossen		Spinat	Mangold
Sprossen	Sellerie, Knollen-	Wurzelpetersilie		Weiße Rübe	Möhren
Steckrübe	Sprossen			Weißkohl	Porree
Weißkohl	Steckrübe			Wirsing	Radieschen
Wirsing	Weißkohl			Zucchini	Rettich
Wurzelpetersilie	Wirsing			Zwiebeln	Rübstiel
	Wurzelpetersilie				Spargel
					Spinat
					Weiße Rübe
					Weißkohl
					Wildpilze
					Wirsing
					Zucchini
					Zwiebeln

Juli	August	September	Oktober	November	Dezember
Blumenkohl	Blumenkohl	Blumenkohl	Blumenkohl	Blumenkohl	Feldsalat
Bohnen, dicke	Bohnen, dicke	Bohnen, Garten-	Brokkoli	Brokkoli	Grünkohl
Bohnen, Garten-	Bohnen, Garten-	Brokkoli	Chinakohl	Chinakohl	Pastinaken
Brokkoli	Brokkoli	Chinakohl	Endivien	Endivien	Rosenkohl
Endivien	Endivien	Endivien	Feldsalat	Feldsalat	Sauerkraut
Erbsen	Erbsen	Feldsalat	Fenchel	Fenchel	Schwarzwurzeln
Gartensalate	Fenchel	Fenchel	Gartensalate	Kürbis	Sprossen
Gurken	Gartensalate	Gartensalate	Gurken	Möhren	Sellerie, Knollen-
Kohlrabi	Gurken	Gurken	Kohlrabi	Pastinaken	Steckrübe
Mangold	Kohlrabi	Kohlrabi	Kürbis	Porree	Weiße Rübe
Möhren	Kürbis	Kürbis	Mais	Rosenkohl	Weißkohl
Porree	Mais	Mais	Möhren	Rote Bete	Wirsing
Radieschen	Mangold	Mangold	Pastinaken	Rotkohl	Wurzelpetersilie
Rettich	Möhren	Möhren	Porree	Rübstiel	
Rotkohl	Porree	Porree	Radieschen	Schwarzwurzeln	
Sellerie, Stauden-	Radieschen	Radieschen	Rettich	Sellerie, Knollen-	
Spinat	Rettich	Rettich	Rosenkohl	Sprossen	
Tomaten	Rotkohl	Rosenkohl	Rote Bete	Steckrübe	
Wildpilze	Sellerie, Stauden-	Rote Bete	Rotkohl	Weiße Rübe	
Zucchini	Spinat	Rotkohl	Rübstiel	Weißkohl	
Zwiebeln	Tomaten	Sellerie, Knollen-	Schwarzwurzeln	Wirsing	
	Wildpilze	Sellerie, Stauden-	Sellerie, Knollen-	Wurzelpetersilie	
	Zucchini	Spinat	Sellerie, Stauden-		
	Zwiebeln	Steckrübe	Spinat		
		Tomaten	Steckrübe		
		Weißkohl	Tomaten		
		Wildpilze	Weiße Rübe		
		Wurzelpetersilie	Weißkohl		
		Zucchini	Wildpilze		
		Zwiebeln	Wirsing		
			Wurzelpetersilie		
			Zucchini		
			Zwiebeln		

Das Einkaufen

Mit Hilfe dieses Ratgebers sind Sie in der Lage, Gemüse stets saisongerecht einzukaufen. Leichte Verschiebungen in den Monaten wird es aufgrund der unterschiedlichen Wetterbedingungen in den einzelnen Jahren natürlich immer geben. Die wichtigsten Einkaufshinweise, was Handelsklassen und Frischemerkmale angeht, finden Sie beim jeweiligen Gemüse beschrieben.

Güte- und Handelsklassen sind Qualitätsnormen, die es Verbraucherinnen und Verbrauchern ermöglichen sollen, in- und ausländische Gemüse nach Qualität und Preiswürdigkeit zu beurteilen. Für 20 Gemüse gibt es die EG-Qualitätsnormen, also Güteklassen, die in allen EU-Mitgliedsstaaten Gültigkeit haben. Für weitere 10 Arten gibt es deutsche Verordnungen, die Handelsklassen. Sowohl bei Qualitätsnormen als auch bei Handelsklassen gibt es die Unterteilung Extra, I, II und III, aber nicht alle für jede Gemüseart. Beachten Sie, daß es nicht immer die beste Handelsklasse sein muß. Die Einstufung in Güte- bzw. Handelsklassen erfolgt fast ausschließlich aufgrund der äußeren Beschaffenheit, innere Werte, wie Vitamin-, Mineralstoffgehalte, werden nicht berücksichtigt. Und wenn das Äußere eh egal ist, z. B. weil die Ware geschält wird, können Sie getrost auch auf „zweitklassige" Handels- oder Güteklassen zurückgreifen. Allerdings sollte sich die Abfallmenge nicht soweit erhöhen, daß sich der Preisvorteil der niedrigeren Qualitätseinstufung gerade ins Gegenteil verkehrt.

Für den Einkauf gibt es verschiedene Möglichkeiten. Der für die meisten Menschen zugänglichste Ort ist sicherlich die Gemüseabteilung ihres Supermarkts oder das Obst- und Gemüsegeschäft an der Ecke. Wenn Sie ein stärkeres Augenmerk auf Ware aus der Region, mindestens aber auf deutsche Ware legen wollen, sollten Sie hier unbedingt auf die Herkunftskennzeichnung achten. Wenn Sie nahe an einer Landesgrenze wohnen, kann Ihre Region (ca. 100 km Umkreis) sich natürlich auch auf das Nachbarland erstrecken.

Weitere Einkaufsmöglichkeiten sind der Wochenmarkt (Achtung! auch hier stammen die Produkte aus aller Welt), der Direktkauf beim Bauern oder in dessen Hofladen (Achtung! es wird häufig auch aus anderen Ländern zugekauft) sowie das sogenannte Gemüse-Abonnement (Gemüsekiste). Hier liefert der Landwirt das Gemüse der Saison wöchentlich direkt ins Haus. Mitunter ist Ungewohntes oder auch Unbekanntes dabei, unsere Rezepte helfen Ihnen dann bei der Verarbeitung.

Nach Möglichkeit sollten Sie Gemüse aus ökologischem Anbau bevorzugen. Die entsprechenden Verbandskennzeichen finden Sie in der Übersicht, Seite 132. Für manche ist Biogemüse natürlich eine Preisfrage, aber vielleicht, hin und wieder...

Das meiste derzeit aus Deutschland erhältliche Gemüse entstammt dem sogenannten integrierten Anbau. Hierbei wird mehr Rücksicht auf die Natur genommen, es werden weniger Spritzmittel eingesetzt als früher. Kurz, es ist ein Schritt in die richtige Richtung, aber eben kein ökologischer Anbau.

Der Begriff „Bio" oder „Öko" ist übrigens für pflanzliche Produkte geschützt (für tierische steht das noch aus) und darf nur für solche pflanzlichen Lebensmittel verwendet werden, die nach den Richtlinien der EG-Öko-Verordnung von 1991 produziert wurden.

Der Ökologische Landbau – Verbände und Warenzeichen

Arbeitsgemeinschaft Ökologischer Landbau (AGÖL)
Brandschneise 1
64295 Darmstadt Tel: 0 61 55 · 20 81 Fax: 0 61 55 · 20 83

Die Mitgliedsverbände:

Forschungsring e.V. · Demeterbund e.V.
Baumschulenweg 11
64295 Darmstadt Tel: 0 61 55 · 26 74 / 40 61 Fax: 0 61 55 · 57 74

Bioland e.V.
Postfach 208
73002 Göppingen Tel : 0 71 61 · 91 01 20 Fax : 0 71 61 · 91 01 27

Biokreis Ostbayern e.V.
Theresienstraße 36
94032 Passau Tel: 08 51 · 3 16 96 Fax: 08 51 · 3 23 32

Naturland-Verband für naturgemäßigen Landbau e.V.
Kleinhaderner Weg 1
82166 Gräfeling Tel: 0 89 · 8 54 50 71 Fax: 0 89 · 85 59 74

ANOG e.V.
Pützchens Chaussee 60
53227 Bonn Tel: 02 28 · 46 12 62 Fax: 02 28 · 46 15 58

Bundesverband Ökologischer Weinbau e.V. (BÖW)
Zuckerberg 19
55276 Oppenheim Tel: 0 61 33 · 16 40 Fax: 0 61 33 · 16 09

Gäa e.V. - Vereinigung ökologischer Landbau
Plauenscher Ring 40
01187 Dresden Tel und Fax: 03 51 · 4 01 23 89

Ökosiegel e.V.
Fischerweg 8
31787 Hameln Tel und Fax: 0 51 51 · 95 96 99

BIOPARK e.V.
Zarchliner Straße 1
19395 Karow Tel: 03 87 38 · 7 03 09 Fax: 03 87 38 · 7 00 24

Selbstversorgung aus eigenem Garten

Gemüse aus eigenem Garten frisch auf den Tisch – hier trifft der Slogan ins Schwarze – ist natürlich das Beste: selbst gezogen, natürlich gereift, frisch geerntet. Da weiß man genau, was man bekommt, hat Düngung und sonstige Behandlung selbst in der Hand oder kann den Zeitpunkt des Erntens selbst bestimmen (z. B. abends, wenn der Nitratgehalt geringer als am Morgen ist). Fast nirgendwo sonst bekommt man die natürlichen Saisonzeiten so pur mit. Und wer trotz unserer zahlreichen Rezeptvorschläge mal vor einer Schwemme zu kapitulieren droht, findet in der Regel dankbare Abnehmerinnen und Abnehmer im Freundeskreis und in der Nachbarschaft oder sorgt für sortenärmere Monate vor, indem Übermengen eingefroren oder auf andere Art und Weise konserviert werden.

Gemüse garen

Manche Gemüsesorten sind empfindlich, in der Regel ist Gemüse im Vergleich zu anderen Frischlebensmitteln ganz gut haltbar. Lagerungsbedingungen und die Haltbarkeit der einzelnen Gemüse können Sie in den jeweiligen Steckbriefen nachlesen.

Oberster Grundsatz bei der Zubereitung sollte sein, möglichst keine wertvollen Inhaltsstoffe verlorengehen zu lassen. Außerdem soll sie der besseren Verdaulichkeit dienen und den Geschmack fördern.

Dabei helfen die richtige Technik beim Putzen (siehe Steckbriefe der einzelnen Gemüse), die passende(n) Garmethode(n) und auch das geeignete Arbeitsmaterial. Die bei unseren Rezepten anzuwendenden Garmachungsarten sind dort jeweils genannt, grundsätzliche Erläuterungen finden Sie nachfolgend.

Für das Garen im Kochtopf werden gut schließende Kochtöpfe mit Zargendeckel (ragt in den Topf hinein) und einem Sandwichboden benötigt. Der Deckel sollte immer verwendet und möglichst selten geöffnet werden.

Kaum bekannt ist, daß der Nährstoffverlust außer von der Garzeit auch vom Topfmaterial abhängig ist. Die geringsten Verluste treten bei Edelstahltöpfen auf, dann folgen Emaille, Aluminium, Jenaer Glas, emaillierter Stahl und Kupfer.

Garen im Topf

Beim Garen im Topf unterscheidet man das Kochen im Wasser, das Dämpfen und das Dünsten.

■ **Kochen** ist ein Garen in reichlich Wasser. Dabei gehen die wasserlöslichen Nährstoffe verloren, wenn das Kochwasser nicht für Soßen, Bouillon oder Suppen weiterverwendet wird. Die Kochzeit sollte so kurz wie möglich gehalten werden. Am besten hat sich bewährt, die Speisen nur anzukochen und dann bei mittlerer Hitze weiter zu garen.

■ **Dämpfen** bedeutet ein Garen im Wasserdampf, ohne daß das Gargut mit dem Wasser in Berührung kommt. Dadurch wird das Auslaugen wertvoller Stoffe verhindert. Im allgemeinen werden für das Dämpfen Töpfe mit einem Siebeinsatz verwendet. Durch mehrere Einsätze übereinander können verschiedene Speisen gleichzeitig gegart werden. Das Dämpfen ist für fast alle Gemüse (außer Hülsenfrüchten, einige Kohlarten und Spargel) und für Kartoffeln geeignet.

■ **Dünsten** ist ein langsames Garen von Nahrungsmitteln ohne Bräunung im eigenen Saft, eventuell unter Zugabe von etwas Flüssigkeit oder auch Fett.

Außer im Topf kann man Speisen auch in Alufolie verpackt im Backofen dünsten. Dazu werden sämtliche Zutaten in die genügend große Folie (auf die blanke Seite zur Hitzeverstärkung) gegeben. Diese wird fest verschlossen und erst zum Ende der Garzeit geöffnet. Da die Alufolie nur einmal verwendet werden kann, ist diese Möglichkeit nicht besonders umweltfreundlich.

Dämpfen und Dünsten sind für alle zarteren Nahrungsmittel (Kartoffeln, Gemüse, Fisch, evtl. auch Fleisch) gut geeignet.

Alle drei Techniken (Dünsten, Dämpfen und Kochen) lassen sich auch unter Druck durchführen. Für das Druck- oder Schnellgaren benötigt man einen luftdicht verschließbaren Druckkochtopf (Schnellkochtopf). Vorteil des Druckgarens ist die Zeit- (bis 55 %) und Energieersparnis (bis 30 %).

Mikrowelle

■ Im **Mikrowellengerät** werden die Gerichte mit Hilfe von elektromagnetischen Wellen innerhalb kurzer Zeit gegart. Die Mikrowellen durchdringen die Lebensmittel und bringen

Fett- und Wassermoleküle in Schwingung. Dabei wird Reibungswärme erzeugt, die die Speise gart. Die Nährstoffe bleiben erhalten, sofern nicht über den Garpunkt hinaus erhitzt wird. Die Zugabe von Fett ist unnötig. In kombinierten Mikrowellengeräten mit Grill läßt sich auch eine braune Kruste erreichen. Metallgefäße oder Geschirr mit metallhaltigem Dekor (Goldrand) sind nicht geeignet, da sie die Hochfrequenzwellen reflektieren.

Beim Erhitzen von Flüssigkeiten kann ein Siedeverzug auftreten. Um Verbrühungen zu vermeiden, empfiehlt es sich, einen Löffel hineinzustellen.

Der Einsatz eines Mikrowellengerätes lohnt sich vor allem zum schnellen und schonenden Erwärmen und zum Garen kleiner Portionen. Es besteht grundsätzlich die Gefahr, daß das Lebensmittel nicht ausreichend durchgegart wird.

Wie schon gesagt, ist die „schnelle Welle" vor allem zum Aufwärmen gut geeignet, da auf eine zusätzliche Gabe von Fett o.ä. verzichtet werden kann. Und ein portionsgerechtes Aufwärmen ist allemal nährstoffschonender als ein stundenlanges Warmhalten.

Schmoren, Grillen Braten

Neben dem Eigengeschmack der Lebensmittel kann man durch bestimmte Gartechniken (Schmoren, Grillen, Braten) weitere appetitanregende Geruchs- und Geschmacksstoffe, die Röststoffe, erzeugen. Diese Röstprodukte werden allerdings von kranken oder alten Menschen häufig nur schlecht vertragen.

■ **Geschmort** wird im Topf oder in einer geschlossenen Form im Backofen. Es ist ein Anbraten und Dünsten in erhitztem Fett. Die Röstprodukte, die normalerweise beim Schmoren entstehen, lassen sich übrigens mit einem Trick auch ohne

Fett erreichen: Das Schmorgut wird knapp mit Wasser bedeckt zum Kochen gebracht und gar gedünstet. Jetzt wird der Deckel abgenommen und bei starker Hitze so lange weitergeschmort, bis sich auf dem Topfboden ein brauner Belag gebildet hat. Das Schmorgut muß dabei mehrmals gewendet werden, damit es von allen Seiten Farbe annimmt. Nun wird wieder Flüssigkeit angegossen, und es entsteht eine schmackhafte braune Soße. Typische Schmorgemüsegerichte sind Schmorgurken, Kohlrouladen, Mangoldwickel.

■ **Grillen** ist ein Garen durch Strahlungshitze. Dadurch werden die Speisen gebräunt. Gegrillt werden kann auf dem Rost, am Spieß oder in einer Grillpfanne, immer ohne Fett. In die Grillpfanne kann bei Bedarf etwas heißes Wasser gegossen werden, um ein Ansetzen zu verhindern. Gegen das Austrocknen hilft ein Übergießen mit kochendem Wasser oder Brühe. Auf Salz und Gewürze kann häufig verzichtet werden.

Zum Grillen besonders geeignetes Gemüse sind Tomaten, Maiskolben, Champignons, Zwiebeln, Zucchini und natürlich Kartoffeln.

■ **Beim Braten** unterscheidet man zwischen Braten im Backofen und dem Kurzbraten. Zum Fettsparen kann man beim Braten Bratfolie oder den Römertopf einsetzen.

Die im Handel erhältlichen Bratfolien blähen sich durch die heiße Luft auf, Feuchtigkeit entweicht durch ein Luftloch. Durch die heiße Luft wird das Gargut von oben gebräunt und damit gebräunt. Bratfolien dürfen nur bis 220 °C verwendet werden, da sie sonst schmelzen. Aber auch hier gilt: Achtung, Abfall!

Der Römer- oder Tontopf ist ein poröser, meist ovaler Tontopf mit Deckel. Vor der Benutzung muß er etwa zwei Stunden gewässert werden. Er ist zum fettlosen Braten (ähnlich der Bratfolie), Schmoren (benötigt Fett) oder Kochen von Speisen im Backofen geeignet. Diese Garmethode wurde bereits bei den alten Römern angewendet.

Garen im Tontopf benötigt etwas längere Garzeiten. Dafür entfällt jedoch eine Überwachung, da nichts anbrennen oder überlaufen kann. Der Eigengeschmack der Speisen entwikkelt sich hier besonders gut. Der Römertopf ist demzufolge auch für salzarme Kost gut geeignet.

Für Kurzgebratenes gibt es verschiedene Möglichkeiten, auch in Hinblick darauf, nach Möglichkeit Bratfett einzusparen.

Eine der Möglichkeiten besteht im Einsatz beschichteter Pfannen und Kasserolen, mit Handelsnamen wie Teflon, Hostaflon oder Silverstone u.a. Die Antihaftbeschichtung verhindert das Ansetzen der Speisen, so daß Braten ohne Fett möglich ist. Die Kochgeschirre dürfen niemals leer auf dem heißen Herd stehen. Bei Überhitzen kann sich die Beschichtung verfärben und zersetzen. Damit ist der Antihafteffekt zerstört. Außerdem ist sie empfindlich gegenüber allen scharfen Gegenständen. Mit der Zeit verliert die Beschichtung ihre Antihaftwirkung.

Das Braten im Wok oder auch „Pfannenrühren" mit seiner kurzen Garzeit ist gut geeignet, um Nährstoffe und Geschmack von Gemüse zu erhalten. Dazu werden das Gemüse und die übrigen Zutaten in mundgerechte, gleichmäßige Stücke geschnitten.

Inzwischen wird der Wok sehr stark erhitzt. Die Temperatur ist richtig, wenn ein Wassertropfen sofort verdampft. Ein wenig Öl in den Wok geben und darin schwenken. Ein Gemüsestückchen zum Temperaturtest hineingeben. Zischt es, ist das Öl heiß genug. Zunächst werden die Zutaten mit der längsten Garzeit hineingegeben, dann alle anderen zugefügt und bei großer Hitze unter ständigem Rühren gebraten. Das Gemüse muß dabei knackig bleiben. Zum Schluß wird die Flüssigkeit zugegossen. Weiter rühren, bis die Flüssigkeit ausreichend eingekocht ist. Sofort servieren.

Sofern Fett verwendet wird, muß auf die richtige Auswahl geachtet werden. Bei kurzer Garzeit oder niedriger Gartemperatur (bis 130 °C) können Margarine oder Butter verwendet, bei längerer Garzeit oder höherer Temperatur (bis 190 °C) müssen Öle, (ungehärtete) Plattenfette oder Schmalz, eingesetzt werden. Halbfettmargarine und Milchhalbfett sind zum Kochen, Backen und Braten nicht geeignet.

Notizen

Ratgeber

Ihrer Verbraucher-Zentrale

Außer diesem Ratgeber halten wir eine Fülle weiterer Werke für Sie bereit. Ein paar Beispiele haben wir nachfolgend kurz skizziert. Auf Wunsch schicken wir Ihnen gerne eine Gesamtübersicht zu; wenden Sie sich einfach an einen der im Impressum genannten Herausgeber.

Gewicht im Griff

Muß ich abnehmen? Wie(viel)? Glücklichsein ist nicht an Schlanksein gekoppelt. Weg vom Ideal – hin zum Wohlfühlgewicht. Ohne lästiges Kalorienzählen. Mit vielen ausgewogenen und vorberechneten Vollwert-Rezepten zum Nachmachen.

142 Seiten *10,00 DM*

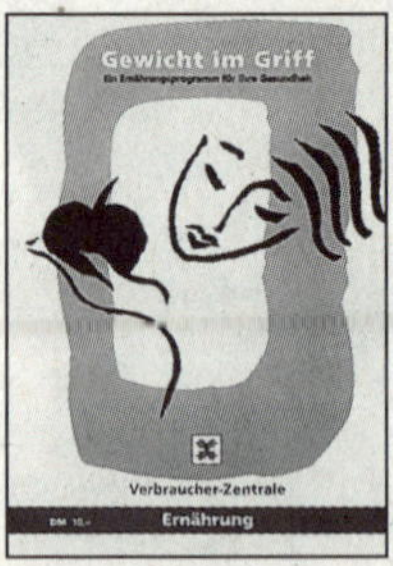

Bärenstarke Kinderkost

Essen und Trinken für Kinder ab dem zweiten Lebensjahr. Gesund und lecker. Brauchen Kinder eigene Lebensmittel? Umgang mit Süßem. Antworten auf Fragen rund um die praktische Kinderernährung. Mit vielen Rezepten für die ganze Familie.

144 Seiten,
mit Spiralbindung *8,50 DM*

Gesundheitskost – gesunde Kost?

Light-Joghurt, Vitamin-Bonbons, Sportler-Müsli, Kinder-Ravioli: Wohlklingende Werbung vermittelt den Eindruck, daß diese Produkte zu einer gesunden Ernährung gehören. Der Ratgeber zeigt, was an solcher „Gesundheitskost" dran ist und informiert über den wahren Wert von Lebensmitteln.

196 Seiten *14,50 DM*

Mineralwasser – Gesundheit aus der Flasche?

Nicht alles, was aus der Flasche kommt und perlt, ist Mineralwasser. Mineral-, Quell-, Heil-, Tafelwasser sind Bezeichnungen für unterschiedliche Produkte. Dieser Ratgeber erleichtert die Qual der Wahl, erklärt Fachbegriffe und zeigt, was im Wasser drin sein darf.

48 Seiten *4,50 DM*

Was bedeuten die E-Nummern?

E-Nummern sind Bezeichnungen für Zusatzstoffe, die in allen Ländern der Europäischen Union gelten.
In dieser Lebensmittel-Zusatzstoffliste werden erstmals alle Stoffe bewertet, die europaweit – das heißt seit 1993 auch in Deutschland – zugelassen sind.
Ob diese Zusatzstoffe als unbedenklich gelten oder vom Verzehr abzuraten ist, erfahren Sie in diesem Ratgeber.

64 Seiten *4,00 DM*

Schadstoffe in der Wohnraumluft

Sie erfahren im ersten Teil alles Wissenswerte über Schadstoffe und wie Sie diese erkennen und beseitigen können. Der zweite Teil gibt umfassende Ratschläge zur gesundheitsbewußten Baustoff- und Einrichtungsauswahl und gibt einen Überblick über die wichtigsten Gütesiegel.

174 Seiten *12,50 DM*

Zeitmanagement im Haushalt

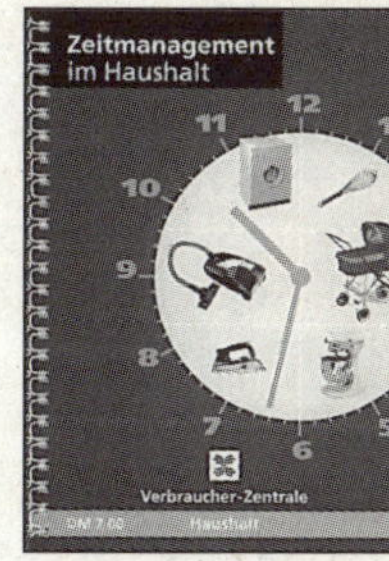

Dieser Ratgeber ist für alle gedacht, bei denen der Haushalt, die Freizeit oder gar beides zu kurz kommen. Wieviel Zeit braucht was? Wieviel Zeit steht überhaupt zur freien Verfügung? Check-Elemente, Übersichten und Tips verhelfen zu einem persönlichen Programm.

80 Seiten *7,00 DM*

Private Vorsorge

Welche Vorsorge brauchen Sie zur Deckung Ihrer Lebenshaltungskosten bei Berufsunfähigkeit, zur finanziellen Absicherung Ihrer Hinterbliebenen oder zur Sicherung des Lebensstandards im Alter?
Damit Sie Versorgungslücken richtig schließen, werden Berufsunfähigkeits-, Unfall-, und Lebensversicherungen vorgestellt.

240 Seiten *17,00 DM*

Weg mit den Schulden

Was ist zu tun, wenn der Haushalt in die roten Zahlen geraten ist? Der Ratgeber zeigt Schritt für Schritt auf, wie die häuslichen Finanzen wieder in den Griff zu bekommen sind. Umfassend wird dabei die ab 1. Januar 1999 geltende Möglichkeit des Verbraucherkonkurses erläutert. Mit Checklisten und Musterbriefen für die Korrespondenz mit Gläubigern, Gerichten und Behörden bietet sich der Ratgeber als umfassendes Nachschlagewerk an, um das Schuldenproblem anzupacken.

240 Seiten *18,00 DM*

Impressum

Herausgeber:	Verbraucher-Zentrale Nordrhein-Westfalen e.V. Mintropstr. 27, 40215 Düsseldorf Tel. 0211/38 09-0, Fax 0211/38 09 172 T-Online *21212#
	Arbeitsgemeinschaft der Verbraucherverbände e. V. Heilsbachstr. 20, 53123 Bonn Tel. 0228/64 89-0, Fax 0228/64 42 58
	Verbraucher-Zentrale Hessen Reuterweg 51 - 53 60323 Frankfurt/Main Tel. 069/97 20 10-0, Fax 069/97 20 10-50
	Verbraucher-Zentrale Niedersachsen e. V Herrenstr. 14, 30159 Hannover Tel. 0511/9 11 96-0, Fax 0511/9 11 96 10
Text	Angela Clausen
Redaktion + Koordination	Ilse Berzins
Layout, Gestaltung, Satz, Produktion	Näscher + Näscher, Düsseldorf
Fotos	CCK Volker Clausen, Kerpen
Illustrationen	Pia Näscher-Bechtle
Druck	B.o.s.s.-Druck, Kleve
Gesetzt aus	Frutiger
Gedruckt auf	Resaoffset, 100% Recycling Papier, chlorfrei gebleicht

Düsseldorf, 1. Auflage 1997

ISBN: 3-923214-82-0